O Beijo da Morte

A VERDADEIRA HISTÓRIA DO EVANGELHO DE JUDAS

Conforme Novo Acordo Ortográfico

Tobias Churton

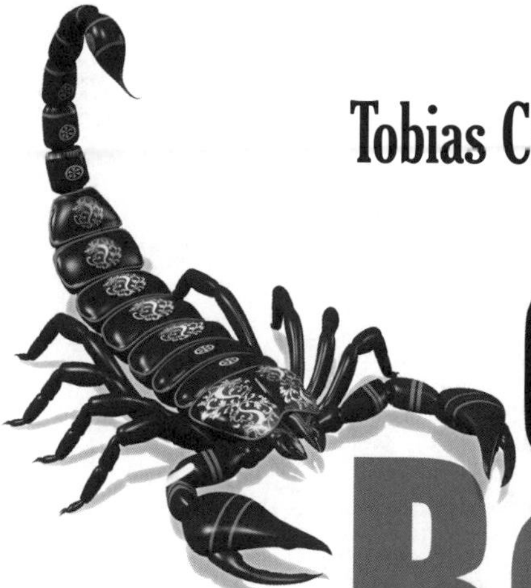

O Beijo da Morte

A VERDADEIRA HISTÓRIA DO EVANGELHO DE JUDAS

Tradução:
Martha Malvezzi

Publicado originalmente em inglês sob o título *Kiss of Death – The True History of The Gospel of Judas*, por Watkins Publishing, Sixth Floor, Castle House 75-76 Wells Street, London WT3QH.
© 2008, Tobias Churton
Direitos de edição e tradução para o Brasil.
Tradução autorizada do inglês.
© 2009, Madras Editora Ltda.

Editor:
Wagner Veneziani Costa

Produção e Capa:
Equipe Técnica Madras

Tradução:
Martha Malvezzi

Revisão:
Silvia Massimini Felix
Bárbara Eliza A. Martins

Dados Internacionais de Catalogação na Publicação (CIP)
(Câmara Brasileira do Livro, SP, Brasil)

Churton, Tobias
O beijo da morte: a verdadeira história do Evangelho de Judas/Tobias Churton; tradução Martha Malvezzi. – São Paulo: Madras, 2009.
Título original: Kiss of death: the true
history of the gospel of Judas
Bibliografia

ISBN 978-85-370-0522-4

1. Evangelho de Judas 2. Evangelho de Judas – Crítica e interpretação 3. Jesus Cristo – Biografia 4. Judas Iscariotes I. Título.

    09-07814   CDD-229.8

Índices para catálogo sistemático:
1. Evangelho de Judas: Bíblia 229.8

É proibida a reprodução total ou parcial desta obra, de qualquer forma ou por qualquer meio eletrônico, mecânico, inclusive por meio de processos xerográficos, incluindo ainda o uso da internet, sem a permissão expressa da Madras Editora, na pessoa de seu editor (Lei nº 9.610, de 19.2.98).

Todos os direitos desta edição, em língua portuguesa, reservados pela

MADRAS EDITORA LTDA.
Rua Paulo Gonçalves, 88 – Santana
CEP: 02403-020 – São Paulo/SP
Caixa Postal: 12183 — CEP: 02013-970
Tel.: (11) 2281-5555– Fax: (11) 2959-3090
www.madras.com.br

Dedico este livro à minha esposa, à minha filha
e à memória de meu amado pai, Victor Churton, que
me ensinou todas as coisas essenciais no caminho da vida.

Índice

Agradecimentos 11
Prefácio 13
Capítulo 1: A Bomba-relógio 15
    O Estado dos Textos 20
    Uma Voz do Túmulo 21
    O Comerciante do Cairo 24
    Três Comerciantes 25
    É um Crime 26
    Nova York, Nova York 29
    O Professor Ataca de Novo 31
    Aparece Frieda Tchacos Nussberger (de novo) 33
    Nemo para o Resgate 37
    Ativando Judas 38
    Lidando com o Comerciante 40
    Blogging para Judas 41
    Disputas Antigas 45
    Um Milagre 53
    Enquanto Isso 59
    Fim de Jogo 62
Capítulo 2: O Evangelho Condenado 65
    O Evangelho de Judas 71
    Jesus, a Criança 76
    Agradecer não é Suficiente 77
    O Jesus Sorridente 78
    Barbelo 84
    Judas é Separado 87

Judas Perfura o Zodíaco 90
A Geração Sagrada 93
O Apocalipse de Judas 95
Set 96
Um Templo dos Sonhos 98
Cada um de Vocês Tem sua Própria Estrela 99
O *Daimon* 101
Judas, a Vítima 102
O Cosmos Escondido 103
Uma Nuvem Luminosa 105
A Criação de Adão 106
Salvação e Destruição 107
Judas, o Chifre 108
O Fim 110
As Obras Encontradas com o Evangelho de Judas 111

Capítulo 3: Judas – A Reação 117
A Bomba-relógio Explode 119
A Igreja de Pedra 120
O Lançamento 122
A História 126
Roma 129
Judas é Inocente, OK? 130
Relações entre Judeus e Cristãos 131
Judas Encontra *O Código da Vinci* 133
Prazeres Culpados 136
Equanto isso, em Canterbury 140
Jesus não Era um Guru 141
Fiéis e não Fiéis 145
Queiram se Levantar Todos os que São a Favor 153
Explodindo o Mito 155
Os Gnósticos Hoje 165
Dois Deuses? 167

Capítulo 4: Judas – Anjo ou Demônio? 171
O Jesus Histórico e o Judas Histórico? 172
Procurando Judas 179
O Evangelho de Judas e os Quatro Evangelhos 179
Datando os Evangelhos 181
Judas nos Evangelhos 185
O Evangelho de Marcos 187

    A Tribo Perdida 192
    Traição 196
    O Evangelho de Mateus 201
    Lucas e Judas 208
    O não tão Secreto Evangelho de João 211
    O Filho da Perdição 212
    O Discípulo Amado 216
    Outro Discípulo 225
    Dídimo não Estava Lá 229
    A Ideia 230

Capítulo 5: O Veredicto do Tempo 231
    Parte I
        Um Julgamento 231
        Uma Leitura Alternativa 238
        Judas Foi Traído? 242

    Parte II
        A Persistência de Judas 245
        Judas no Inferno 252
        O Evangelho de Barnabé 256
        Judas – O Espelho dos Tempos 257
        O Mito em Ação 261

Índice Remissivo 267

Bibliografia 275

Agradecimentos

Quando a publicação do Evangelho de Judas foi anunciada, no início de 2006, em meio a uma tempestade de exageros e distorções, fiquei ansioso para dizer algo a respeito dele. Por meio da providência, apareceu uma oportunidade na forma de sugestão, oferecida por Tuvia Fogel, de escrever um livro sobre ele para a Cairo Publishing de Milão. Tuvia fechou o negócio e ajudou a traduzir a obra para o italiano.

Graças à minha agente, Fiona Spencer Thomas, e ao meu editor, Michael Mann, *O Beijo da Morte – A Verdadeira História do Evangelho de Judas* pode agora ser lido em sua língua original.

Embora meu entendimento a respeito da *gnose* tenha amadurecido com o passar dos anos, o assunto não está de forma alguma esgotado. Eu tive o privilégio de me envolver com mentes extraordinárias, algumas que infelizmente já partiram desta vida. Hans Jonas, Gilles Quispel e Kathleen Raine – talentos irrecuperáveis – fazem muita falta a todos que os conheceram. Elaine Pagels ainda segura bem alto a tocha de sabedoria séria e excitante, como o fazem uma quantidade crescente de acadêmicos associados à surpreendente *Bibliotheca Philosophica Hermetica* de Joost Ritman, em Amsterdã. Eu sempre serei agradecido à *Bibliotheca* pelos muitos momentos felizes na época em que a semente do meu interesse floresceu, em condições favoráveis durante a década de 1980.

Quero também agradecer ao professor Nicholas Goodrick-Clarke* por seus incansáveis esforços em organizar o primeiro curso MA da Grã-Bretanha em Esotericismo Ocidental, no Departamento de Ciências Humanas e Estudos Sociais da Universidade de Exeter, e por me convidar para lecionar ao crescente número de alunos dessa instituição.

---

*N.E.: Sugerimos a leitura de *Paracelso* e *Helena Blavatsky*, coletâneas de Nicholas Goodrick-Clarke, ambos da Madras Editora.

Prefácio

O Beijo da Morte é a avaliação abalizada, feita por um estudioso do fenômeno do interesse e da recriminação que cercou a publicação do Evangelho de Judas.

Críticos do Evangelho salientaram com veemência que o seu título era conhecido pelos estudiosos desde o fim do século II d.C. Os mesmos críticos foram menos ansiosos em afirmar que o seu conteúdo literal não fora *lido* por pelo menos 1.600 anos. O Evangelho é, de fato, novo a nossos olhos.

Para contrabalançar a força desse fato, os oponentes do Evangelho afirmaram que seu conteúdo, no entanto, se conforma a doutrinas há muito desacreditadas – associadas à heresia do *Gnosticismo* – e que ele não tem nenhum valor real para oferecer às pessoas hoje.

Em contraste a essa posição, alguns estudiosos observaram que, mesmo entre os gêneros conhecidos associados à alegada "heresia", o Evangelho de Judas exibe muitas características próprias. É uma obra especial; o seu aparecimento repentino em nossa época merece uma grande atenção – e não menos surpresa.

De acordo com seus críticos automáticos, o Evangelho de Judas é um pouco mais, na melhor das hipóteses, que um pitoresco sobrevivente de uma era passada – uma mera nota de rodapé com a qual ninguém precisa se importar. Seu valor, eles afirmaram, deveria ser inteiramente limitado ao mundo acadêmico. A obra só poderia ser confiada aos estudiosos, especialmente estudiosos *que acreditam*. O Evangelho, eles dizem, não merece causar impacto sobre as crenças espirituais das pessoas. Trata-se de uma questão para os estudiosos, e não para membros crentes e não crentes do público em geral: uma mera sensação. Os críticos esperam, ou desejam, que o assunto morra.

A abordagem fria e desonrosa, amplamente disseminada pelas Igrejas à mídia, parece não se enquadrar à quantidade de sarcasmo que foi lançada contra o Evangelho e àqueles que acreditam que ele pode ser de interesse do público em geral. Se a obra não tem valor para não especialistas, por que gastar tanta energia para denunciá-la? Do que os críticos têm medo? Essas parecem ser perguntas razoáveis para observadores objetivos da onda de discussões internacionais que surgiu em seguida à controversa publicação do Evangelho na primavera de 2006.

O Beijo da Morte foi escrito a partir da convicção de que o Evangelho de Judas é de grande interesse e importância aos crentes e não crentes. Suas implicações merecem alcançar todas as pessoas conscientes; o interesse público não é apenas uma questão de curiosidade sensacionalista.

Este livro explora não apenas a mensagem, mas a *reação* global a ela, fazendo perguntas que ocorreram a muitos que observaram o espetáculo, encorajando os leitores a fazer suas próprias perguntas.

O leitor alvo de *O Beijo da Morte* é o público em geral. O livro não foi criado, em primeiro lugar, para debate acadêmico. Contudo, muitas questões levantadas nele podem parecer a estudiosos e ao clero que estão invadindo "seu" território de especialistas, com respeito ao qual o autor tem a certeza de que, dentro de nossa sociedade dinâmica, nem as igrejas nem os acadêmicos têm direitos especiais de posse para dominar os termos do interesse e do debate públicos. Embora o público original do Evangelho tenha sido provavelmente uma elite abnegada, desconfiada dos limites do "conhecimento comum", sua mensagem pode agora ser trazida para a consciência de todos.

Mesmo com todos os benefícios da melhor sabedoria internacional acerca do assunto, ninguém pode alegar entender definitivamente cada palavra do Evangelho de Judas. Entretanto, a reação a seu surgimento sugere que aquilo que *pode* ser entendido talvez seja tão perturbador a algumas pessoas hoje em dia quanto o foi para aqueles que o leram pela primeira vez há mais de 1.800 anos.

Capítulo 1

A Bomba-relógio

Menos de um mês depois de os terroristas bombardearem a embaixada dos Estados Unidos em Beirute, em 1983, matando 40 funcionários inocentes, um tipo muito diferente de bomba estava sendo preparada em um quarto de hotel em Genebra.

Em 15 de maio, um pequeno grupo de estudiosos americanos reuniu-se na Rue de la Servette, em Genebra. Esse não era um dia comum para especialistas em história antiga cóptica e bíblica. Na verdade, havia algo distintamente sombrio quanto às circunstâncias, e também havia ricas descobertas para aqueles que continuaram no caminho.

A primeira a ser retirada do grupo foi Astrid Beck, uma estudante universitária que completava seu PhD em Religião Comparada na Universidade de Michigan, em Ann Arbor. Seu supervisor, o professor David Noel Freedman (editor geral do prestigioso *Anchor Bible Dictionary*), e seu colega compilador de manuscritos, Ludwig Koenen, advertiram Astrid de que, como eles encontrariam árabes, o fato de ela ser mulher poderia ser ofensivo. A supressão da feminilidade não foi um início auspicioso dos procedimentos. Talvez já existisse confusão quanto ao que esperar.

Dois homens chegaram ao Hotel de l'Union: o encontro pré-arranjado. Todovia, nenhum deles era árabe. O sr. Hana A. Airian era um cristão egípcio – um copta – de Cairo. Yannis Perdios, o intermediário, era um grego culto de Atenas. Os dois homens se dedicavam ao comércio de antiguidades. Ambos conheciam a reputação de Koenen e nenhum deles tinha objeção a se reunir com mulheres para tratar de negócios. Mais importante, eles tinham mercadorias as quais queriam que fossem rapidamente avaliadas e vendidas.

Os estudiosos foram levados com rapidez a um segundo e desconhecido hotel, sem Beck, que foi deixada para trás, profundamente desapontada.

Koenen, a "ligação" entre o mercado de antiguidades do Cairo e o programa de compra de manuscritos da Universidade de Michigan, esperava garantir a presença da autoridade mais influente do mundo em antigos manuscritos cópticos. Apesar das fotografias de pouca qualidade do papiro à venda, Ludwig Koenen sabia que os manuscritos eram importantes e quem era o homem com quem deveria entrar em contato. O homem em questão era o professor emérito James M. Robinson,* da Universidade Claremont Graduate, do Instituto de Antiguidade e Cristianismo da Califórnia. Robinson era editor geral da maior biblioteca cóptica antiga de papiros já descobertos: a surpreendente "Biblioteca de Nag Hammadi", uma coleção mais conhecida pelo mundo como "Os Evangelhos Gnósticos" – 52 textos anteriormente desconhecidos dos primeiros séculos do Cristianismo.

Robinson não pôde estar presente. Em vez disso, o professor emérito enviou Stephen Emmel, um antigo aluno seu. Emmel também fora colega de Robinson na exaustiva montagem da Biblioteca de Nag Hammadi no Museu Copta do Cairo, durante a década de 1970. Stephen Emmel tinha muita experiência com fragmentos de papiros retirados em circunstâncias misteriosas das areias do Egito. Atualmente, ele é titular da única cadeira permanente de estudos cópticos do mundo, na Universidade de Münster, na Alemanha – então, podemos dizer que Robinson sabia escolher, por contratar Emmel como seu assistente no Cairo e, mais tarde, enviá-lo como seu emissário a Genebra.

A questão para Robinson era que, enquanto Emmel estava trabalhando em Roma na época – a uma simples viagem de trem de Genebra –, ele, Robinson, estava muito longe, do outro lado do mundo. Se Robinson não tivesse escolhido a opção mais econômica de ficar onde estava, a história do Evangelho de Judas teria sido bem diferente.

Há um antigo adágio para as exigências da magia: *esteja disposto a comprar o ovo de uma galinha perfeitamente preta sem pechinchar.* Às vezes é melhor pagar; o dinheiro não é tudo. Essa foi com certeza a visão do comerciante de antiguidades do Cairo que tentava fazer sua fortuna naquela manhã do hotel em Genebra. Hana (o nome significa "John") não gostava de pechinchas; ele estava disposto a esperar o tempo necessário pelo preço certo, no que se referia a mercadorias sérias. O valor da história estava além dos cálculos comuns.

---

*N.E.: Sugerimos a leitura de *A Biblioteca de Nag Hammadi – A Tradução Completa das Escrituras Gnósticas*, de James M. Robinson, Madras Editora.

Stephen Emmel era uma boa escolha – mas o homem mais jovem não tinha autoridade para prometer dinheiro. Emmel estava lá para fazer um relatório, se isso fosse possível. Na verdade, não se podia fazer um relatório apropriado. Hana Airian estipulou que não poderia haver fotografias e nenhum instrumento para escrever – nenhum tipo de registro. Se os estudiosos presentes considerassem os manuscritos importantes, então o preço seria justificado. O que significava o dinheiro?

O intermediário e tradutor Perdios pensava de modo diferente. Ele estava curioso para saber a opinião dos estudiosos a respeito dos manuscritos, por nenhuma outra razão além de determinar o valor deles com mais precisão. Havia vários manuscritos, e, até aquele momento, ninguém sabia com certeza o que eram os documentos. Porém, um conhecimento mais preciso poderia elevar o preço; os estudiosos não queriam falar muito.

O encontro durou cerca de uma hora, e não houve como evitar a tensão. Hana parecia nervoso. Emmel imaginou que isso se devia ao fato de alguém provavelmente ter contrabandeado as mercadorias para fora do Egito. Ali, todas as descobertas devem ser registradas junto às autoridades governamentais e qualquer exportação sem a autorização do governo é proibida. Enquanto Koenen e o professor Freedman conversavam sobre dinheiro na suíte do hotel, Emmel tentou examinar com mais atenção as páginas do papiro que estavam expostas no fundo de três caixas de sapato. Essa era sua chance. Correndo contra o tempo, ele usou pinças para separar as folhas. Um movimento repentino poderia danificar o papiro para sempre.

Enquanto isso, na suíte, Koenen e Freedman não tinham muito com o que se divertir. Sentiam-se desconfortáveis por causa da pressão extra. O dono das mercadorias, Hana, não estava menos desconfortável que os compradores em potencial. Hana preferiria negociar com comerciantes profissionais que conheciam as regras e falavam sua língua, e não representantes de uma universidade dos Estados Unidos com letras depois dos nomes. Mesmo assim, Koenen era conhecido no Cairo e compradores regulares ajudaram a tornar os comerciantes mais conscientes do valor dos manuscritos. Um problema em comprar essas coisas pode ser que o próprio entusiasmo do comprador cria o próprio mercado que por fim o motiva. Hana estava acostumado a esperar o tempo necessário pela oferta certa. Ele já tivera muitos problemas para estar na posição de vender todos os manuscritos, sentado em uma cama de hotel. Ele queria uma recompensa por esse trabalho –

justificação pela dor sofrida –, assim como um retorno de seu investimento inicial.

James Robinson, como todos os professores, preferiria que os manuscritos antigos saíssem diretamente de escavações arqueológicas oficiais e pousassem intactos em sua mesa de trabalho. Ele sabia por experiência que, quanto mais clandestina fosse a natureza do processo de descobrimento e entrega, mais provável seria que esse mundo sombrio acompanharia o texto em sua frustrante jornada em direção à luz acadêmica. Documentos importantes poderiam ser "perdidos" (para todos, exceto para os estudos exclusivos) durante anos.

A Biblioteca de Nag Hammadi (que incluía os famosos Evangelhos Gnósticos) era um caso flagrante em questão. Os 13 códigos encapados em couro (papiros) foram desenterrados alguns meses depois que as primeiras bombas atômicas explodiram no Japão em 1945, mas não foram publicados em uma edição adequada para o público em geral até que os *Sex Pistols* cantaram *God Save the Queen*, 32 anos depois.

O fato de *A Biblioteca de Nag Hammadi* completa ter sido publicada na época se deveu à determinação do professor Robinson e ao seu sucesso em romper o que considerava um insalubre monopólio dos estudiosos – quando as traduções se apegavam a seus textos específicos por anos e anos. Sua visão era de que o material era muito importante ao conhecimento humano para ser deixado em mãos exclusivas –, essa era sua opinião.

Os valores do mercado não são os valores do mundo acadêmico. Mas tudo tem um preço. Robinson sabia que o dono do novo material estaria ansioso para conseguir um bom lucro. Sabendo que seu instituto não possuía os fundos necessários para a aquisição, recorreu a Harold Attridge, um dos editores de *A Biblioteca de Nag Hammadi*,[1] um professor de estudos do Novo Testamento na Unidade Southern Methodist, em Dalas. Attridge calculou que conseguiria obter 50 mil dólares da Biblioteca Bridwell da Escola de Teologia Perkins, se o material provasse ser suficientemente especial.

Koenen, por outro lado, supunha que um valor em torno de 50 mil a 100 mil dólares poderia ser levantado junto à Fundação Dorot que mantinha a coleção de papiros da Universidade de Michigan – da qual Koenen era o comprador principal – e também ao Museu de

---

1. *The Nag Hammadi Library in English,* traduzido para o inglês por membros do projeto Coptic Gnostic Library do Institute of Antiquity and Chistianity. James M. Robinson, diretor, 2ª edição, E. J. Brill, Leiden, 1984.

Israel e seu mundialmente famoso Santuário do Livro. Todavia, a preferência da fundação era por itens bíblicos raros; eles estavam menos interessados em obras não encontradas na Bíblia judaica e cristã.

Apesar das dificuldades, Koenen e Freedman fizeram algum progresso quando conversavam na suíte do hotel. Eles estavam convencidos de que o material oferecido era genuíno e de interesse das pessoas que os apoiavam, conversaram com Hana por meio de seu intermediário, mas nem o forte charme e o envolvimento pessoal de Perdios na negociação conseguiram superar uma clara dificuldade. No que se referia ao preço, os donos e os compradores em potencial estavam conversando em frequências de onda completamente distintas. Era quase como se vivessem em planetas diferentes. Stephen Emmel deve ter sentido uma dor no coração quando viu os dois homens mais velhos saírem da suíte. A expressão no rosto deles dizia tudo: *sem acordo*.

O material foi rapidamente coberto com jornais egípcios velhos e retirado das mãos de Emmel. Uma oferta posterior de 300 mil dólares, feita pelo professor Freedman, serviu apenas para insultar o dono dos manuscritos. Hana A. Airian queria *no mínimo* 3 milhões de dólares e ponto final.

Ponto final? Apesar do desapontamento, para não dizer insulto à sua dignidade e reputação profissional, o comerciante do Cairo ofereceu-se para pagar o almoço ao grupo. Talvez o sr. Airian acreditasse que o grupo tivesse uma posição de retirada. De qualquer modo, eles poderiam pelo menos ir para casa e pensar com mais seriedade sobre o preço quando tivessem a chance de discutir entre si o conteúdo dos manuscritos. Os compradores com frequência voltam com ofertas melhores. Ele talvez tenha desejado satisfazer um apetite estimulando outro – o bom e velho truque do comerciante. Talvez fosse melhor que eles lembrassem de um agradável almoço, junto à memória de objetos surpreendentes rapidamente arrancados da visão.

Durante o almoço, Emmel percebeu que deveria fazer um inventário o mais completo possível do que vira, agora que a restrição aos instrumentos de escrita fora cancelada. De acordo com o espírito da negociação da manhã, Emmel foi ao banheiro do restaurante para colocar seus pensamentos ansiosos no papel. As observações foram escritas e enviadas ao professor James M. Robinson 15 dias depois. Na longa história da jornada do material secreto, o relatório de Emmel proporciona um atraente instantâneo de um momento na meia-vida do conteúdo das escuras caixas de sapato.

O Estado dos Textos

A partir do relatório de Emmel, descobrimos que, naquela manhã de maio de 1983, ele supunha que a coleção reunia quatro manuscritos derivados do Egito sob a dominação romana no século IV d.C. Dentro dos feixes com os manuscritos, Emmel observou uma versão grega de parte do Livro do Êxodo, um manuscrito (também em grego) ensinando como usar a Matemática e a Geometria para resolver problemas práticos, algumas cartas de São Paulo em copta e três obras gnósticas coptas. Essas obras compreendiam o que Emmel chamou de "a pedra preciosa" da coleção. Duas das obras gnósticas eram conhecidas pelas diferentes versões de *A Biblioteca de Nag Hammadi* – a Carta de Pedro a Felipe e o (primeiro) Apocalipse de Tiago. A presença de parte das epístolas de Paulo aos hebreus, colossenses e tessalonicenses agradaria tanto à Biblioteca Bridwell em Dalas quanto à Fundação Dorot. As obras gnósticas coptas, no entanto, eram de interesse especial a Stephen, um jovem veterano do projeto Nag Hammadi, que em breve receberia seu doutorado pela Universidade de Yale.

A terceira obra gnóstica copta, escrita com muita beleza em um dialeto local (do Egito do Império Médio) copta saídico, parecia um diálogo entre Jesus e seus discípulos. Emmel a comparou a algumas obras conhecidas da Biblioteca de Nag Hammadi, mas não acreditava que era uma cópia. A obra era nova para ele. No texto, observou o nome "Judas" repetido várias vezes.

Mais tarde, Emmel ficou muito aborrecido ao perceber que não se tratava, como ele pensara na época, de uma referência a Dídimo Judas Tomé (Judas, "o Gêmeo", associado ao famoso Evangelho Nag Hammadi de Judas), mas sim a Judas Iscariotes, o infame traidor de Cristo. Emmel simplesmente não estava esperando ver um Evangelho de Judas. *Quem estaria*? Mesmo nos estudos gnósticos, essa ideia, no curso natural das coisas, não viria à mente.

Duas referências a um Evangelho de Judas há muito esquecidas em antigas fontes (ver abaixo), nada mais eram do que isso: referências há muito esquecidas. Não era para conhecermos essa obra; a posse dela fora proibida. O assunto fora encerrado havia muito tempo. Felizmente, ou infelizmente (dependendo do ponto de vista), a questão fora aberta novamente por ladrões de túmulo.

O tempo limitado não permitiu ao especialista copta examinar cuidadosamente a página final do código gnóstico. Se Emmel o tivesse feito, ele teria conseguido informar ao professor Robinson que o

Evangelho de Judas, perdido há muito tempo, fora descoberto após uma ausência de 1.700 anos dos registros históricos.

É perfeitamente possível que o inocente descuido de Stephen Emmel tenha contribuído significativamente para as tristes aventuras que recairiam sobre as folhas do papiro do Evangelho nos anos subsequentes. Isso não significa que Emmel tenha de modo algum subestimado aquilo que tivera a oportunidade de examinar. Muito pelo contrário. Sua mensagem a Robinson, que estava na Califórnia, foi inequívoca. Emmel insistiu que Robinson adquirisse a coleção que tinha "um grande valor erudito, comparável de todas as maneiras a qualquer um dos códices Nag Hammadi".

Emmel também observou que os manuscritos foram muito mal manipulados. Embora ele tenha percebido que o documento, quando descoberto, estava com as margens intactas, metade da capa de couro do códice havia desaparecido e várias páginas foram rasgadas. As folhas individuais mediam 30 x 15 centímetros, ao passo que a numeração das páginas ultrapassava o número 50 (mais de 25 folhas). No entanto, Emmel observou que talvez metade do códice estivesse faltando, junto com a quarta capa, pois ele estava acostumado aos códices Nag Hammadi que chegavam até 100 páginas (50 folhas).

Em uma funesta expectativa do que poderia acontecer com a coleção, Stephen Emmel terminou seu relatório pedindo que o material fosse rapidamente adquirido e entregue a uma biblioteca ou museu. A coleção necessitava de restauração, conservação e avaliação apropriadas e urgentes. Sem tais medidas, uma deterioração ainda maior tornaria a obra difícil ou impossível de acessar.

Uma bomba-relógio estava para explodir. Os leitores experimentados em questões mundanas já adivinharam o que, em uma visão geral, aconteceu a seguir. Mas, antes de darmos os detalhes, talvez seja melhor darmos uma olhada no que aconteceu *antes*. Como esse bonito, mas frágil, papiro valendo 3 milhões de dólares (em disputa), rudemente envolto em papel, foi parar em uma cama de hotel em Genebra, em primeiro lugar?

Uma Voz do Túmulo

O roubo de túmulos é agora chamado de Arqueologia quando autorizado por um estado ou dignificado pelo mundo acadêmico. É claro, os defensores das duas atividades lhe dirão que há diferenças significativas. Os ladrões de túmulo violam "sítios antigos" por dinheiro (para alimentar suas famílias), ao passo que os arqueólogos investigam esses sítios para o benefício da humanidade. Os ladrões de túmulo não se importam com o valor histórico ou cultural dos sítios, apenas com o valor em dinheiro dos artefatos encontrados. Os arqueólogos mantêm registros precisos do que fizeram e do que removeram.

Não obstante, muitas das descobertas mais significativas feitas em benefício do conhecimento humano vêm de túmulos violados – e se fosse *seu* túmulo? Você se importaria com quem o violara? *Descanse em paz*? Você teria sorte! Claro que muitas pessoas hoje em dia provavelmente não acreditam que os mortos estão em posição de se importar com qualquer coisa.

Com frequência, o meio entre a Arqueologia e o roubo de túmulos é o mercado de antiguidades. Enquanto os arqueólogos ficam na alta posição moral, os comerciantes de antiguidade às vezes têm de sujar as mãos – mas não *muito*, é bom explicar. A maior parte do trabalho sujo já foi realizada mais abaixo na cadeia de fornecimento. Todos querem um intermediário. Todos querem ser respeitáveis.

Em algum momento da metade para o fim da década de 1970, um túmulo foi descoberto no sopé das colinas chamadas Jebel Qarara. As colinas estão situadas do outro lado do rio na vila de Maghagha (pronuncia-se *Mu-rair-a*), 192 quilômetros Nilo abaixo, ao sul do Cairo, na província de Al Minya, no Egito do meio. É preciso saber, antes de continuarmos, que nenhuma história acerca de violação de túmulos pode ser considerada um retrato objetivo dos fatos do caso. Não se sabe o nome dos envolvidos e as histórias mudam de acordo com as circunstâncias e o público. A verificação de tais histórias é uma ciência inexata, para dizer o mínimo. Afinal de contas, entende-se que o que os investigadores requerem é uma boa história na qual se possa acreditar – e isso significa que *ninguém se mete em encrencas*.

É correto dizer que a probabilidade de "chegar ao fundo" de uma história é minúscula, pois o fundo já se afastou da história há muito tempo. O processo de contar e recontar significa que os fatos se tornam negociáveis: a Ciência é para os cientistas; a verdade está à venda. Quanto mais você paga, mais consegue.

No caso em questão, a história conta que havia uma caverna escondida entre as pedras no sopé de Jebel Qarara. Um esqueleto foi encontrado envolto em uma mortalha. Perto dos restos, havia uma caixa de pedra calcária branca. Dentro da caixa havia manuscritos em papiros e um códice com capa de couro. Havia também frascos de vidro de tipo romano. Parece o cenário de um filme, mas os cenários de filme são baseados em cenas como essas e, presumivelmente, *vice-versa*.

Quem quer que tenha descoberto o túmulo sabia que o modo de conseguir algum dinheiro era entrar em contato com um explorador local, um intermediário para o mercado de antiguidades. Nesse caso, o nome do intermediário – agora morto – permanecerá desconhecido. Ele era um plantador de alho e um copta – um cristão egípcio, cujos companheiros de crença constituem cerca de 15% da população dessa parte da República Árabe do Egito.

O governo do Egito tem consciência do valor da Arqueologia no país, pois o turismo é vital para a sua economia, e os turistas estão mais interessados no passado do que no presente do Egito. O governo deve pensar no futuro do país e, por isso, envia seus fiscais a campo para observar o que pode aparecer e quem pode ser responsável.

Uma lei adicional relativa a antiguidades, de 1983, dá aos comerciantes do Egito seis meses para registrar as descobertas (a exportação é proibida); então, o governo pode compensar o comerciante pelo objeto com um valor que beneficie o Estado, mas não arruíne o comerciante.

Se você está no fim da cadeia de fornecimento, cair nas mãos da lei será quase certamente mais desagradável do que se tiver os benefícios de um estilo de vida mais cosmopolita, digamos, no Cairo. O intermediário em questão não estava no fim da cadeia de fornecimento, mas estava perto dele. Era o tipo de homem que Joanna Landis, uma modesta comerciante de arte popular na Alexandria, procuraria quando buscasse preços interessantes – tecidos antigos, por exemplo; o tipo de coisa que pode ser encontrado – ou até descartado – em túmulos antigos.

Em 1978, Landis foi informada pelo intermediário do plantador de alho a respeito de uma venda recente de manuscritos antigos. O copta se saíra muito bem com o negócio, para um homem em sua posição. Comprara um carro e sua família vivia com mais conforto. A princípio, tranquilo em relação a tudo isso, ele teve prazer em levar Landis a várias catacumbas, desconhecidas da Autoridade para Antiguidades ou do mundo da Arqueologia. Esculpidos em pedra calcária, dentro de jebel (montanha), havia pilares quadrados apoiando uma série de alcovas funerárias. Os ossos de um esqueleto estavam espalhados pelo local. Aparentemente, o lugar fora visitado havia pouco tempo por ladrões de túmulos menos escrupulosos, do tipo que mataria para proteger seus interesses.

O copta disse a Landis que os livros foram envoltos em jornais e vendidos por meio de contatos nas joalherias que existiam nas províncias e que estavam ligadas a comerciantes maiores no Cairo. Ele conseguira 8 mil libras egípcias pelo negócio.

Depois da morte desse homem, Joanna Landis pressionou o colega dele (chamado "Mahmoud" nos registros escritos, mas eu teria minhas dúvidas) por mais informações. Ela obteve pouco retorno. Quando o colega deu sua última resposta evasiva, a história já havia mudado e o local da descoberta já não era mais o mesmo, mas sim um sítio a quilômetros de distância e totalmente inacessível para estrangeiros. A coisa toda era muito perigosa; outros interesses estavam envolvidos. Nem mesmo a curiosidade natural e a determinação conseguiam garantir um relato definitivo.

E assim permanece até hoje. É claro que, se a descoberta e o local tivessem sido relatados às autoridades egípcias, a história poderia ter sido bem diferente. Mas ainda teria sido uma história, apenas contada para um público diferente. A verdade efetivamente morreu com o caloroso plantador de alho e seu pio colega da Igreja Copta.

O Comerciante do Cairo

Outro leigo da Igreja Copta se tornaria o beneficiário da descoberta – embora ele logo chegasse à conclusão de que essa urna de antiguidades trazia consigo uma horrível maldição, revogável apenas por intervenção divina.

A trama – e o ar – se tornam mais pesados. Entra em cena o fumante Hana A. Airian, o respeitável negociador de antiguidades do Cairo, que recebia sérios clientes no apartamento do segundo andar de sua propriedade em Heliópolis. Nós o encontramos pela primeira vez em um quarto de hotel em uma rara e desconfortável excursão para além de sua terra nativa.

Hana, que não era especialista em Papirologia, tomara conhecimento do valor dos papiros devido à presença no Cairo, na metade da década de 1970, de Ludwig Koenen, comprador de manuscritos para a coleção da Universidade de Michigan. Outro papirólogo, Peter Manfredi, também explicara aos comerciantes do Cairo como localizar itens valiosos no campo.

O preço de obter boas mercadorias envolvia apenas "aumentar" o valor monetário delas. Talvez tenha sido Manfredi quem sugeriu a Hana o preço de 3 milhões de dólares pela coleção de manuscritos. Podemos imaginar se a sugestão foi inteiramente séria. O vendedor pode, é claro, sempre dizer que existe "outra pessoa" que pagará qualquer preço por qualquer coisa. O valor de uma coisa é frequentemente expresso naquilo que o comprador pagou por ela; a única esperança para o comprador que exibe sua aquisição é que ele não encontre uma pessoa que lhe diga diretamente qual o real valor do objeto – principalmente na frente dos amigos.

Para o comerciante, o preço envolve um investimento pessoal. Em um determinado momento na negociação, questionar o preço é questionar o julgamento do vendedor: quanto maior o comerciante, maior o orgulho. Grandes comerciantes esperam ganhar muito dinheiro. Quando grandes comerciantes vendem a grandes comerciantes, ambos esperam obter lucro. Afinal de contas, um tolo e seu dinheiro logo se separam – a menos, é claro, que o cliente possa classificar sua aquisição como "investimento". O preço sobe, mesmo depois da "venda final". Uma antiguidade, devidamente cuidada, deve ter uma vida de um pouco mais de 1 milhão de anos. A única coisa de que você necessita é um comprador rico. O Socialismo jamais favorecerá o mercado de antiguidades; a causa da "humanidade" é muito barata.

Então, a pergunta para Hana era: *quem tinha muito dinheiro?* Onde ele poderia localizar o grande comprador? Hana fez o que sempre fazia. *Não se apresse; espere até que a pessoa certa apareça.* Deixe que o comprador venha até ele. Confie na Providência.

A Providência veio, mas com um ferrão na cauda.

Três Comerciantes

Apresentaremos agora um reforço de três nomes neste relato do jogo da compra. Hana A. Airian fizera no passado bons negócios com um dos maiores e mais espertos comerciantes de antiguidades do mundo, Nicolas Koutoulakis, uma figura impressionante com ligações em Londres, Paris e Nova York, como um perfume que está na moda. Nascido em Creta, as formidáveis habilidades para lucrar de Koutoulakis permitiram-lhe adquirir uma bela vila na Rue de Florissant, em Genebra, e o amplo respeito de seus colegas.

Frieda Tchacos era uma jovem estudante de Egiptologia, que frequentava a *École du Louvre* em Paris, quando foi convidada por Koutoulakis para uma rica diversão à noite. Essa charmosa visão da boa vida produziu um impacto em Frieda. Para a surpresa de Koutoulakis, a esperta jovem se tornaria no devido tempo uma amigável concorrente, abrindo sua primeira galeria de arte em Paris e depois transferindo seu negócio para a Nefer Gallery, de sua propriedade, em

Zurique. A Suíça terá um importante papel nesta história. Talvez seja o clima.

Na Suíça, Frieda Tchacos casou-se com um joalheiro, Werner Nussberger, e passou a se chamar Frieda Tchacos Nussberger, um nome poderoso para alguém que se refere a si mesma como "a pequena Frieda", uma inocente em um mundo pérfido. Como Koutoulakis, Frieda conhecia Hana antes de ele ter adquirido os preciosos manuscritos de Jebel Qarara. Ela fizera amizade com a família dele quando fora convidada para ficar em seu apartamento em Heliópolis, para tratar de negócios. O mundo pode ser grande, mas o mundo dos comerciantes de antiguidades é muito pequeno. Veremos agora o *quão* pequeno.

É um Crime

Em março de 1980, a variada coleção de antiguidades de Hana, reunida de modo incomum em um único local, foi roubada. A coleção incluía a insuficientemente examinada urna com o antigo papiro copta. Anteriormente, ela fora roubada do túmulo; agora, de um respeitável apartamento. Podemos imaginar como seu antigo dono, há muito falecido, a adquirira. Comentava-se que a pessoa cujo túmulo fora violado tinha sido um monge, um místico, um tipo dos primeiros maçons – com certeza um leitor devoto dos manuscritos. Mas o monastério em ruínas mais próximo fica a duas horas de caminhada da área onde os manuscritos foram encontrados. Talvez o antigo copta também estivesse envolvido no negócio envolvendo o códice –, quem pode saber?

Temos de tomar cuidado para não romancear o relato desta história, embora ela mesma tenha se tornado algo parecido com um romance. Como poderia ser diferente, tendo sido contada por personagens como esses que conhecemos? É, no entanto, um fato inegável que a preciosa coleção de Hana, incluindo tecidos, joias, peças de ouro, estátuas, revestimentos de vidro, artefatos ptolemaicos, moedas bizantinas, romanas e gregas, amuletos de cerâmica e papiros fora roubada. Quem faria isso?

Era comum para Nicolas Koutoulakis aparecer no Cairo acompanhado de duas belas mulheres: uma delas, conhecida como "Mia" ou "Effie", algumas vezes "Fifi", falava árabe fluentemente. Talvez tenha sido a facilidade de comunicação que fez com que Hana sugerisse à moça que ela mesma vendesse alguns dos objetos de sua coleção, por uma comissão. Se Koutoulakis tivesse tomado conhecimento disso, ele teria se ofendido – como Hana ousava realizar negócios usando os representantes de Koutoulakis quando ele sempre negociara com Hana pessoalmente?

"Mia", aparentemente sem o conhecimento de Koutoulakis, voltou a procurar Hana com uma possibilidade interessante. De acordo com um colega de um dos parentes de Hana, Mia estava em contato com algumas pessoas muito ricas cujo iate estava ancorado no porto de Alexandria. Segundo Mia (se esse era de fato o nome dela), elas estavam interessadas em qualquer coisa que Hana tivesse.

Os clientes chegaram pontualmente ao apartamento em que Hana havia reunido seus tesouros. Eles anotaram tudo o que encontraram, não pechincharam, e demonstraram um entusiasmo olímpico por tudo o que estava diante de seus olhos maravilhados. Na verdade, os clientes estavam dispostos a comprar a coleção toda por uma grande soma em dinheiro. Em um piscar de olhos, o futuro de Hana estava garantido.

Imagine o que o comerciante sentiu quando descobriu, no dia seguinte, que de sua propriedade foram roubados todos os itens da coleção. Ele não podia esperar muita ajuda da polícia. Nenhum dos itens roubados fora registrado; não havia nenhum documento para os identificar ou os seus valores. Ele não tinha nenhuma prova legal para afirmar que os objetos lhe pertenciam. O mundo de Hana Airian desmoronou.

Afirma-se que Hana se refugiou em um monastério copta para recuperar a sanidade. Depois, contratou adivinhos e recorreu à magia e à oração copta para localizar os itens. Eles continuaram perdidos. Hana ficou enraivecido, convencido de que a Mia de Koutoulakis arquitetara seu despojamento profissional. Passou a carregar uma arma consigo – Hana, um homem pacífico, não estava para brincadeiras. E ainda assim acreditava na Providência. O cretense Koutoulakis tinha algum motivo para molestar tanto assim o egípcio? Será que estava tentado dar uma lição ao comerciante do Cairo?

A história conta que Hana anteriormente tinha vendido a Koutoulakis uma antiga estátua egípcia. Este depois encontrou motivos para duvidar da procedência do objeto; ele poderia ser falso. Era muito provável que fosse falso. Mas Hana não concordou em devolver o dinheiro; insistiu que a origem da estátua era autêntica. A intransigência de Hana foi uma atitude antiética e estragou as relações com o comerciante grego.

Será que existiam outras razões? A suspeita sobre Koutoulakis morre sem evidências. Mas o papel de Mia é menos duvidoso. Como o professor James M. Robinson observou, "Mia" é a forma feminina do número *um*, e pode significar *uma* mulher. Ou seja, não é necessariamente um nome. Há, de fato, grandes dúvidas quanto à origem de Mia. Ela mesma parece ter sido uma fraude. Mas quem estava por trás de suas ações, e o quanto ela realmente valia – e para quem?

E qual a relação de Mia com a pequena estatueta de ouro de Ísis amamentando Hórus-Harpócrates que fora trazida da vila de Koutoulakis cinco anos antes? Você está confuso? Hana também ficou, mas ele tinha a Providência a seu lado. Tinha certeza disso. A origem da Providência é Deus, e Deus conhece o segredo de cada coração humano. Ele sabe onde está todo o tesouro enterrado e está, assim se acredita, disposto a pagar o preço mais alto para redimir o que está perdido.

No fim de 1981, Hana procurou pela ajuda de outro grego. Yannis (John) Perdios fazia negócios no Cairo e mantinha um bom relacionamento com Koutoulakis. Perdios encontrou-se com o espoliado Hana, absorveu o impacto da história e concordou em agir como intermediário junto ao gigante cretense do comércio de antiguidades. Koutoulakis confidenciou a Perdios que acreditava que Mia estivesse envolvida no roubo, mas que ele era inocente. O contato levou a uma tensa reunião no apartamento de Perdios no Cairo. Hana ficou diante de Koutoulakis e uma prevenida Mia. Ele levara sua filha consigo, aparentemente para garantir uma compreensão especial, se não simpatia. Afirmando com agitação sua inocência, Mia afirmou a Hana que ela e Koutoulakis o ajudariam. Ele tinha muitos amigos no negócio.

Em 1982, Koutoulakis ainda estava telefonando para seus contatos ao redor do mundo para localizar os elementos do tesouro perdido de Hana. Ele e Perdios obtiveram informações sobre um colar que fora parar nas mãos do dr. Jack Ogden, um especialista em pedras preciosas de Londres. Ogden revelou que ele comprara o colar de uma moça ruiva chamada "Effie". Effie e Mia pareciam ter mais que cor do cabelo em comum. "Effie" pode ser a abreviação do nome grego *Ephthimia* – alegria – ou é possível reduzir o nome à sua última parte: *Mia*.

Ogden não se importou em devolver as mercadorias de origem duvidosa para Perdios e o filho de Koutoulakis, Manolis. No verão do mesmo ano, com os neorromânticos e velhos *punks* circulando pelas capitais europeias, uma reunião foi marcada na vila de Koutoulakis em Genebra, observada por um arranjo formidável de câmeras de segurança.

Os manuscritos de Hana, graças ao trabalho de detetive de Koutoulakis e Perdios (e Mia), foram recuperados. Como os manuscritos tinham sido avaliados em cerca de 3 milhões de dólares, com certeza Hana não faria objeção a participar de um negócio que compensasse pelo considerável trabalho realizado em seu benefício por Nicolas Koutoulakis. E então ficou resolvido que objetos recuperados (incluindo a bela estatueta de ouro de Ísis) correspondentes à bagatela de 50 mil dólares permaneceriam na posse do anfitrião, para seu lucro e satisfação. A Providência tinha ajudado. É interessante notar que Manolis Koutoulakis afirmou que as relações com "Effie" foram estritamente reduzidas após esse encontro.

E o códice? Perdios sugeriu a Hana que (como os manuscritos já estavam fora do Egito) seria melhor guardá-lo no cofre de um banco na Suíça, de onde ninguém poderia roubá-lo de novo. Na Suíça, ele estaria mais seguro que no túmulo.

O interesse de Perdios na urna não terminou aqui. Enquanto desfrutava os ares suíços, ele entrou em contato com Frieda Tchacos Nussberger em Zurique. Ela conseguiria encontrar um cliente para os manuscritos? Perdios entregou-lhe algumas fotos deles. Ao que parece, foi a primeira vez que Frieda soube da existência dos textos. Ela fez algumas perguntas, mas logo voltou sua atenção para outro assunto. No fim de 1982, Yannis Perdios decidiu que a confirmação da autenticidade dos textos e o valor da coleção deveriam ajudar em uma venda. Enviou algumas fotos para Ludwig Koenen, o comprador especialista para a coleção de papiros da Universidade de Michigan, que encontramos no restaurante em Genebra na companhia do professor Freedman e Stephen Emmel.

O encontro de estudiosos no hotel de Genebra, em maio de 1983, foi o resultado do envio das fotos dos manuscritos, por parte de Perdios a Koenen. E sabemos qual foi a consequência: um Hana desapontado; um Koenen desapontado; e envio do relatório de Emmel sobre o material ao professor James Robinson na Califórnia.

Hana colocou os manuscritos de volta no cofre em Genebra e considerou seu próximo passo.

Nova York, Nova York

É uma grande cidade e o local óbvio para a troca de mercadorias, em um ambiente que combina cultura e dinheiro em doses iguais e arrojadas.

E assim, em 1984, Hana passou pela alfândega americana, carregando os vulneráveis papiros envoltos em jornais, enfiados em sua bagagem de mão. Ele procurou pessoas a quem pudesse entender e que o entenderiam. O inglês de Hana era insuficiente para realizar um negócio sozinho.

Na West Side Avenue, na cidade de Nova Jersey, estado de Nova Jersey, fica a Igreja Ortodoxa Copta de São Marcos. Há uma considerável comunidade de imigrantes coptas nessa área, cujas necessidades espirituais foram satisfeitas pelo popular e distinto padre Gabriel Abdel Sayed. O padre Gabriel acompanhou Hana em um encontro com o famoso comerciante de livros e manuscritos raros, Hans P. Kraus, em seu quartel-general de cinco andares no nº46 da East Street em Manhattan.

Para garantir a segurança da mercadoria, os dois coptas chegaram com uma escolta de homens robustos, vestidos em cores escuras. Talvez parecendo uma cena do filme *Goodfellas* [Os bons companheiros] de Martin Scorcese, eles fizeram com que Kraus se sentisse visivelmente desconfortável; ele pensou que estava diante de guarda-costas armados. Kraus não se importava com o fato de estar recebendo uma oferta a qual não podia recusar. Essa não era a forma como ele gostava de conduzir os negócios.

Hana ouviu alguma coisa dita em inglês entre o padre e o rei do comércio de livros antigos em Nova York que parece ter acabado com o negócio. Não obstante, um encontro subsequente foi marcado para estabelecer a autenticidade dos manuscritos. Na manhã de 27 de março de 1984, os procedimentos um tanto cômicos tiveram início. O escritório do classicista Roger Bagnall, no sexto andar do Hamilton Hall, Universidade da Columbia, foi o local escolhido. Nessa ocasião, Bagnall pensou que Hana e seu parceiro egípcio fossem os guarda-costas! As coisas não pareciam estar certas. Ele não acreditava que Gabriel fosse um padre de verdade. Os manuscritos, por outro lado, pareciam suficientemente genuínos. Kraus, contudo, não estava convencido do preço. Hana descera o preço até 1 milhão por todo o pacote, mas Kraus acreditava que os custos com a restauração acrescentariam uma grande quantia ao custo inicial do investimento. Ele também deve ter ficado em dúvida quanto à legalidade e à origem. Não aceitou fazer o negócio.

Cansado da falta de progresso, suspeitando de que o padre de algum modo prejudicara o negócio, ao mesmo tempo em que ansiava voltar para casa, Hana deixou os manuscritos em um cofre bancário.

Não havia razão para retirá-los dos Estados Unidos agora que eles tinham entrado com segurança no país. Assim como o Sol, o preço subia no Oriente e baixava no Ocidente.

Foi escolhido um cofre em uma agência do Citibank em um centro comercial em Hicksville, Long Island, quatro dias depois do encontro na Universidade de Columbia. A tampa foi mais uma vez fechada sobre o códice; a escuridão e o ar abafado envolveriam suas frágeis folhas de uma maneira tão ameaçadora quanto as chamas que queimaram Rosebud no clímax de *Cidadão Kane*.[2]

Dezesseis anos de desintegração envolveriam as deterioradas fibras do papiro no cofre nº395, Hicksville, Long Island. *Hicksville!* Era uma farsa ou uma tragédia?

O Professor Ataca de Novo

Não devemos pensar que o professor James Robinson perdera o interesse nos evasivos textos depois do que leu no relatório de Stephen Emmel em maio de 1983. Ele simplesmente não tinha o dinheiro; uma causa, sem dúvida, de grande irritação. Até onde Robinson sabia, os textos tinham desaparecido.

Tendo agora completado sua introdução ao último volume da cópia da edição de *A Biblioteca de Nag Hammadi*, Robinson voltou sua atenção ao tentador material "novo". Pelo relatório de Emmel, o material pertencia à mesma órbita de seu trabalho nos últimos 20 anos: antiguidades do gnosticismo egípcio. A questão para Robinson era como atrair o dono dos textos para uma posição na qual ele pudesse ser abordado pela fonte certa de fundos e que o material caísse nos braços de sua antiga equipe editorial.

O método de Robinson tinha um custo baixo, mas era talvez muito contido. Se ele soubesse, por exemplo, que a urna continha o Evangelho de Judas, perdido havia muito tempo, talvez tivesse conseguido atrair uma cobertura bem maior da imprensa e, por conseguinte, interesse no financiamento do projeto. Mas do jeito que as coisas pareciam na época, o material não se comparava nem aos Pergaminhos do Mar Morto[3] nem à menos conhecida (mas não menos importante)

---

2. *Cidadão Kane*, RKO/Mercury Productions, 1941. Diretor/Produtor, Orson Welles. Roteiro de Herman J. Mankiewicz e Orson Welles.
3. *The Complete Dead Sea Scroll in English*, ed. Geza Vermes, Penguin Classics, edição revisada, 2004.

Biblioteca de Nag Hammadi. De fato, o material só parecia ser de sério interesse para os estudiosos coptas e historiadores de religião.

Assim, foi no terceiro Congresso Internacional de Estudos Coptas em Varsóvia que Robinson e Stephen Emmel anunciaram a existência de um novo códice em papiro. Os delegados foram informados de que o códice continha novas versões do Primeiro Apocalipse de Tiago, da Carta de Paulo a Felipe e um diálogo entre Jesus e seus discípulos (aquele que mencionava Judas em várias ocasiões).

Robinson também alertou Hans-Gebhard Bethge, na Universidade de Humboldt em Berlim, da existência dessa versão alternativa da Carta de Paulo a Felipe. Bethge estava escrevendo uma dissertação sobre o assunto, cujos leitores agora podiam observar que uma versão paralela "ainda não estava disponível para avaliação erudita". Essa afirmação não contém toda a verdade. De fato, essa versão paralela estava lentamente apodrecendo em um cofre bancário em Hicksville.

Apesar de todos os movimentos cuidadosos de Robinson, seu método de atrair interesse para a urna não causou muito impacto, até onde sabemos, nem no Cairo, nem em Genebra, nem em Atenas, lar de Yannis Perdios. A pista dos textos ficou misteriosamente encoberta pelos próximos seis anos. Robinson percebeu que o único modo de conseguir acesso aos textos não era contar muito com a rede de financiamento acadêmico, mas ficar cara a cara com um grande comprador. Os esforços de Robinson nessa direção provaram ser lucrativos.

Martin Schøyen era um norueguês rico e culto que possuía uma das maiores coleções particulares de manuscritos do mundo. Quando Robinson entrou em contato com Schøyen, em 1990, Perdios achou que seria compensador concordar com um encontro com Robinson em sua base em Atenas. Sabendo que os manuscritos ainda estavam em Nova York, Perdios sugeriu que esse seria o local mais adequado para se reunir com o dono, sem explicar por quê. Robinson intuiu que os manuscritos estavam localizados lá. Partiu de Atenas acreditando que, por fim, estava chegando a algum lugar.

O que Robinson não sabia, no entanto, era que Perdios e Hana haviam se separado. Hana decidira negociar com Hans Kraus, em Nova York, sem a colaboração de Perdios, o homem sem cuja ajuda Hana jamais teria conseguido resgatar seu precioso tesouro em primeiro lugar.

A probabilidade de reunir Robinson e Hana foi frustrada também por acontecimentos internacionais. O presidente Bush estava em um conflito aberto contra Saddam Hussein. Uma forte especulação nas feiras e nos cafés do Cairo chegou a tal ponto que Hana tinha medo de deixar sua nova família no Cairo e que a Terceira Guerra Mundial eclodisse no momento em que ele entrasse no avião. Por volta de 1992, Robinson conseguira mais apoio para resgatar os textos da obscuridade. Mais uma vez, ele procurou por Perdios. Este disse que entraria em contato com o dono dos manuscritos, mas não o fez. Robinson tentou de novo, cinco anos depois, quando estava de volta à Europa lecionando na Alemanha. Ele sugeriu um encontro entre o dono e o colecionador norueguês Schøyen. Dessa vez, Hana estava interessado. Até um preço razoável fora sugerido, mas por alguma razão o encontro jamais aconteceu.

Schøyen não precisava de Robinson para ver os manuscritos. Ele tinha um conhecimento profundo do mundo dos comerciantes – um mundo do qual o professor Robinson era um estranho, um suplicante. Alguns anos depois, por meios de seus próprios contatos, o colecionador norueguês conseguiria páginas dos textos bíblicos contidos na urna de Jebel Qarara. O processo de negociação sem dúvida exasperou o professor na Califórnia. Agora Robinson tinha o dinheiro, mas onde estava o dono?

Aparece Frieda Tchacos Nussberger (de novo)

Na primavera de 2006, a National Geographic publicou a matéria *The Lost Gospel*[4] [O Evangelho perdido], de Herbert Krosney – um relato da origem do Evangelho de Judas e sua importância para os cristãos, a cultura ocidental e a National Geographic. Em alguns aspectos, o livro constituía uma divertida vindicação do papel salvador de Frieda Tchacos Nussberger na questão do "Evangelho Perdido".

Contudo, com (pelo menos) dois cavaleiros lutando pelo Santo Graal, as coisas podem se tornar complicadas. Quem iria salvar o Evangelho de Judas – o erudito Robinson ou a comerciante Frieda? Nós sabemos a resposta porque o códice é agora chamado *Códice de Tchacos*, que é algo parecido com pousar na Lua e deixar sua marca lá. Assim como Galahad em *Parzifal*,[5] Robinson é apresentado como alguém que tem uma curiosa imperfeição fatal que o impede de alcançar o prêmio. Será que, como o mago Clinschor no romance

---

4. Herbert Krosney, *The Lost Gospel, The Quest for the Gospel of Judas Iscariot,* National Geographic, Washington DC, 2006.
5. *Parzifal,* Wolfram von Eschenbach, ed. A.T. Hatto, Penguin Classics, 1980.

mencionado, ele *simplesmente não tinha coragem*? Francamente, os comerciantes prendiam seus movimentos.

Pelo texto de Krosney, descobrimos que em 1999 um grego telefonou a Frieda e ofereceu fotografias de partes do manuscrito. Para estabelecer a autenticidade das fotos, ela as enviou a Robert Babcock, curador da Biblioteca Beinecke na Universidade de Yale. Ele as reconheceu como sendo partes de uma urna examinada por especialistas de Michigan em um hotel em Genebra em 1983. Frieda, por sua vez, lembrou-se da visita de Perdios à Suíça, no verão de 1982, quando o intermediário grego sugerira que ela encontrasse um cliente para os manuscritos de Hana depois de ele os ter recuperado na vida de Koutoulakis. O tempo não entorpecera o vago interesse inicial de Frieda pelos manuscritos. Por alguma razão, talvez sobrenatural, ela estava intrigada para saber mais. Decidiu marcar um encontro com a pessoa que lhe telefonara.

Frieda reuniu-se com os comerciantes. Ela não gostou deles; seus clientes usuais tinham classe. Esses homens pareciam oportunistas. Eles queriam 100 mil dólares pelas páginas no papiro. Ela não aceitou. Ofereceu 25 mil dólares – pegar ou largar. Sendo o tipo de pessoas que eram – segundo a história –, eles pegaram. Frieda pegou as páginas isoladas da coleção de Hana e as colocou em um cofre. Mas quem tirara essas páginas da coleção? Perdios, talvez? Não, deve ter sido Mia; ela deve ter ficado com alguns objetos do roubo acontecido em 1980.

Uma inspeção mais cuidadosa das fotografias que Frieda enviara a Yale deu mais força a essa suposição. Os jornais em que as páginas estavam enroladas eram da Grécia, datados de outubro de 1982; um pouco depois de Hana ter recuperado seus manuscritos (ou pelo menos a maior parte deles). Frieda descobriu posteriormente que um dos comerciantes a quem ela acabara de pagar era namorado de Mia. QED. Agora Frieda queria o resto da coleção.

Ela foi ao Egito para celebrar o novo milênio. Lá, encontrou seu velho amigo Hana Airian. Ele tinha a chave; ela tinha o dinheiro. Talvez cansado do duradouro peso psicológico acarretado pela posse dos manuscritos, ou talvez em honra dessa data histórica do calendário cristão, Hana sucumbiu às habilidades comerciais de Frieda. Onde todos haviam fracassado, ela obteve sucesso na compra do resto da coleção por um valor de centenas de milhares. Agora, tudo o que Frieda tinha de fazer era tomar posse da mercadoria.

Para isso, ela teria de levar Hana de volta a Nova York. Ele não estava disposto a deixar a cidade do Cairo desacompanhado. Frieda disse que não poderia ir ao Cairo para pegá-lo. Entrou em contato com a mulher de Hana, insistindo para que ela não deixasse o marido perder essa grande oportunidade só por causa de um pouco de ansiedade. A vontade conjunta de duas mulheres é suficiente para fazer com que um homem se mova. Hana não era uma exceção.

Chegando a Nova York em 3 de abril de 2000, Hana seguiu de carro para Hicksville com a irmã de Frieda, Deda, e seu marido, e a filha de Alec, Sybil, enquanto Frieda ficou esperando no Hotel Stanhope, na Fifth Avenue. Levando uma grande caixa de papelão, o grupo chegou ao Citibank em Hicksville. Hana tinha o antigo recibo, mas as fechaduras tinham sido trocadas. Você acha que o banco pediu para que voltassem mais tarde enquanto resolviam o problema? *De jeito nenhum*. Custaria mais 100 dólares para chamar o chaveiro na hora. Mas o que significavam 100 dólares quando o futuro da religião estava em suas mãos? Infelizmente, quando o cofre foi aberto não houve nenhum soar de trombetas de importância global – apenas um cheiro desagradável. Os manuscritos estavam em condições deploráveis. O bebê ainda estava vivo, por assim dizer, mas precisaria de um tratamento intensivo e uma mãe nova e amorosa.

Frieda Tchacos Nussberger também acreditava na mão orientadora da Providência; talvez essa crença seja uma necessidade quando se negocia com antiguidades, pois, apesar de toda a forte habilidade comercial, havia com frequência também um toque de fé.

Frieda comprou os manuscritos oficialmente em 4 de abril de 2000. Levando sua nova aquisição diretamente à Beinecke Rare Book and Manuscript Library, em Yale, deixou-a com o "pai adotivo", Robert Babcock (que, é claro, tinha visto as fotos das páginas que faltavam), e ofereceu vendê-los à Universidade de Yale por um preço modesto. Yale tinha os meios, que faltavam a Frieda, de restaurar os manuscritos e levar as páginas esfarrapadas à luz da Ciência.

Alguns dias depois, a fé de Frieda foi justificada pelas extáticas notícias de Babcock. Aqueles tristes, miseráveis e maltratados manuscritos continham nada menos que *O Evangelho de Judas Iscariotes*! As recompensas da fé chegariam logo. O coptologista e editor da equipe Nag Hammadi, Bentley Layton, apoiou o julgamento de Babcock. Esse julgamento, por sua vez, foi apoiado por outro antigo colega de James Robinson, Harold Attridge, um professor de Yale. Agora, onde estava o incenso restaurador, a mirra preservativa – e, acima de tudo, o ouro que faz revivificar?

Em 21 de agosto, Frieda recebeu um relatório do especialista de Yale. Esse bebê não era nada comum. Ele possuía versões únicas da Carta de Pedro a Felipe, do Apocalipse de Tiago e do "totalmente desconhecido do mundo moderno" Evangelho de Judas. Os especialistas garantiram que essas obras eram comparáveis em importância à surpreendente Biblioteca de Nag Hammadi. De fato, Frieda encontrara uma mina de ouro!

Mais ou menos nessa época, a imagem de Judas Iscariotes parecia se tornar viva na mente de Frieda, junto a um certo senso de destino. Isso é o que ela nos diz, e, portanto, devemos acreditar, pois nossas convicções mais profundas não podem ser questionadas. Judas fora mal compreendido; ele clamava por compreensão, dignidade e reabilitação. Ele se abria a partir das fibras de seu Evangelho. Judas, de algum modo, precisava "seguir em frente". Talvez ele devesse se tornar o santo protetor dos comerciantes de antiguidades, pois, quando vendeu sua mercadoria por 30 peças de prata, não se recusou a ganhar comissão, mesmo tendo sido contratado? Seus motivos não foram falsos; sua reivindicação era genuína; sua origem era boa. Os valores da simples galeria da vida não eram para ele; Judas serviu como um *Poder Superior*!

Ah! Mas os poderes superiores em Yale estavam cegos à oportunidade que tinham em mãos. Eles não fizeram uma oferta pelos manuscritos. A origem deles era incerta. O direito de posse de Frieda poderia ser mantido perante a lei? A reputação de Yale, própria a seu *status* na Ivy League, deve ser absolutamente imaculada, inquestionável e pura como a neve do inverno na Nova Inglaterra. Curiosamente, apesar de não ter o dinheiro suficiente para arcar com os custos da restauração e das responsabilidades de longo prazo por possuir os manuscritos, Frieda não parece ter procurado os editores associados da Biblioteca de Nag Hammadi para os examinarem. Eles com certeza a teriam levado a James Robinson que, acreditamos, não teria hesitado em obter a coleção.

Não, ao pegar sua caixa de papelão na Universidade de Yale, Frieda admite modestamente ter cometido um dos maiores erros de sua vida, pelo qual culpa apenas a si mesma. Talvez tenha sido o peso da responsabilidade – um tesouro mundial sob seus cuidados pessoais, deteriorando-se a cada segundo – que a levou a fazer o que fez. O tempo estava se esgotando. Ela tinha de levar *Judas* a um porto seguro. Afinal de contas, podemos concluir, o Bom Samaritano não levou a vítima do roubo para sua casa; pelo contrário, ela foi deixada aos cuidados de uma boa hospedaria.

Nemo para o Resgate

Em junho de 2000, um comerciante de antiguidades de Londres, Bill Veres, visitou Frieda em Zurique. Ele contou a ela sobre um certo Bruce Ferrini. Bruce, do Meio-Oeste, estava comprando antiguidades para James Ferrel, CEO da *Ferrelgas*, em Liberty, Missouri – uma fornecedora mundial de gás propano. Ferrel parecia ser o homem certo para comprar a urna de Jebel Qarara. Mas ele não era o único cliente que Ferrini tinha em mente. Ferrini mencionara o nome de Bill Gates, um verdadeiro "abra-te, Sésamo" de excitações fiscais. Ao que parece, Gates estava ligado, de algum modo não identificado, aos negócios de Ferrini. Mais uma vez, como a maioria de nós usa o software *Windows*, acredito que todos também estamos ligados aos interesses comerciais de Bill Gates. Mas Ferrini tinha outras cartas na manga.

Após retirar as caixas de papelão de Yale, Frieda pegou um avião em Nova York, seguindo para Cleveland, Ohio, onde encontraria com Bruce Ferrini, o ex-cantor de ópera, entusiasta da cultura e, agora, comerciante de antiguidades para os grandes empresários da América.

Um mau presságio. A companhia aérea não permitiu que Frieda levasse as caixas de papelão consigo. Como uma indignidade se segue a outra indignidade, os papiros foram colocados no compartimento de bagagens – dificilmente com as condições controladas exigidas para objetos tão frágeis.

Se a primeira impressão é a que conta, a de Frieda em relação a Bruce foi a de que ele não era o homem certo para o trabalho. Se eu entendi corretamente o relato dela, Frieda acreditava que ele era o tipo de pessoa mais apropriado para vender participações de complexos hoteleiros na Flórida do que lidar com os documentos mais preciosos do mundo e com pessoas que esperavam um contido toque de classe e uma conversa elegante. E ele parecia um jogador de futebol americano. Pobre Bruce. Nada do que dizia – e ele era muito entusiasta a respeito de... bem, todas as coisas – conseguia afastar os pressentimentos de Frieda. Nem o nome da empresa de Ferrini a impressionava – *Nemo* – que significa *ninguém* (em latim). Quão hábil, ela pensou.

E, contudo, Frieda prosseguiu com o negócio. Como ela mesma disse, foi o maior erro que cometeu em sua vida. Por outro lado, o negócio traria certas vantagens. Frieda decidira reviver a antiga noção de Hana de que os manuscritos valiam mais de 2 milhões de dólares, principalmente agora que se sabia que eles continham o que com certeza seria uma revelação de Judas Iscariotes que abalaria o mundo todo. Judas faria com que as pessoas fizessem filas ao redor do quarteirão. Estávamos em uma época transgressora e Judas era um transgressor. Ou não?

Ferrini, por sua vez, parecia ter planos próprios. Em 9 de setembro de 2000, entregou a Frieda dois cheques pré-datados, cada um no valor de £1,25 milhões. Isso aconteceu, é claro, porque ele esperava vender todas as obras rapidamente. Um dos cheques tinha a data de janeiro, e o outro de fevereiro de 2001. De qualquer modo, ele obteve a mercadoria, e, até aquele momento, o negócio não lhe custara nada.

Outro erro. Apesar dos maus pressentimentos e apenas com a promessa de obter um grande lucro por seus esforços, Frieda não exigiu que o contrato entre eles estipulasse a retenção de seu título de posse sobre as mercadorias até que o pagamento fosse realizado. É fácil pensar em um cordeiro indo para o abate, mas de algum modo a imagem não parece adequada. Talvez tenham sido os misteriosos feitos da Providência a favor, nesse caso, de Bruce Ferrini.

Em retrospecto, fica difícil saber qual foi o maior erro: negociar com Bruce em primeiro lugar, ou superestimar sua capacidade – ou disposição – de pagar. Não obstante, talvez devamos ao recém-falido Bruce a brilhante ideia de comercializar todo o projeto Judas. Sim, *é essa a palavra*. Foi um *projeto*.

Ativando Judas

O manuscrito decadente precisava ser restaurado por inteiro. Judas receberia o tratamento completo. Bruce desenvolveu as diretrizes de um projeto ambicioso. Haveria um programa extenso, incluindo uma "Equipe para Sensacionalizar e Romancear: Processo de Descoberta, Recuperação, Tradução e Disseminação", usando dispendiosas técnicas de fotografia, tradução, preservação, catalogação, exibição pública e exploração por meio de filme. Esse exercício de marketing seria liderado pelo próprio Ferrini, junto com Dorothy Shinn, crítica de arte e arquitetura da publicação local *Akron Beacon Journal*. Akron, Ohio, pessoal.

Surpreendentemente, as coisas começaram a dar errado quase imediatamente. Ferrini tomou conhecimento do interesse contínuo de Martin Schøyen pelos manuscritos e informou ao colecionador norueguês sua nova localização. Apenas dois dias após fazer o negócio com Frieda, Ferrini foi contatado por Schøyen com uma avaliação do preço que ele estava disposto a pagar. Ele baseou o preço em uma sugestão de Hana que, por sua vez, refletiu uma proposta de um encontro com James Robinson – que, como sabemos, jamais aconteceu.

Schøyen mencionou esse valor sugerido por Hana em sua comunicação com Ferrini. Isso deve ter esfriado um pouco seu entusiasmo.

O que quer que Ferrini tivesse concordado em pagar pelos manuscritos, o único tipo de valor pelo qual o norueguês se interessava foi sugerido pelo antigo dono. O valor era de mil dólares. Só podemos imaginar o que Bruce pensou de Frieda nesse momento. Será que a pequena Frieda Tchacos Nussberger conseguira enganá-lo?

Como se essa notícia não fosse castigo suficiente, o que aconteceu depois realmente soltou o gato entre os pombos. Havia muito tempo, Ferrini procurava ter uma "boa reunião" com James Ferrell, o portal humano para lucrativos negócios com antiguidades junto à plutocracia do Meio-Oeste. Na verdade, Ferrini fizera uma associação comercial com Bill Veres, de Londres, para maximizar o lucro potencial do negócio de antiguidades. Foi por essa razão que Veres recomendara Ferrini a Frieda Tchacos Nussberger. Todos os caminhos levam ao dinheiro.

Farrell chegou ao encontro, mas não com um cheque para patrocinar o projeto Judas. Ele chegou acompanhado de seu conselheiro financeiro que chamou a atenção de Ferrini, para sua surpresa, a algumas anomalias contábeis. Ferrell tinha dúvidas de que o dinheiro pago foi usado para os fins propostos. Ele não estava satisfeito e uma briga judicial se seguiu.

Enquanto isso, as coisas também se afiguravam bem ruins aos manuscritos. Parece que Ferrini tinha algumas ideias bem originais quanto à melhor maneira de preservar manuscritos antigos. Ele permitira que fossem congelados a uma temperatura muito baixa. Esse procedimento, Ferrini disse mais tarde, não resultou em nenhum dano aos manuscritos e permitiu que as páginas do códice fossem separadas. Por que Bruce queria separar as páginas? Veremos.

É claro que congelar o Evangelho de Judas e os outros documentos foi, para dizer o mínimo, uma ideia muito ruim. O processo de congelamento provocou umidade vinda do fundo das fibras do papiro. O resultado foi que o papiro ficou, falando com generosidade, *enegrecido*; e a tinta que dava a eles o valor foi assim contaminada, fazendo com que o texto ficasse ainda mais difícil de ser lido, ao mesmo tempo em que acelerava sua degeneração. Bruce não era de fato o tipo de pessoa a quem se podia confiar um tesouro mundial.

Os alarmes começaram a tocar (finalmente) na mente de Frieda. Judas a chamava de novo. Ele estava perdendo seu brilho. Ele tinha de ser salvo. Ela sabia que as chances de devolver os cheques a Ferrini eram remotas; e este ainda tinha os manuscritos. Pior ainda, ele estava tentando vendê-los sem ter pago por eles ainda. Nas palavras de um advogado que vamos conhecer em breve, esse comportamento era característico de um ladrão e fraudador – e os advogados sabem o que dizem. Pobre Bruce. Pobre Frieda!

Em 15 de setembro de 2000, uma perturbada Frieda discutiu a questão com seu advogado suíço Mario Roberty. Ele entendeu a situação imediatamente. Os manuscritos tinham de ser recuperados. Não seria fácil. O contrato não tinha valor. Como dizem, a posse é nove décimos da lei. Frieda estava na Suíça. Os manuscritos estavam... em um congelador.

Lidando com o Comerciante

Mario Roberty agora se tornou um dos principais combatentes na luta pela posse do bebê. No processo, a criança, ecoando com perversidade o famoso julgamento de Salomão, seria literalmente dividida.

Uma reunião foi marcada entre Roberty, Ferrini e o advogado de Ferrini em Nova York, Eric Kaufmann. Este era esperto. Ele viu a questão da origem como o calcanhar de Aquiles do caso de Frieda. Ela tinha o direito de possuir os documentos? Eles não tinham vindo do Egito? E como foram levados aos Estados Unidos em primeiro lugar?

O caso provocou uma nova pressão. Não é de surpreender que o memorando de Roberty a respeito da discussão insistisse que fosse observado o "mais completo sigilo" por parte de todos os envolvidos. Ferrini poderia realmente estragar tudo se fosse muito pressionado. Lidar com a situação do modo correto, por outro lado, traria lucros por causa da sensacional natureza do material – lucros culturais e financeiros para todos os envolvidos.

Roberty tentou fazer com que Ferrini se interessasse por uma fundação cultural para promover o códice. Seu objetivo era conseguir um lucro decente (para reembolsar a considerável soma em dinheiro já gasta e mais) e trazer os notáveis documentos para uma zona de segurança de absoluta cultura – antes que eles tivessem, sabiamente, de ser devolvidos ao Egito. A ideia recebeu o nome de "Projeto Logos".

Como a história se repete! Em 1982, eu lancei planos para filmar uma série sobre os Evangelhos Gnósticos e a subsequente tradição gnóstica. Chamamos a companhia inicial de Logos. No início era a Palavra, de fato! Tivemos sorte, é claro. No nosso caso, os preciosos manuscritos já estavam de volta ao Egito, e o conteúdo deles tinha sido revelado a todos que desejassem os ler, graças aos esforços do professor James Robinson e sua equipe de editores.

Na metade de janeiro de 2001, parecia que um entendimento fora alcançado – Ferrini devolveria os manuscritos, exceto o tratado matemático e as epístolas de Paulo. O documento foi dividido. Os cheques pré-datados que Ferrini entregara a Frieda foram considerados nulos. Embora se esperasse que Ferrini pagasse a Frieda 300 mil dólares pelos manuscritos retidos, a decisão de dividir o que era de fato uma coleção integral dificilmente foi um bom exemplo para Ferrini. O caráter variado da coleção é, na verdade, uma das coisas mais interessantes acerca da descoberta de Jamal Qarara. Que tipo de pessoa teria compilado tal coleção? O que ela nos diz acerca da mentalidade e da cultura do morto?

Se a divisão de Ferrini pudesse ser tolerada (presumivelmente para atenuar a situação), por que não remover uma ou duas páginas do códice também? Papiros antigos poderiam ser vendidos por páginas. Negócios são negócios. E isso era um negócio.

Não é surpresa o fato de que Ferrini protelou para devolver os manuscritos. Ele queria encontrar outros caminhos para pagar suas dívidas crescentes. A condição financeira decadente de Ferrini tornava-o, vulnerável, e Roberty enxergou um meio de aumentar a pressão sobre o comerciante perturbado e perturbador. Tratava-se, todavia, de uma estratégia arriscada. O tempo estava passando. O tique-taque da bomba estava se tornando audível.

Blogging para Judas

Michel van Rinj, um holandês que se intitulou vigia da moral, criou um *site* para relatar as atividades abomináveis cometidas no comércio das artes e das antiguidades. Robert entrou em contato com Van Rinj. A história atendia exatamente ao sarcasmo do *site*. Van Rijn irritaria Bruce como ninguém mais conseguiria o fazer.

Em um *e-mail* de 5 de fevereiro de 2001, Roberty agradeceu ao *blogger* por seu trabalho em relação a Ferrini. Esse comerciante "ambicioso" e "maníaco" estava no caminho de uma fundação humanitária para "partes de nossa história". Deveria ser óbvio que qualquer pessoa que pudesse lançar veneno tão rapidamente sobre alguém nunca conhecido só poderia ser um jornalista malicioso ou alguém que atirasse para todos os lados. Van Rinj agarrou a causa e infelizmente começou a lançar informações que não ajudaram as negociações de Roberty com Kaufmann.

Por outro lado, Van Rinj também deu informações a Roberty. Por exemplo, Roberty enviou um *e-mail* em 6 de fevereiro com observações sobre um dos editores da equipe de James Robinson que colaborou com "sua" *A Biblioteca de Nag Hammadi*.[6]

Aparentemente, esse editor, Charles Hedrick, recebera de Ferrini 164 fotos digitais de baixo calibre das quais Hedrick conseguiu identificar o nome "Tiago" do (primeiro) Apocalipse de Tiago; e o título da Carta de Pedro a Felipe. A revelação dessa informação atrapalhou muito os planos de Roberty, tanto para lucrar com os manuscritos quanto para facilitar o surgimento deles (desde os tempos romanos) no grande palco do mundo. E se Hedrick tornasse o texto disponível para, digamos, *todo mundo*?

Ao que parece, Roberty ouvira falar de Hedrick e dos textos. Hedrick era agora professor emérito de estudos religiosos na Missouri State University. Sua tese de PhD teve como tutor James Robinson. Seguindo sua vocação e o bom exemplo de Robinson, Hedrick passara o material, incluindo traduções, a seu círculo de colegas editores da Nag Hammadi: Birger A. Pearson, Douglas M. Parrott, Hans-Gebhard Bethge, John D. Turner, Wolf-Peter Frank – e James Robinson.

No próprio relato de Robinson do que ele chama de "Tráfico do Evangelho de Judas",[7] ele lamenta que uma cooperação semelhante não foi oferecida por aqueles que "detêm o monopólio da obra!". Hedrick publicou relatórios de suas fotografias em 2002 e 2003, nos conhecidos periódicos *Bible Review* e *Journal of Early Christian Studies*, e anunciou com clareza que o Evangelho de Judas estava agora disponível no mercado de antiguidades. Agora, havia uma pressão crescente sobre Roberty. Seria difícil manter o "mais completo sigilo", especialmente com o *site* de Michel van Rinj disseminando insinuações.

---

6. Título original da obra: *The Nag Hammadi Library in English,* traduzida para o inglês por membros do projeto Coptic Gnostic Library do Institute of Antiquity and Chistianity. James M. Robinson, diretor, 2ª edição, E. J. Brill, Leiden, 1984.

7. James M. Robinson, *The Secrets of Judas, The Story of the Misunderstood Disciple and his Lost Gospel,* Harper-Collins, San Francisco, 2006.

Em 8 de fevereiro de 2001, as insinuações de Van Rinj levaram Kaufmann a reclamar com Roberty que a reputação e a renda dos dois clientes estavam sendo afetadas de modo negativo. Ele falou da "injúria" que seu cliente estava sofrendo. As negociações com Ferrini, que já estavam difíceis, deterioravam-se. Roberty tentou fazer com que Van Rinj diminuísse as críticas, mas ele estava se divertindo – encontrara uma causa. Roberty era apenas uma engrenagem da máquina.

No fim da segunda semana de fevereiro, foi feito um acordo com Ferrini. Ele ficaria apenas com o tratado matemático, pelo qual pagaria 100 mil dólares. A recuperação dos manuscritos aconteceu em 16 de fevereiro de 2001. Frieda estava presente. Como ela não havia fotografado a coleção quando estava em sua posse, não tinha como saber se os itens fragmentados dispostos na mesa de jantar de Ferrini em Akron, Ohio, constituíam a coleção inteira. Mesmo assim, ela teria de assinar um documento declarando que seus itens tinham sido de fato devolvidos, se não por completo, na mesma condição em que foram entregues em setembro do ano anterior.

Mesmo nessa ocasião desconfortável – a champanhe que Ferrini abriu para celebrar estava "quente e tinha um gosto amargo" –, Frieda pôde vislumbrar os sinais da Providência: "Judas não queria me deixar partir. Ele me segurava e me torturava". O romantismo de Frieda mais uma vez veio à tona. "Judas me escolheu para reabilitá-lo. Ele estava me conduzindo, manipulando as coisas para me colocar no caminho certo. Mas as forças imateriais que o mantiveram na escuridão por milhares de anos estavam lutando contra essa reabilitação." Ela fizera amizade com Judas. Ele estava conduzindo Frieda pelo "labirinto até a salvação final".

Sim, o fim estava próximo. Roberty fez um acordo com Frieda segundo o qual as obras deveriam estar totalmente amparadas pela lei. Isso significava que Frieda teria de entregar a coleção a uma fundação responsável. Na verdade, Roberty já tinha criado uma para esse propósito: sua *Maecenas Foundation for Ancient Art*, cujo nome era uma homenagem a um antigo patrono da cultura. A ideia era que a fundação devolveria generosamente os manuscritos ao Egito depois de sua restauração e publicação.

A espinhosa questão da origem, como o "poder superior" em *Romeu e Julieta* de Shakespeare, "obstruiu nossos intentos". Esse poderia ter sido o lamento de Frieda e Roberty! A origem era a serpente escondida na grama; a eliminação de um tipo de negócio e o começo de outro. Como diz o professor James Robinson: "O fato de que o manuscrito não poderia ser vendido para obtenção de lucro, mas, pelo contrário, deveria ser devolvido ao Egito, tornou a comercialização dos conteúdos do Evangelho de Judas o caminho escolhido para as riquezas".

A questão da origem estava destinada a vir à tona. Por exemplo, Hedrick observou como Ferrini lhe afirmou que tinha pago pelo códice, mas que, quando a questão da origem foi levantada, ele "pegou o dinheiro de volta" e devolveu a obra ao vendedor. Para dar à sua história um pouco mais de tempero – e autojustificação –, Ferrini acrescentou um detalhe chocante – se ele é falso ou verdadeiro, os leitores é que vão julgar. Segundo Hedrick, quando Ferrini devolveu o códice ao vendedor, a pessoa com quem ele estava negociando o jogou sobre a mesa. Fragmentos do papiro espalharam-se pela sala e, depois, acrescentando ao insulto à cultura uma injúria ao códice, a vendedora enrolou o papiro com uma faixa de couro, dizendo: "Talvez eu o queime".

Essa história não parece crível para mim, e tenho certeza de que não seria aceita em um tribunal. Charles Hedrick afirmou que "a pessoa que atirou o livro sobre a mesa não foi Frieda, mas nenhum nome foi usado". Não me surpreende. Tentando fazer um favor a si mesmo e escapar da ruína iminente, Ferrini vendeu o tratado matemático em duas partes a diferentes compradores. Segundo o classicista e papirólogo Robert Bagnall da Columbia Universtity (que em 1984, como você deve se lembrar, afirmou um tanto nervosamente na presença de Hana que os manuscritos eram autênticos), esse ato foi escandaloso. Bagnall tinha esperança de publicar o texto completo em 2008, mas descobriu que a parte entregue a ele para julgamento acadêmico não estava completa. A coleção jamais deveria ter sido dividida, em primeiro lugar.

A importância da ligação entre os textos ficou evidente em 2005, quando Bagnall encontrou no tratado matemático uma breve referência a *Pagus 6*.

A obra de Jane Rowlandson, *Landowners and Tenants in Ancient Egypt: The Social Relations of Agriculture in Oxyrhynchite*,[8] mostra-nos com precisão o que significa *Pagus 6*. Trata-se de uma extensão de terra assim designada pela administração romana. Ela incluía uma área ao redor de Oxirinto até Maghagha – a mesma área onde a urna

---

8. Jane Rowlandson, *Landowners and Tenants in Ancient Egypt: The Social Relations of Agriculture in the Oxyrhynchite Nome,* Oxford Classic Monographs, Oxford University Press (USA), 1996.

com os manuscritos foi supostamente descoberta. Esse fato vital nos permite datar o tratado com precisão razoável e nos dá uma boa ideia da data geral da escrita e compilação dos textos. Isso acontece porque sabemos que *Pagus 6* substituiu divisões administrativas anteriores em 307 ou 308 d.C. O conteúdo da urna tinha de ser visto como um todo.

O tratado matemático não foi a única parte dividida. Frieda logo descobriu, depois de os textos serem devolvidos a ela por Ferrini, que páginas e fragmentos tanto do Evangelho de Judas quanto de outros textos da coleção tinham desaparecido.

Em março de 2001, outro papirólogo que vira o códice anteriormente (provavelmente durante o curto período em que os textos ficaram em Yale) descobriu que quatro ou cinco páginas da Carta de Paulo a Felipe e do Apocalipse de Tiago estavam desaparecidas. Em janeiro de 2006, partes remanescentes de duas páginas do Evangelho de Judas reapareceram. Um colecionador de Nova York as recebera de Ferrini depois de ele ter devolvido a coleção a Frieda. De nada adiantaria processar Ferrini por causa disso. Ele entrara com um pedido de falência em um tribunal de Ohio em setembro de 2005.

Disputas Antigas

Esses episódios não são de modo algum os mais vergonhosos nesta história. Talvez você tenha pensado que, ao recuperar pelo menos a maior parte da coleção, Frieda – ou Roberty – teriam se apressado em contatar o professor Robinson, que não é apenas a maior autoridade em Literatura Egípcia Gnóstica, mas também é um organizador muito conhecido e altamente eficaz de estratégias editoriais no que se refere ao acesso público e acadêmico a esse tipo especial de material. Robinson tem o melhor índice de localização de material nessa área e fez por merecer. Como as pessoas dizem, "uma árvore é conhecida por seus frutos". Robinson abriu o mundo gnóstico a todas as pessoas. O fato de Frieda ter passado por cima de alguns acadêmicos no processo serve apenas para lembrar a nós, o público, de que com frequência pessoas boas e respeitáveis ficam no caminho do progresso por causa do foco inevitavelmente limitado de seus interesses pessoais.

Sim, você poderia pensar que Frieda e Roberty teriam entrado logo em contato com o professor Robinson – um homem que dedicara anos tentando conseguir acesso aos textos e recursos financeiros para eles. Essa seria a decisão esperada se a motivação principal dos dois envolvidos tivesse sido permitir, apenas para o bem do conhecimento humano, a publicação mais rápida dos textos.

Havia muito tempo, Robinson estabelecera como um princípio bom e eficaz que novas descobertas com um amplo potencial de interesse público e acadêmico deveriam ser publicadas sem demora em sua língua original, para que todos os acadêmicos tivessem a chance de trabalhar com elas. As traduções seriam então rapidamente apresentadas a não especialistas. As possibilidades da Internet tornaram esse processo de disseminação ainda mais fácil e consideravelmente mais imediato. Na verdade, não há desculpa para manter cópias de um importante material novo guardadas a sete chaves, como se fossem segredos de Estado.

Está perfeitamente claro que, ao mesmo tempo em que Frieda e Roberty estavam cegos às necessidades de educação e esclarecimento, a necessidade de obter um retorno de seu investimento financeiro também foi uma motivação. Para maximizar esse retorno, era de fato preciso controlar com rigidez todo o processo.

No entanto, o processo resultou em manchar com sutileza a reputação de um homem distinto e inocente. Para mim é quase óbvio o motivo pelo qual James Robinson foi excluído do programa de restauração, tradução e disseminação. Ele não fora apenas um eficaz comprador concorrente dos manuscritos – Frieda teve sucesso com Hana onde Robinson "falhara" –, mas também tinha uma reputação forte e persuasiva de alguém que não tolerava o monopólio dos textos. Robinson era visto como um "problema"?

O artigo influente e controverso de Robinson, *The Jung Codex: The Rise and Fall of a Monopoly*,[9] publicado em 1977, deixa bem claro sua determinação em quebrar monopólios acadêmicos. O professor passara pela experiência anterior de uma das situações mais escandalosas conhecidas na história dos antigos textos coptas. Ele demonstrou o que poderia acontecer a uma descoberta de importância global quando seu conteúdo cai nas mãos de grupos de acadêmicos concorrentes e interesses privados.

É claro que Robinson saiu em sua própria defesa e dos princípios que abraçava. Seu livro *The Secrets of Judas*[10] foi publicado pela Harper San Francisco em 2006 para coincidir com a publicação "oficial"

---

9. James M. Robinson, *The Jung Codex – The Rise and Fall of a Monopoly* (*Religious Studies Review* 3, 1977).
10. James M. Robinson, *The Secrets of Judas – The Story of the Misunderstood Disciple and his Lost Gospel,* Harper-Collins, San Francisco, 2006.

do *Evangelho de Judas*, financiada pela National Geographic Society e controlada pelo acordo celebrado entre a National Geographic e Roberty. Os livros de Robinson deixam sua posição bem clara desde o início:

> O Evangelho de Judas, um relato fictício do século II, há muito perdido, que eleva Judas à posição de herói da história, foi redescoberto! Mas foi mantido em segredo até agora, para aumentar os ganhos financeiros de seus proprietários suíços.
>
> O grande lançamento está sendo realizado pela National Geographic Society, programado para a Páscoa, a fim de causar mais impacto junto ao público. As pessoas envolvidas no processo foram compradas (sem dúvida por um valor bem mais alto do que 30 peças de prata), e juraram sobre uma pilha de Bíblias – ou de folhas de papiro – que guardariam segredo.
>
> Minha narrativa não é purificada nem expurgada para se transformar em uma história agradável; e você tem o direito de saber o que aconteceu.

Infelizmente, talvez, o poder do primeiro ataque feito pelo professor seja um tanto enfraquecido pela grande dependência de notícias de jornais suíços e alemães, e das "revelações" excentricamente expressas encontradas no *site* de Van Rinj (sobre o qual daremos mais detalhes adiante). Mas esse foi sem dúvida o resultado de manter o professor de fora "do que aconteceu". Ele não é um jornalista investigador e teve de erigir sua construção a partir dos fragmentos disponíveis – tal é a história de sua vida, talvez. Se Robinson tivesse visto o texto de Herbert Krosney, *The Lost Gospel* (2006),[11] teria encontrado uma quantidade bem maior de munição para o ultraje em relação à descoberta de Jebel Qarara.

O relato de Krosney – com toda a inocência até onde sei – se esforça muito para estabelecer um motivo para o que é, efetivamente, uma disputa subjacente entre ele e a Maecenas Foundation. Ao que parece, o motivo de Robinson é questionado como um meio de desviar qualquer crítica que Robinson possa fazer quanto aos motivos de Frieda Tchacos Nussberger e Mario Roberty. A narrativa bem pesquisada de Krosney parece, em algumas partes, uma submissão legal. O

---

11. Herbert Krosney, *The Lost Gospel – The Quest for the Gospel of Judas Iscariot,* National Geographic, Washington DC, 2006, p. 245.

motivo de Robinson para a desaprovação é mostrado como um caso grave de dor de cotovelo, e seu julgamento profissional é questionado várias vezes com veemência.

Os leitores que não conhecem o trabalho e a reputação de Robinson provavelmente não perceberiam a quantidade de insinuações que aparecem no texto que, poderíamos pensar, teve o objetivo de ser uma celebração gloriosa da descoberta e da revelação do "Evangelho Perdido", dedicada ao maior público possível.

O subtítulo do livro é *The Quest for the Gospel of Judas Iscariot* [A busca pelo Evangelho de Judas Iscariotes]. Não fica claro *quem* realiza a busca, mas não há dúvida de que Frieda Tchacos Nussberger é apresentada como uma heroína falível e muito humana, mas mesmo assim guiada por uma luz sobrenatural ou espiritual – senão pelo próprio Judas.

Robinson, por outro lado, é apresentado como um desmancha-prazeres e como um ingênuo, perdido no mundo duro e real dos negociantes profissionais. Ele é um tipo de sujeito isolado, como uma "torre de marfim", mas ambicioso, e esse é o problema. Ele não sabe quando ficar quieto. Vamos dar uma olhada no que estou dizendo.

Na página 156 do livro de Krosney vemos que "ele [Robinson] queria a *editio princeps* [primeira edição], a qual afirma ser a principal conquista acadêmica que vale a pena ser procurada quando se trata de manuscritos antigos; e o prestígio que ela traria". Essa é uma declaração bem clara de que Robinson queria todo o crédito por levar o Evangelho de Judas ao mundo.

Na lista de colaboradores da tradução para o inglês da Biblioteca Nag Hammadi (1977), Robinson é um dos 32 acadêmicos incluídos (em ordem alfabética), ao passo que o nome do editor encarregado é apresentado como Marvin W. Meyer. Para mim, isso parece democrático, cortês e justo. Robinson foi o reconhecido chefe do Comitê da UNESCO e da Egyptian Antiquities Organization, encarregada de publicar a Biblioteca Nag Hammadi. Em nenhum momento Robinson reivindicou a exclusividade dessa *editio princeps*. Pelo contrário, ele se coloca como membro de uma equipe, cujos nomes dos integrantes aparecem ao lado de cada obra na Biblioteca Nag Hammadi.

Então, de onde veio toda essa oposição a Robinson? Há muito tempo já ficou estabelecido que Robinson foi motivado por nada mais nada menos que um desejo poderoso de tornar a herança cóptica gnóstica acessível a todas as pessoas. Se conseguiu alguma satisfação pessoal no processo, então, boa sorte para ele. Robinson alcançou seu intento – ou seja, até essa última eclosão da febre por textos gnósticos.

Na página 246 do texto de Krosney, o autor fala da bem conhecida política de Robinson sobre a questão da disponibilidade dos textos – que nada deve ser mantido em segredo ou monopolizado por acadêmicos individuais. Krosney faz uma afirmação que parece ser motivada por uma amargura indescritível, cuja causa não é aparente: "Como ele [Robinson] não se qualificou como tradutor copta, foi fácil o suficiente para ele defender uma publicação e uma tradução de livre acesso a todos". Uma "publicação de livre acesso a todos" – quem pensaria nesses termos? "... fácil o suficiente para ele...", "... não se qualificou como tradutor copta" – quem está estabelecendo o padrão de admissão aqui? Há algo nessas palavras que soa como difamação, e suas raízes parecem remontar a uma seção anterior, um tanto obscura, do relato de Krosney.

Mais uma vez, o público em geral não sabe o que está em jogo e, Deus sabe, não há nenhuma razão específica pela qual o público, a quem o livro de Krosney é dirigido, deva se interessar por essa disputa velada, mas por alguma razão ela está lá, no texto. Robinson "não se qualificou como tradutor copta". Em primeiro lugar, ele é um teólogo e historiador de religião. A reclamação de quem está sendo manifestada aqui? Parece a reclamação de um tradutor copta.

Quando Robinson se envolveu pela primeira vez na sabedoria gnóstica, em 1966, mais de 20 anos depois da descoberta dos Evangelhos Gnósticos, a Biblioteca de Nag Hammadi fora distribuída a vários acadêmicos. Alguns dos trabalhos antigos tinham sido traduzidos e publicados, notadamente o Evangelho de Tomé. Extratos tinham aparecido em outras obras, principalmente as do escritor e acadêmico francês Jean Doresse. Como historiador de religião, Robinson estava ansioso, assim como muitos outros da mesma área, para descobrir o que a coleção completa tinha a dizer.

Para ter um entendimento geral, Robinson teria de pular sobre o trabalho de acadêmicos que estavam esperando a publicação de suas traduções e notas. São *esses* os sujeitos que sabem que a *editio princeps* de um texto novo é o Santo Graal dos acadêmicos e grupos semelhantes.

Como Robinson encontrou resistência durante o surpreendentemente longo período de estudo, decidiu ir direto à fonte. Foi ao local onde os códices do papiro original foram guardados: o Museu Copta no Cairo. Levou consigo o jovem recém-formado Stephen Emmel –

um dos primeiros acadêmicos a ver o Evangelho de Judas – embora ele não tenha percebido em 1983 do que se tratava.

Krosney, podemos dizer, dá-nos o ponto de vista dos "outros sujeitos". O que aconteceu com o pobre acadêmico copta que trabalhou com o texto como um escravo, durante dias e noites, na esperança de que um nome luminoso brilhasse no fim do longo túnel – apenas para ver seu trabalho coletado e publicado independentemente de seu controle, por um *americano*, que chegou depois – e que nem mesmo era um copta virtuoso?

Krosney escreve: "No que poderia ser interpretado como uma posição que atende aos interesses próprios, a visão de Robinson era que os textos na linguagem original deveriam ser publicados pelo comitê da UNESCO designado para o projeto, do qual ele era secretário". Robinson decidiu atacar o que chamou de "feudos e monopólio acadêmicos" para dar a todos os acadêmicos, e não apenas àqueles trabalhando em seções específicas, o direito de analisar e traduzir o texto... *do qual ele era secretário...? posição que atende aos interesses próprios*? Sim, as advertências estão aqui. Quero dizer, elas são *discutíveis*, mas também o são as insinuações. A quem serve essa discussão?

Quanto aos direitos de tradução, Krosney parece insinuar que a cultura acadêmica na Europa é diferente da dos outros lugares; que de algum modo Robinson não respeitou as práticas tradicionais daqueles com os quais estava negociando. Mais uma vez, qual poderia ser a origem de tal ponto de vista tão peculiar – especialmente em uma obra popular?

Os alegados "direitos" são apenas convenções comuns geral e educadamente observadas. O valor legal das convenções é questionável, para dizer o mínimo. De modo geral, na comunidade acadêmica as pessoas não gostam de passar por cima dos outros, embora isso aconteça com frequência. Todavia, não vamos tratar do assunto com luvas de pelica aqui. No caso em questão, esses "direitos" foram usufruídos – ou mesmo explorados – por acadêmicos durantes *décadas*! Vamos esclarecer isso muito bem. A Biblioteca de Nag Hammadi foi descoberta por Muhammad Ali al-Samman, perto de Qast, Egito, em dezembro de 1945. A coleção só chegou às mãos dos leitores leigos – e isso aconteceu principalmente por causa de Robinson – em 1977!

Essa incrível demora foi um escândalo. O absurdo da situação não pode ser defendido se alegando que a ruptura de um "monopólio" acadêmico poderia irritar alguns de seus membros. Foi um total escândalo; nada menos que isso. E o que acontece no caso da descoberta de Jebel Qarara? Descoberto "no fim da década de 1970" e publicado em 2006. É claro, Robinson estava interessado no que iria acontecer – e nós também estamos!

As coisas agora começam a ficar feias. *O quê*? Você achava que elas já estavam feias? Aperte o cinto de segurança. Vamos dar mais uma olhada na "torre de marfim".

O próprio relato completo de Robinson a respeito de suas investigações sobre a origem da Biblioteca Gnóstica Copta de Nag Hammadi ocupou o volume final de sua edição em fac-símile, que incluía fotografias das páginas individuais, notas e anotações completas. A equipe de Robinson completou o trabalho na metade da década de 1980.

Um dos acadêmicos, um brilhante coptólogo, cujo trabalho no assim chamado Códice Jung entrara em conflito com os esforços de Robinson para publicar o trabalho completo, discordou do relato de Robinson quanto à origem da Biblioteca de Nag Hammadi. Seu nome é Rodolphe Kasser. Ele pensou que partes do relato de Robinson divergiam, à custa da verdade, da narração mais antiga do acadêmico francês Jean Doresse. Kasser ressentiu-se com o fato de que Robinson não deu a menor atenção à interpretação de Doresse dos relatos de testemunhas oculares que encontrou "no local" no Egito quando Robinson finalizou seu relato definitivo.

Robinson dedicara muito tempo encontrando pessoas nas redondezas onde a descoberta acontecera e criara uma imagem abrangente, com fotografias detalhadas e apoio de relatos. Para Kasser, o trabalho de Robinson foi muito detalhado. Em seu ponto de vista, não se podia confiar nas pessoas da região nem esperar que elas dissessem a verdade precisa sobre tais assuntos. Há dinheiro envolvido na história e vantagens pessoais contam muito na comunicação com estrangeiros. A memória das pessoas acerca de acontecimentos tão antigos também não deve ser considerada confiável. Kasser desprezava o jovem que criara confusão: "No fim de vários meses, ele [Robinson] tinha sua história, um romance".

Apenas por curiosidade, quero dizer que, quando a equipe da qual eu fazia parte produziu o documentário *Gnostics* em 1986, encontramos por acaso com Muhammad Ali al-Samman em uma rua em Al Qasr. Ele não se importou em falar sobre o que acontecera, mas não se preocupava muito com isso. Ali se lembrava dos acontecimentos vividamente, pois eles estavam ligados a um período que passou na prisão por ter matado o assassino de seu pai em uma briga. Ele não parecia ser o tipo de homem que se importava com o que os outros pensavam a respeito do que falava. Não tinha nenhum interesse no assunto; tratava-se apenas de alguns livros velhos. Deram 11 libras egípcias pelos códices e isso encerrou a questão para ele.

O relato de Muhammad Ali al-Samman confirmou a versão de Robinson, que também foi aceita pelo principal acadêmico copta, o hoje falecido professor Gilles Quispel, que ficou feliz em ter a oportunidade de apertar a mão do homem que encontrara o que mais tarde foi chamado de Códice Jung (Quispel juntou-se à equipe de TV no Egito). Foi Quispel quem levou o códice ao psicólogo Carl Jung na Suíça. "Por toda a minha vida", disse Jung a Quispel quando recebeu o texto, "por toda a minha vida procurei pelos segredos da psique, e essa pessoas [os gnósticos] já o conheciam." Um grande elogio da parte de Jung, um dos dois psicólogos mais importantes do século XX. Por isso, os manuscritos encontrados em Nag Hammadi receberam o nome de *Códice Jung*.

Talvez Kasser tivesse boas razões para duvidar do homem que encontrou a coleção, e cuja memória da época em que isso aconteceu parecia muito boa, mas nada é melhor do que falar com o "homem no local". Kasser não estava lá; Muhammad Ali al-Samman estava. Ele até mostrou à equipe de filmagem onde sua mãe queimara alguns dos livros para alimentar o forno para fazer pão! Ali não pediu dinheiro. De qualquer forma, não parece muito acadêmico chamar a narrativa de Robinson sobre os acontecimentos de "romance". Estamos diante de um caso de dor de cotovelo, acredito.

Krosney prossegue e cita o próprio Robinson: "Eu sei que Kasser me odeia por causa do artigo a respeito do Códice Jung". (O artigo mencionado anteriormente em *The Rise and Fall of a Monopoly*.) Segundo Krosney: "O sentimento que ele [Robinson] tinha de ser o dono das coisas acabou por causar exasperação em alguns de seus rivais, principalmente Rodolphe Kasser, que deu de ombros e disse: 'Robinson acredita que tudo pertence a ele'." Kasser acrescentou, dando de ombros mais uma vez: *"O que se pode fazer."* É difícil ajustar essa opinião aos acontecimentos do que Robinson de fato conquistou para todos os acadêmicos e o público em geral.

Porém, ainda que não tenhamos captado a mensagem completa nessa ocasião, Krosney cita algumas palavras novas proferidas pelo colega acadêmico de Robinson, Roger Bagnall, cuja competência profissional é altamente conceituada. Bagnall afirma, em uma frase em que falta o contexto por inteiro, que Robinson teve uma tendência a se "sentir o proprietário das descobertas do século IV no Egito". Isso encerra o caso, não? Apenas uma indicação de megalomania!

Esperamos que Robinson e Kasser tenham resolvido suas diferenças agora, mas isso parece mais improvável do que nunca. Por quê? Porque estamos nos aproximando do capítulo final nesse relato de como o Evangelho de Judas finalmente chegou ao alcance do mundo; e a revelação pode surpreender a todos os leitores especialistas e leigos deste livro, exceto os mais cínicos.

Um Milagre

Você acredita em coincidência, serendipismo, destino? Sua resposta interior a essa pergunta poderá influenciar o modo como interpretará os próximos acontecimentos desse quebra-cabeça.

Voltemos ao ano 2001. Frieda e Roberty conseguiram recuperar a maior parte da coleção das mãos de Bruce Ferrini. O que eles iriam fazer com o Evangelho de Judas? As folhas do papiro precisavam ser restauradas. Havia centenas de fragmentos. Estava uma confusão. Que partes encaixavam onde – e, acima de tudo, *o que o texto dizia*?

Alguns conselheiros honestos sugeriram que Frieda e Roberty entrassem em contado com aquelas pessoas legais que traduziram a Biblioteca de Nag Hammadi. Afinal de contas, algumas pessoas acreditam que os textos na urna de Jebel Qarara estão de algum modo ligados à descoberta de Nag Hammadi. Talvez seja até um códice desaparecido. Talvez essa tenha sido a parte que Muhammad Ali *não* deixou sua mãe imolar no forno de pão da família. De qualquer modo, seria um bom ponto de partida.

E *quem* você procuraria para ter certeza de que entrou em contato com as pessoas certas para fazer o trabalho? *Acertou*. James Robinson; aquele sujeito com um interesse constante pelos textos; o secretário permanente do Comitê Internacional da UNESCO para os Códices de Nag Hammadi. O homem que, se tivesse tido mais sorte com o comerciante do Cairo, poderia ter economizado uma pequena fortuna a Frieda Tchacos Nussberger, para não mencionar todo esse terrível problema com Ferrini, advogados, custos de restauração e algum tipo de encontro sobrenatural com o espírito de Judas Iscariotes.

Frieda e Roberty estavam na Suíça em julho, e havia um especialista na porta de entrada. Era o professor emérito de coptologia da Universidade de Genebra. O nome dele?

Rodolphe Kasser.

Que mundo pequeno! Krosney capta um pouco do sabor dos acontecimentos: "O fato de Kasser traduzir o Evangelho de Judas representaria uma tremenda vitória". De quem e *sobre quem*?

Frieda e Roberty encontraram o professor Kasser, agora um homem velho e com a saúde em declínio, em um café em Zurique. Ele era velho, mas não estava cego à importância da oportunidade que se apresentava. Compreendendo o estado lastimável em que se encontrava o papiro, Kasser chamou sua colega, Florence Darbre, restauradora chefe do museu da Fundação Martin Bodmer, em Celigny, um subúrbio de Genebra. Rodolphe Kasser era o conselheiro do museu.

Outro acadêmico copta logo se juntou ao grupo: Martin Krause, diretor do departamento de Coptologia da Universidade de Münster. Por uma estranha coincidência, Krause era outro crítico do relato de Robinson acerca da descoberta e da transmissão da Biblioteca de Nag Hammadi, mas Krause estava muito velho – e muito doente – e recomendou Gregor Wurst, coptólogo sênior que trabalhava para Stephen Emmel, que agora ocupava a cadeira de Krause em Münster.

Três anos depois – em 1º de julho de 2004 –, mais de 100 acadêmicos associados à Associação Internacional de Estudos Copta se reuniram em uma sala de conferências no Institut Catholique, na Margem Esquerda de Paris, para um comunicado especial: "Um novo apócrifo copta se torna disponível para a Ciência" era o título principal do artigo de Rodolphe Kasser a respeito do Evangelho de Judas, cuja descoberta e preservação ele descreveu como sendo um "milagre". O antigo supervisor PhD de Stephen Emmel, Bentley Layton, estava ouvindo o dramático relato de Kasser sobre a importância do Evangelho. Ele vira o códice quando o manuscrito estava na Universidade de Yale quatro anos antes. Também, entre os presentes, estava o editor responsável pela Biblioteca Nag Hammadi em inglês (à época trabalhando para Robinson), Marvin Meyer (titular da cadeira de Estudos do Novo Testamento, da Champaman College, Califórnia), acompanhado de seu velho colega James Robinson.

Após ouvir o relato de Kasser, Robinson previsivelmente o questionou quanto à veracidade do título do artigo. Um *novo* apócrifo copta? Stephen Emmel não vira o códice havia mais de 20 anos? Ludwig Koenen não tinha obtido fotos dele e enviado o material a ele, Robinson, que por sua vez enviara o que conseguira ler nas fotos borradas para Marvin Meyer? Em outras palavras, já não tinham sido feitos todos os esforços para tornar as partes das informações disponíveis ao círculo de acadêmicos coptas?

No relato de Krosney na ocasião, é a temeridade de Robinson expressando essas preocupações que se torna objeto de censura. Suas perguntas foram uma "tentativa clássica de fazer uma crítica negativa". Fomos informados, sem conhecer o contexto das afirmações, que "um dos colegas mais próximos de Robinson disse depois" (quanto tempo depois? E quem era esse colega?) que "Jim perdeu sua dignidade. Foi totalmente antiprofissional".

Acredito que Jim estava cansado. Uma disputa aberta contra colegas acadêmicos deve ser um vigoroso debate no ponto alto da profissão. A implicação parece ser que Robinson perdeu o controle, revelando que ele estava apenas com inveja porque, como Krosney colocou, "fracassara em sua busca". A busca seria o crédito – a única coisa que valia a pena ter, segundo outras insinuações contidas no livro – da produção da primeira edição do Evangelho de Judas.

Contudo, ainda que isso fosse verdade, e os leitores podem julgar por si mesmos, trata-se de um fato indisputável que o interesse sério de Robinson pelos textos começou muito antes de qualquer pessoa saber que o Evangelho de Judas estava de fato inserido no códice gnóstico.

Somos, portanto, apresentados a uma imagem de inocência perturbada. Kasser, "o venerável professor suíço", estava "abalado". A ideia de crueldade é evocada quando somos informados que Kasser "não tinha percebido que esse recém-descoberto manuscrito antigo também envolvera uma luta por sua posse". (*The Lost Gospel*, 2006, p. 245)

Deixando de lado a questão de se o códice poderia com propriedade ser descrito como "recém-descoberto", a ideia da ignorância de Kasser em relação a outras tentativas de obter controle sobre o manuscrito chega ao limite da credulidade. Antes, Krosney dissera-nos que traduzir o Evangelho de Judas constituía um tipo de "vitória" para Kasser. Essa afirmação não tem sentido sem o contexto das longas tentativas de Robinson para trazer o material ao alcance da Ciência.

Robinson simplesmente não conseguia entender por que Kasser não fizera nenhuma referência à informação publicada antes acerca do códice – por exemplo, a que se referia a Harold Attridge (reitor da Escola de Divindade de Yale) e a Hans-Gebhard Bethge (editor colaborador da Nag Hammadi). De acordo com Robinson: "É o jeito acadêmico normal de fazer as coisas – começar com referências a publicações anteriores acerca de um novo texto como esse. Com certeza, [Kasser] sabia a respeito delas, pois ele foi o representante suíço do Comitê Internacional para os Códigos de Nag Hammadi. A única coisa nova de fato, no sensacional discurso de Kasser, era o título do último tratado no manuscrito: o Evangelho de Judas".

Mas é claro que Robinson sabia, muito bem, que o objetivo dos donos do códice era exatamente causar sensação. Qualquer pessoa hoje que tenha ouvido falar do Evangelho de Judas o fez por causa do tratamento sensacionalista dado à sua publicação. Este capítulo foi escrito para explicar como isso aconteceu.

Precisamos entender o texto em si, mas também é necessário entender a natureza do sensacionalismo – e as causas dele. Isso nos diz algo a respeito de nossa época e do modo como pensamos sobre as coisas. Também nos ajudará a pensar com mais clareza acerca do Evangelho de Judas, se conseguirmos separar os fatos da fantasia.

É bem provável que, se as tentativas do professor Robinson em retirar o texto do mercado de antiguidades tivessem sido bem-sucedidas, o manuscrito não teria aparecido com tanto alarde. É possível que os leitores jamais tivessem ouvido falar dele, o que seria uma pena, considerando a percepção do público. Com certeza, ele não teria incomodado tanto os acadêmicos.

Os acadêmicos acostumaram-se à ideia – seja ela falsa ou verdadeira, ou um pouco das duas – de que o público em geral não está de fato interessado no que eles fazem. Por exemplo, a distância entre a fé popular e o entendimento dos teólogos profissionais aumentou no século passado, chegando a tal ponto que os fiéis não acadêmicos e os teólogos estão efetivamente falando uma língua diferente quando discutem a Bíblia. Na verdade, muitos fiéis provavelmente preferem deixar a discussão sobre a Bíblia a profissionais e àquelas pessoas consideradas vergonhosas fanáticas religiosas.

Desde que os teólogos não mexam com as crenças básicas dos fiéis (Deus, milagres, vida após a morte, certo e errado), ninguém se incomoda. Todavia, no caso de descobertas espetaculares de documentos com mensagens atribuídas a Jesus, com certeza haverá desacordos entre os campos separados, embora alguns acadêmicos talvez prefiram defender e proteger as "crenças comuns" a se preocupar muito com as implicações.

Eu me lembro da entrevista com o teólogo escocês R. McLachlan Wilson da St. Andrew University, quando produzi a série de TV

Gnostics, em 1985. O gentil Wilson foi editor colaborador do projeto Nag Hammadi. Ao se despedir de mim, ele piscou e me disse: "Você não deve levar isso muito a sério".

O professor Robinson foi claramente visto como uma pedra no sapato dos responsáveis pelas (por fim bem-sucedidas) tentativas de controlar a disseminação do códice. Sua capacidade de estragar o projeto pode ter sido superestimada. Talvez seja verdade que o público não esteja *tão interessado* nos detalhes da disputa acadêmico *versus* não acadêmicos, desde que isso não afete sua vida ou renda. Mas eu acredito que os atuais donos do códice *estão* preocupados com sua reputação, *status* e capacidade de obter lucro. Seria muito estranho se eles não estivessem.

Assim, os motivos e a atitude do professor Robinson devem ser sempre mostrados sob uma luz imperfeita. Afinal de contas, ninguém poderia provar em juízo que Robinson é perfeito e sem ambição.

Em novembro de 2005, Robinson participou de um simpósio sobre "Como Nag Hammadi mudou o mundo do início do Cristianismo", no encontro anual da Sociedade para Literatura Bíblica, na Filadélfia. Os outros participantes eram Marvin Meyer, Harold Attridge e John D. Turner (coeditor da Nag Hammadi) – um quarteto bem poderoso.

Nas palavras de Krosney, Robinson "explodiu novamente" nesse encontro. A imagem de uma obsessão incontrolável, motivada por algo menos que uma profissional e acadêmica busca pela verdade, é mais uma vez evocada. Mas dessa vez, na narrativa de Krosney, os leitores já estarão bem acostumados à ideia de que Robinson estava *muito* preocupado com as "novas descobertas". Por que ele simplesmente não "aceitava a derrota" e cuidava de sua própria vida? Com certeza, é possível concluir, ninguém ficaria surpreso com o fato de Robinson não fazer parte do projeto Judas. Seu próprio comportamento de algum modo o afastava de qualquer consideração!

O que Robinson reiterou no encontro foi seu tema familiar e provado que as descobertas de textos antigos não devem ser exclusividades de acadêmicos individuais. É nesse ponto que Krosney deixa escapar a frase: "Como ele [Robinson] não se qualificou como tradutor copta, foi fácil o suficiente para ele defender uma publicação e tradução de livre acesso a todos". Eu espero que os leitores agora vejam por si mesmos o que está por trás dessa afirmação.

Na verdade, os donos foram aumentando sua equipe com cuidado. Talvez eles soubessem das críticas de Robinson ao monopólio. Talvez tenham percebido que pareceria melhor, em termos de apresentação, ter mais alguns especialistas à mão para aplaudir e orientar o esforço.

Além disso, embora os donos estivessem interessados em criar um sensacional alarde para recuperar os custos e obter lucro, eles também estavam comprometidos a produzir uma versão acadêmica irrepreensível do códice. Ninguém podia fazer isso sozinho.

Deve ter sido uma experiência amarga para James Robinson perceber que o projeto Judas começara a escolher a dedo seus colegas, deixando de fora sua grande experiência e habilidade.

Na verdade, a única razão para considerar o relatório de Robinson à Society for the Biblical Literature uma "erupção" é porque o que ele revelou naquele encontro foi até onde o controle secreto sobre o projeto Judas estava disposto a chegar no monopólio da disseminação do conhecimento.

Em 2005, Marvin Meyer foi forçado a assinar um acordo de confidencialidade com os donos do manuscrito devido a seus arranjos com a National Geographic Society para a comercialização do Evangelho de Judas. Ele não podia falar a respeito da publicação do Evangelho, nem mesmo com colegas acadêmicos com comprovado interesse profissional pelo texto.

Enquanto preparava seu relatório, Robinson enviou um *e-mail* a Meyer solicitando informações mínimas sobre a publicação do Evangelho de Judas. A resposta de Meyer foi sucinta: "Lamento – mas devo dizer sem comentários". Segundo Krosney, Meyer, que estava trabalhando em uma tradução do Evangelho para o inglês, junto com Gregor Wurst e Rodolphe Kasser, tentou assegurar a Robinson que não existia nem uma conspiração, nem uma "tentativa europeia de monopólio". A implicação aqui é que Robinson tinha uma mentalidade cultural do tipo América *contra* Europa, devido a discordâncias passadas com Kasser e Krause. Não sei de nenhuma evidência nesse sentido. O projeto original Nag Hammadi da UNESCO foi de alcance internacional.

O simples fato era que as informações relevantes ao trabalho de Robinson, e de outros colegas, estavam sendo deliberadamente retidas por razões não acadêmicas.

Enquanto Isso...

Robinson não era o único que tentava descobrir tudo o que pudesse a respeito do controle que a Maecenas Foundation tinha sobre o códice gnóstico. Uma das fontes de preocupação para a busca de Robinson por informações era Michel van Rinj, que antes fora incumbido por Mario Roberty de pressionar Bruno Ferrini a entregar o papiro que estava em sua casa em Ohio.

É importante dizer que o tratamento dado pelo *site* de Van Rinj à disputa entre Roberty e Ferrini só aumentou a ansiedade de Robinson. Como um observador imparcial poderia prever, era talvez apenas uma questão de tempo para que Van Rinj, esfriando seu relacionamento com Roberty, começasse a se aproximar de Ferrini. Talvez fosse o destino; talvez fosse o óbvio. Os dois homens sofriam das inseguranças do estilo de vida empresarial.

Em 2002, Van Rinj passou quatro semanas em Akron, Ohio, com Ferrini, pois havia conquistado a confiança do americano. Eles descobriram coisas em comum. Os dois procuravam por um alvo mútuo. Escolheram James Ferrel – que, do ponto de vista de Ferrini, o decepcionara, questionara sua sinceridade, talvez até prejudicando seus planos para o grande momento das antiguidades no Meio-Oeste.

Em março de 2003, Van Rinj teve de prometer a um tribunal de Ohio que retiraria o nome de Ferrel do site. Ele prontamente quebrou o acordo. Em novembro de 2004, foi condenado a pagar 1 dólar por desrespeito. Do jeito que as coisas estavam, o valor devido por Van Rinj chegou a 20 mil dólares. Mas então ele já estava de volta à Holanda, sem dinheiro, mas com muitas ideias, como veremos.

Enquanto isso, o professor Robinson estava reunindo material para seu relatório acerca do Evangelho de Judas a ser apresentado à Society for Biblical Literature na Filadélfia.

11 dias antes do encontro, Robinson entrou em contato com o jornalista francês Patrick Jean-Baptiste, que escrevia para a publicação mensal francesa *Sciences et Avenir*. Jean-Baptise informou a Robinson que a National Geographic pagara cerca de 1 milhão de dólares à Maecenas Foundation pela exploração intelectual do Evangelho de Judas.

Robinson decidiu escrever um livro contando seu lado da história; e contratou seu velho – na verdade mais jovem – colega Stephen Emmel no Cairo para verificar os fatos. Robinson ficou surpreso ao descobrir que o monopólio fora quebrado, embora de fato tenha sido *expandido* para o que era agora um duopólio: a National Geographic e a Maecenas Foundation! Não sabemos se isso aconteceu por causa do receio fundamentado de que o ponto de vista de Robinson sobre a questão pudesse manchar o bom nome desse duopólio.

O *e-mail* amigável enviado a Robinson é conveniente, embora tenha sido um anticlímax para o fechamento do livro de Robinson, *The Secrets of Judas*. Ele é revelador, embora ao mesmo tempo desconcertante e satisfatório, especialmente porque aparece sob a rubrica "STEVE EMMEL PARA O RESGATE":

> A propósito [escreve Emmel], quero dizer que eu, ontem – com alguma relutância –, concordei em me juntar ao "Grupo de Conselheiros do Projeto Códice" da National Geographic Society, o que significa que assinei um acordo para não revelar informações as quais a NGS (National Geographic Society) me transmitiu confidencialmente. Acredite ou não, até agora essa informação não (repito: não) incluiu conhecimento acerca do conteúdo do Evangelho de Judas. Francamente, eu preferiria não ter nenhum acesso privilegiado a ele e vou tentar evitar obter qualquer informação a respeito enquanto meu acordo não exigir (por exemplo, se eles quiserem minha opinião acerca do manuscrito antes de sua publicação). Além do mais, nada do que eu descobri apenas por meio de minha associação com a NGS (que remonta ao outono de 2004, ou um pouco antes) é de grande interesse, na minha humilde opinião, mas eu não sou membro do círculo interno...
>
> O que eu quero lhe dizer é que me juntei ao grupo de conselheiros da NGS e assinei o acordo de confidencialidade como um meio – espero sinceramente! – de ficar em uma posição que assegure que o texto copta do Evangelho de Judas se torne acessível ao público o mais rápido possível; pelo menos não depois da publicação da primeira tradução "autorizada" do texto. Tenho trabalhado com essa perspectiva há algum tempo e acredito que agora tenho garantias da NGS nesse sentido. Em troca, e para aumentar a esperança de fazê-los cumprir a palavra, tive de concordar em me juntar ao grupo. O Dia D ainda está planejado para acontecer por volta da Páscoa neste ano [2006], por isso, fique atento. Se as coisas não derem certo, eu pelo menos farei muito barulho...

Alertei a NGS quanto ao sensacionalismo e acredito realmente que os diretores querem evitar o tipo de sensacionalismo estúpido do qual a imprensa gosta tanto. Mas há algumas pessoas envolvidas no projeto que não parecem entender nada de nada, exceto sensacionalismo estúpido, por isso eu não posso garantir com certeza que a publicação do texto e a tradução não serão acompanhadas por um falso alarde. De qualquer modo, com certeza a mídia tentará criar sensacionalismo simplesmente por causa do título Evangelho de Judas. De minha parte, continuarei a enfatizar o genuíno interesse científico desse códice (e de qualquer outro manuscrito antigo), que em um mundo perfeito já seria (intelectualmente falando) sensacional o suficiente.

A inclusão de Emmel no Grupo de Conselheiros do Projeto Códice criado pela National Geographic deu a Robinson uma verdadeira esperança de que o projeto seria, ou poderia, no fim das contas, ser feito "do jeito certo".

É importante salientar que Robinson, em contrário à imagem criada pela National Geographic em *The Lost Gospel*, não lamenta a horrível falta de bom senso da organização em não ter lidado pessoalmente com ele em nenhum nível. Fica claro no livro de Robinson que ele não estava ciente de que seus motivos pessoais na questão da longa história da transmissão desde o túmulo egípcio até a National Geographic estariam, no cuidadoso texto de Krosney, sujeitos a um julgamento tão maldoso.

Talvez, quando *The Lost Gospel* foi encomendado, a decisão de Robinson de fazer seu próprio relato tenha se tornado conhecida, e os envolvidos na contratação de Krosney esperavam algo muito pior que a conclusão agradável que Robinson escolheu para terminar seu trabalho.

Se tivesse havido uma comunicação apropriada, em primeiro lugar, esse tipo de contenda jamais precisaria ter vindo a público. Mas, como Emmel disse em seu *e-mail*, não vivemos em um mundo perfeito. E logo descobriremos, com o próprio autor do Evangelho de Judas, o quão imperfeito ele é.

Enquanto isso, há algumas pontas soltas que precisam ser amarradas.

Fim de Jogo

Em dezembro de 2004, no mesmo dia em que uma equipe de especialistas entrou no estúdio da restauradora de papiros Florence Darbre, na zona industrial de Nyon, Suíça, a fim de adquirir material para determinar a idade do papiro, Van Rijn alertou Roberty para uma possível virada nos trabalhos.

Ele, Van Rinj, tinha fotografias de fragmentos do Evangelho de Judas, vendidos por Ferrini ou enviados por ele ao coptólogo residente no Missouri, Charles Hedrick. Se esse material fosse levado a público prematuramente, isso destruiria os planos de Roberty de um grande acontecimento publicitário para os conteúdos do Evangelho. Roberty pediu a Kasser que entrasse em contato com Hedrick para obter sua cooperação e enfatizar como um vazamento de informação poderia prejudicar o doloroso programa do acadêmico para a tradução e publicação.

Roberty estava tão perturbado pelas possibilidades que concordou em se encontrar com Van Rijn, em Londres, cinco dias depois, para discutir o que Ferrini tinha guardado para si quando da devolução oficial da propriedade de Frieda. Van Rinj estava contente por ter voltado à cena. Seu *site* já estava manchando a imagem do trabalho da Maecenas Foundation com o Evangelho. O *site* afirmava que fora a *sua* (Van Rinj) exposição das falsidades envolvendo o projeto Judas que levou à decisão de devolver o material ao Egito, após a restauração, a comercialização e a publicação.

O objetivo de Van Rinj, segundo o *site*, era apenas impedir que Frieda Tchacos Nussberger, cliente de Roberty, lucrasse com o empreendimento, se fosse possível.

No entanto, Van Rinj também queria lucrar. Seu trabalho em tornar públicos negócios obscuros no mercado de arte e antiguidades ameaçava engoli-lo financeiramente. De acordo com o relato de Krosney, Van Rinj concordou em entregar as imagens do "material perdido" a Frieda e Roberty, sem dúvida do interesse da Ciência. Ele cobrou a modesta quantia de 71 mil euros pela entrega.

Em 19 de janeiro de 2005, Roberty esperou em vão pela chegada de Van Rinj com o material. Ele não apareceu. Na verdade, Van Rinj fora peso no aeroporto de Basel pela polícia suíça, acusado de prejudicar uma família suíça de negociantes de arte em seu *site*. Van Rinj presumiu que Roberty o traíra. *Traição*. Será que Van Rinj pegara o vírus *Judas*? Mas, se Roberty estava agindo como Judas, será que era de fato inocente?

Dois dias depois da prisão de Van Rinj em Basel, um tribunal dos Estados Unidos condenou-o a pagar a quantia de 157.377,98 de dólares. Liberado após uma semana, ele decidiu publicar o que tinha em mãos. Isso acabaria com o projeto Judas! Ou pelo menos era isso que Van Rinj acreditava. O que ele tinha para acertar o alvo?

Charles Hedrick admitiu que enviara uma tradução de um dos fragmentos de Ferrini a Van Rinj, enfatizando que não dera permissão para que ele publicasse a tradução. Hedrick, em retrospecto, reconheceu que o envio desse material ao *blogger* foi "um erro". Felizmente, para Hedrick, os papiros antigos (ainda) não estão cobertos pelo *Official Secrets Act*.*

Felizmente, para o Projeto Judas, o material revelado por Van Rinj veio de um fragmento de uma parte do códice que recebeu o título provisório de *Allogenes*, embora Van Rinj não tenha percebido isso. Esse nome significa "Alienígena", ou "de Outra Raça", ou "Estrangeiro". Era um conceito amado pelos gnósticos por várias eras. Van Rinj permaneceu, como o personagem em seu momento de revelação, um estranho.

Aqueles que estavam envolvidos no projeto agiram com rapidez. Um trabalho extraordinariamente difícil e delicado acontecia no estúdio de Florence Darbre, enquanto os fragmentos espalhados do papiro começavam a encontrar seu lugar no livro como um todo. Infelizmente, o códice jamais será um todo. Cerca de 15% das fibras originais dos pequenos fragmentos junto a traços de tinta, partes de letras e palavras – e com frequência partes de fibras de papiro incrivelmente frágeis e quase indistinguíveis - passaram meses e meses sob um árduo trabalho em nível microscópico.

Ao poucos, as palavras começaram a fazer sentido. Uma narrativa começou a aparecer. O há muito perdido Evangelho de Judas começava a comunicar sua mensagem às mentes de seus tradutores, Rodolphe Kasser, Marvin Meyer, Gregor Wurst e François Gaudard.

Um ano depois da tentativa frustrada de Van Rinj, o mundo começou a ouvir rumores de que algo extraordinário fora descoberto nos desertos do Egito: um evangelho desconhecido. Jesus, o salvador da religião ocidental – para aqueles milhões que ainda se importavam –, estava mencionado nele. E o texto fora escrito por... Judas Iscariotes... *aquele que traiu*. O assassino. O falso amigo. O hipócrita. O transgressor. Aquele que tinha sangue santo nas mãos. O atormentado. O informante. O ladrão. O suicida. O intruso.

---

*N.T.: Atos do Parlamento do Reino Unido para proteger informações secretas, principalmente ligadas à segurança nacional.

O clima havia mudado. Será que a religião estava para ser virada de cabeça para baixo? Deveríamos, agora, acreditar que Judas foi um herói? A Igreja Cristã entendeu tudo errado todos esses anos? Por quanto tempo teríamos de esperar? A verdade, o mundo foi informado, seria revelada na Páscoa de 2006: a época das cruzes, pregos, sangue e ressurreição; quando o mundo procura revelação, esperança, mudança – no pálido véu da primavera do pão e da vida nova.

E agora, a Páscoa de 2006 passou. O Evangelho foi revelado. Agora, o mundo pode ouvir a única confissão de Judas. Jamais um herege recebeu tanta atenção!

Mas, antes, lembre-se: sejam quais forem os motivos daqueles que trouxeram sua confissão a público, devemos algo a eles. Eles trouxeram o Evangelho de Judas para o mundo intrigante e misterioso da cultura popular. *Aleluia!*

Capítulo 2

O Evangelho Condenado

E você sabe que todo policial é um criminoso
E todos os pecadores são santos...
(De Sympathy for the Devil, *Jagger-Richards*, 1968)

O texto do Evangelho de Judas é genuíno? Em janeiro de 2005, AJ Timothy Jull, diretor da National Science Foundation's Accelerator Mass Spectrometer Facility em Tucson, Arizona, e especialista em determinar datas com o uso do carbono-14, produziu resultados de pequenos fragmentos de Tiago, do Evangelho de Judas, do invólucro de couro e do papiro preso ao invólucro. Nenhum texto foi perdido no processo.

O processo de datação por meio do carbono-14 dá excelentes resultados dentro dos parâmetros das probabilidades. No caso do códice gnóstico de Jebel Qarara, as chances (68,1%) eram de que o Evangelho de Judas fora reunido ente os anos 240 e 321 d.C. Havia apenas 15% de probabilidade de que tivesse sido criado antes do ano 240; e 15% de probabilidade de que tivesse sido criado depois do ano 320. Um rápido cálculo deu como média o ano de 280 d.C., com 60 anos a mais ou a menos.

Contudo, mais tarde em 2005, Roger Bagnall, como vimos antes, descobriu a referência a *Pagus 6* no tratado matemático que era parte do manuscrito original. *Pagus 6* era o código da área administrativa onde o material provavelmente foi encontrado. O código só passou a existir como uma designação da área por volta dos anos 307 ou 308 d.C. É claro que o tratado matemático pode ter sido composto depois do códice gnóstico. O ponto importante é que a data precisa da referência a *Pagus 6,* do ano 306 d.C., corrobora *ainda mais* a datação por meio do carbono-14.

Podemos ter quase certeza de que o Evangelho copta de Judas foi escrito nas folhas de papiro e reunido em um códice, ou livro papiro, por volta do início do século IV. Essa data se encaixa confortavelmente em tudo o que se sabe a respeito da literatura copta gnóstica sobrevivente.

O Evangelho de Judas foi escrito originalmente em grego. Copta é a antiga língua egípcia, falada antes que as invasões árabes levassem ao domínio da língua árabe no Egito. "Copta" vem da palavra grega que significa Egito: *Aigyptos*; e a língua copta é egípcia, escrita em caracteres gregos, com muitas palavras emprestadas do grego. O Evangelho de Judas foi escrito no dialeto saídico da língua copta, prevalecente no Meio Egito.

A partir de uma carta escrita pelo bispo de Alexandria, Atanásio, no ano de 367 d.C., sabemos que os escritos gnósticos circularam no Egito e foram desaprovados, pelo menos por ele. Atanásio era um influente bispo cristão na época, e muitos o apoiavam. Na carta, escrita na Páscoa para distribuição aos administradores da Igreja egípcia, ele declarou quais livros da Bíblia (que conhecemos como Novo Testamento, ou "Cânone") eram aceitáveis e disse que as pessoas as quais tivessem em sua posse os livros considerados hereges ou inaceitáveis, do ponto de vista da doutrina (não ortodoxos), seriam expulsas da Igreja.

Essa atitude ainda era dominante na Igreja Cristã quando a equipe de TV que produziu *Gnostics* entrevistou o papa Shenouda, líder da Igreja copta, no Egito, na Páscoa de 1986. Ele nos disse que os livros de Nag Hammadi eram "apócrifos". Eram livros de conhecimento (como manuais), não verdadeiros evangelhos, e que não tinham mais relevância para a sua Igreja do que artigos de história religiosa. Não continham nenhuma revelação nem palavra divinamente inspirada para oferecer. Os livros eram para os acadêmicos, sem nada de valor a dizer aos fiéis.

Em retrospecto, suponho que deveríamos ter perguntado a Shenouda se ele excomungaria qualquer pessoa que fosse encontrada lendo a Biblioteca de Nag Hammadi. Parece improvável. Hoje, é perfeitamente normal para os teólogos operar dentro das Igrejas Ortodoxa, Católica Romana, Anglicana e Protestante e ler livros hereges como parte de seu trabalho. Estudá-los é uma coisa; no entanto, defender ou simpatizar com a mensagem contida neles é outra.

O Evangelho de Judas sem dúvida se encaixa nessa categoria de livros condenados pelo bispo Atanásio e seus sucessores há muitos séculos. Atanásio sem dúvida veria o reaparecimento do Evangelho de Judas como uma obra do Diabo, porque, na época em que ele era bispo, se acreditava que a grande ameaça aos ortodoxos, vinda dos livros gnósticos e seus leitores, era em grande parte uma coisa do passado.

Havia, é claro, rebeldes persistentes, como os ortodoxos os viam, de muitos tipos e doutrinas diferentes, mas de modo geral a mensagem cristã, como ensinada pelos bispos e diáconos da Igreja, era ortodoxa. Isso não significa que a ameaça era considerada em termos benignos. Afinal de contas, muitas novas gerações se apegam aos modos condenados do passado e os usam como pedaços de pau para bater nos pais, professores e figuras de autoridade. No século IV, os jovens não eram fundamentalmente diferentes de hoje. Quando os Rolling Stones foram apresentados ao público no meio da década de 1960, o empresário da banda, Andrew Oldham, promoveu de modo deliberado a mensagem de que eles eram rapazes que seus pais não aprovariam. *Tranquem suas filhas em casa*!

A ambivalência moral sempre parece ser atraente a uma proporção de cada geração. Cada geração gosta de ver a si mesma como tendo algo diferente; talvez alguma visão mais "nova" com a qual os velhos tolos "lá em cima" não conseguem lidar. O mesmo acontecia no Egito sob domínio romano. No século IV, o pensamento gnóstico já existia havia um bom tempo, mas ainda estava cercado pela atmosfera de perigo, mistério; ele prometia algo que você não conseguiria em nenhum outro lugar. E papai não gostava disso. Mas, de modo recíproco, talvez papai fosse "a favor dele", e os jovens talvez tenham passado por um doutrinamento ortodoxo. As instituições repressoras atraem certos tipos de jovens.

Além disso, *talvez a religião gnóstica tenha sido condenada porque trazia em si uma verdade especial*: algum grande segredo do qual não se podia falar sem ameaçar os poderes existentes. E ela tinha sobrevivido, ainda que apenas em lugares remotos – como o Egito.

É interessante observar que, no que passou a ser considerado o auge do movimento gnóstico – a saber o século II d.C. –, nossa principal testemunha contra o movimento não foi o bispo de Alexandria, mas o de Lyon.

A cidade de Lyon (Lugdunum) ficava na *Galia Narbonesis*, ou Sul da França, cuja Igreja mantinha um forte contato com Roma. Quando o bispo de Lyon – seu nome era Irineu (Irenaeus) (da palavra grega que significa "Paz") – escreveu seus detalhados volumes "contra a *gnose* [conhecimento] falsamente assim chamada", ele escreveu acerca de coisas que estavam acontecendo na porta de entrada de Roma – na verdade, nas calçadas da capital.

Irineu escreveu por volta do ano 180 d.C. Nas décadas anteriores, os tipos gnósticos da cristandade floresceram no centro e estavam se espalhando onde quer que existisse público. As interpretações gnósticas da mensagem cristã provaram ser tão populares que Irineu receava que a mensagem a qual aprendera como a religião de Cristo fosse gravemente distorcida.

Na época em que escreveu seus volumes, os cristãos estavam sendo executados por sua religião, que era vista como uma traição aos interesses do Estado. (As piores perseguições aconteceram em 177 d.C.). Cristãos como Irineu estavam tentando, por mais de um século, afirmar que o Cristianismo e o Império Romano podiam coexistir pacificamente, desde que não se exigisse dos cristãos tratar o imperador como um deus.

Se os cristãos iriam morrer, eles precisavam saber por que estavam morrendo. Tão importante quanto isso era o fato de que, se os magistrados romanos iriam condenar os cristãos à morte, então pelo menos os magistrados deveriam saber o que estavam concordando em condenar. Para Irineu, qualquer forma de Cristianismo diferente daqueles que ele fora autorizado a pregar constituía um falso testemunho. O único martírio aceitável para Deus era o dos humildes ortodoxos. Os falsos pregadores (como ele os via) eram muito convencidos: atraentes para as mulheres; sedutores do intelecto; cheios de truques.

Entre as pessoas que o bispo condenou em seu livro, mais tarde chamado *Contra as heresias*, que se tornou um marco no movimento da Igreja Católica em direção à autodefinição, estavam os membros de um grupo que suspeitava, nas palavras de Mick Jagger, que todos os pecadores eram santos. Para começar, eles reconheciam que Jesus fora acusado de adorar o Diabo; ou seja, de respeitar o poder do Diabo, e de usar esse poder para fins próprios. Eles sabiam que os pecadores poderiam ser executados. Jesus era amigo dos pecadores. Eles tinham aprendido isso com os professores ortodoxos. Aqueles odiados pelo mundo tinham um lugar no paraíso (jardim) de Jesus.

Seguindo sua própria lógica, esses assim chamados "falsos professores" estudaram as Escrituras e decidiram que as pessoas que foram condenadas aos olhos do mundo talvez fossem as verdadeiras estrelas! Portanto, a serpente que sugeriu a Eva que comesse a "maçã"... era obviamente uma heroína! *Por quê*? Porque o fruto da Árvore do Conhecimento do Bem e do Mal trouxe a autoconsciência ao primeiro casal. Eles "sabiam que estavam nus". Ou seja, eles sabiam *quem eram*! Haviam perdido a inocência, mas ganharam conhecimento. E isso aborreceu o deus do Jardim que lhes ordenara que não se aproximassem do fruto. *Deve haver algo de errado com a divindade no jardim do Éden,* concluíram os "gnósticos".

Esse deus não parecia razoável. Ele devia ter um problema. Talvez fosse ciumento. Afinal de contas, a própria Bíblia diz que ele é um Deus ciumento. De quem ele tem ciúme? Deve existir um Deus Superior. Esse velho Deus do Jardim era o Deus da Lei. São Paulo ensinou que os cristãos gentios se tornaram livres da Lei dos judeus. Portanto, o grupo concluiu, eles são livres do Deus da Lei. Aqueles a quem o Deus da Lei condenou devem ter algo de positivo a oferecer. Só precisamos olhar por baixo da superfície da narrativa nas Escrituras para encontrar as pistas.

Adotando essa lógica, os oponentes de Irineu consideraram a figura de Caim. Lembra-se da história de Caim e Abel? Caim matou Abel porque seu deus preferiu a oferta de Abel (o sacrifício de sangue). Agora, depois de percebermos que existe algo que não está muito certo com uma divindade que faz tudo isso, exigindo sacrifícios de sangue, as coisas que antes estavam escondidas, mantidas em segredo na história, começam a vir à luz. Estamos começando a *entender a mensagem*. A mensagem secreta.

Por exemplo, você aceita a ideia de que talvez a história de Caim ter sido expulso de sua própria vida, condenado a vagar sem rumo e trazendo uma marca horrível em si seja de fato um *acobertamento*. A marca de Caim é uma insígnia de orgulho! Caim ousou transgredir. Ele irritou um deus falso. Ele era o andarilho, o estrangeiro, aquele que buscava, para cuja existência essencial o mundo estava cego. Como Jesus, essas pessoas foram vítimas da propaganda!

Mais tarde, comentaristas ortodoxos chamaram esses odiados intérpretes (ou re-intérpretes) de "cainitas", mas não há razão para pensar que eles foram chamados assim por autodenominação ou pelas pessoas ao seu redor. As pessoas que pensam de modo diferente são separadas em primeiro lugar como "seitas"; depois recebem nomes dados por aqueles que não gostam delas: "jumpers", "quakers", "metodistas", "protestantes", "hussitas" – e *"gnósticos"* – todos começaram como apelidos.

Por fim, os apelidos tornam-se a insígnia do orgulho. *Se é assim que parecemos a vocês (o mundo cego), está bem – sabemos quem somos.* "Cristão" também foi provavelmente um apelido. Os "gnósticos" valentinianos (seguidores de um influente teólogo gnóstico do século II) afirmaram que havia algo sagrado no nome. Ele poderia ser pronunciado sem causar uma reação interna, de um jeito ou de outro.

Os cristãos condenados por Irineu não paravam em Caim. Eles pegaram o fio da meada e chegariam até o fim com ele. Eles se perguntavam: o que essa falsa divindade estava planejando? A serpente não era um antigo símbolo de sabedoria divina e saúde, de renascimento e poder místico? O que faz o Deus do Éden? Condena a serpente a se arrastar para sempre na terra?

Os gnósticos identificavam Jesus como a serpente; símbolo da cura, do renascimento e da sabedoria sobrenatural. E o que Jesus oferecia? Seu veneno de saúde era a *gnose*: as "chaves do reino"; a "luz do mundo"; como São Paulo o chamou – blasfêmia para os judeus e loucura para os gregos!

Os rebeldes do espírito livre (como viam a si mesmos) analisaram as Escrituras e chegaram a algumas conclusões muito perturbadoras. Teremos uma visão pela primeira vez do que eram essas conclusões à medida que examinarmos o conteúdo do Evangelho de Judas. E, a propósito, nossa primeira referência conhecida da existência do Evangelho de Judas foi encontrada – você acredita? – nas páginas do livro de Irineu. No capítulo 33, Irineu diz que aqueles que consideram Caim um homem bom também têm um livro que eles criaram: um Evangelho de Judas.

Sim, eles estudaram os Evangelhos e os ensinamentos orais da Igreja e encontraram uma figura de *status* grande e ambivalente: um verdadeiro homem mistério. O próprio Irineu fala de um "mistério de traição". No que se refere a esses cristãos, Judas *era bom*. Ele estava *certo*. Judas era "legal". Judas viu o que os discípulos mais embrutecidos não viram. Ele era o fruto de uma geração muito especial, de fato. E todos os que são parte dessa geração especial podem ter o que ele tinha.

Uma última informação antes de entrarmos nas catacumbas do Evangelho de Judas. Em 1977, John Lennon leu um livro chamado *The Passover Plot*, de Hugh J. Schonfield. O livro descrevia uma conspiração a respeito da crucificação de Jesus que as gerações subsequentes de cristãos não perceberam. A leitura do livro de Schonfield levou Lennon a declarar em uma entrevista à jornalista inglesa Maureen Cleave que "os discípulos eram embrutecidos e comuns. Foi a distorção dos fatos que eles fizeram que os arruína para mim".

O Beatle literário concluiu que a verdade sobre a vida de Jesus fora perdida nos repetidos relatos a seu respeito. Ele buscava o que era a verdade por trás de toda essa história. Nesse processo, chegou à conclusão de que o Cristianismo com o qual ele crescera "desaparecerá e encolherá", acrescentando que mesmo os Beatles eram "mais populares" que Jesus junto à nova geração. Ele não pensava que isso fosse necessariamente uma coisa boa, mas sim uma reflexão instigante da verdade dos tempos em que estamos vivendo.

E, adivinhe! No cinturão bíblico americano, eles queimaram as fotos de Lennon e os discos dos Beatles. Na África do Sul, as músicas dos Beatles foram proibidas de tocar no rádio. Enquanto isso, em Roma, Sua Santidade, o papa – sucessor de Irineu e o braço ortodoxo da religião – declarou que os fiéis cristãos não tinham nada a aprender com os "beatniks"* *Beatnik*. Bom apelido. Faz a gente pensar, não?

O Evangelho de Judas

O Evangelho ou "boa nova" a respeito de Judas começa com uma declaração incomum. Você pode desejar gritar "boa nova" nos telhados ou nas ruas, para colocar um sorriso nos rostos das pessoas tristes abaixo de você ou ao seu lado, mas somos informados logo de início que se trata de um "relato secreto". Será que isso significa que algumas pessoas não devem conhecê-lo? Ou será que significa que essa história foi mantida em segredo, por razões misteriosas, e só agora pode ser revelada?

De qualquer modo, o que estamos prestes a ouvir não é conhecimento comum. Trata-se de uma revelação feita por Jesus durante "oito dias"; "três dias antes de celebrar a Páscoa". Assim, já temos em mãos dois mistérios e ainda não chegamos ao fim da primeira frase.

Há algo enganador nessa composição. Talvez ela não vá nos contar tudo superficialmente. Talvez tenhamos de conhecer as coisas pertinentes à sua mensagem. Esse trabalho requer interpretação, em particular, podemos imaginar, por parte daqueles que sabem algo acerca do segredo. Essa pessoa, a propósito, é *você*, o leitor.

O "segredo", claro, é a *gnose*.

Uma palavra grega que significa "conhecimento", *gnose*, no entanto, não significa apenas "fatos", como encontramos em abundância em uma enciclopédia. É possível conhecer milhares de fatos

---

* N.T.: Da *Beat Generation*. Movimento que nasceu na década de 1950 nos Estados Unidos, em que jovens artistas e intelectuais contestavam os valores burgueses da sociedade de consumo.

e ser ignorante; Não, a *gnose* – *conhecimento* é o tipo de sensação de conhecimento que você tem quando "seus olhos são abertos". Por exemplo, se alguém explica que o que está relatado no jornal é apenas a parte visível de um padrão subjacente, talvez uma conspiração, de repente "a ficha cai". De repente, você começa a ver. Você entende o recado. Chega ao centro. E a partir do centro consegue ver todos os lados. As coisas que pareciam estar tão distantes, de repente se encaixam. O que parecia obscuro para você passa a *fazer sentido* – como se por fim você entendesse uma piada sutil. Na década de 1960, algumas pessoas nos Estados Unidos empregavam a gíria "hip" para expressar uma percepção incomum. A pergunta *Are you hip to it?* significava "Você capta a mensagem?", "Compartilha a percepção?".

Bem, eu espero que você esteja "captando" o que significa *gnose*. Seja quem for que escreveu esse Evangelho de Judas, estava, como dizemos na linguagem comum, "com isso entalado na garganta". Ele, ou ela, reconheceu algo que os outros não têm. E aquele com *gnose*, o gnóstico, "o viu" por si mesmo. Quando você "capta", fica livre de sua antiga ilusão; livre da Mentira.

Então Jesus disse algo a Judas. Há uma frase curiosa. A conversa entre Judas e Jesus aconteceu, somos informados, "durante oito dias", três dias antes de Jesus celebrar a Páscoa. Esses "oito dias" podem apenas ser uma frase copta para "uma semana"; ou seja, domingo a domingo. Mas essa é uma composição "gnóstica", e os gnósticos adoravam usar símbolos e frases com significados múltiplos. Assim como os poetas, eles gostavam de criar labirintos para enviar a mente a uma viagem mística. Eles usavam sua própria linguagem e imagem "hip".

Um pouco disso é bem fácil de "captar" quando você entende a ideia; uma parte permanece obscura para os outros. O sentimento que você tem é de que precisa refletir sobre esses escritos. O conteúdo dele não é óbvio, a menos que se torne *óbvio para você*.

Bem, não faz muito sentido para nós falar a respeito de uma conversa entre Judas Iscariotes e Jesus "durante oito dias [ou uma semana], três dias antes de celebrar a Páscoa". Eu sugiro que essa referência a "oito dias" representa um "tempo fora do tempo". É um fato bem conhecido e documentado que as experiências místicas, quando as pessoas se comunicam com o espírito divino, rompem nosso entendimento usual da sensação do tempo. As pessoas apaixonadas experimentam algo semelhante – ou a mesma sensação. Há todo um cânone de canções de amor que fala da eternidade como o estado natural de dois amantes tomados por adoração mútua. Quando

Julieta tem de esperar algumas horas antes de ver Romeu de novo, ela diz: "*Muitos dias até que eu veja novamente meu Romeu*". Sabemos do que ela está falando.

Nos muitos relatos dos místicos, e entre aqueles que tomaram substâncias psicodélicas (para expansão da mente), a sensação de alguns minutos que parecem muitos dias ou pelo menos horas é uma experiência comum, tornando nebulosos os limites entre a ilusão e a realidade. É fato bem conhecido que os professores gnósticos viam nosso senso percebido do tempo como derivado de realidades espirituais eternas.

Segundo a tradição platônica (compartilhada pelos gnósticos), tudo o que experimentamos na Terra é um tipo de cópia *defeituosa* de como as coisas são no reino superior, espiritual. Portanto, se existem 12 meses, por exemplo, então o número 12 representa uma verdade espiritual eterna, refletida em coisas diferentes, mas especialmente no tempo. Há sete planetas (com eles acreditavam, incluindo o Sol e a Lua); por isso sete é um número perfeito. Cada planeta tem sua própria "esfera" ou mundo; e cada planeta tem um governador espiritual, ou anjo, ou "arconte" (regente), como eles o chamavam.

Viajar para além dos "Sete" era ir além daquilo que denominavam o "manto noturno" do Universo. O que a vestimenta "encobria" era o reino superior de luz, além dos poderes dos planetas. Jesus veio desse lugar; além dos poderes dos 12 governadores zodiacais: as constelações. Por isso, é bem provável que os "oito dias" referidos como o "tempo", quando a suposta conversa entre Jesus e Judas aconteceu, três dias antes da Páscoa, significam que Jesus e Judas "ascenderam" à oitava esfera.

A oitava esfera é entendida na tradição gnóstica como uma dimensão espiritual às vezes associada às estrelas, logo abaixo do portal da eterna divindade, a *nona*. Presume-se que qualquer um que tenha viajado em "espírito" à nona não deseje retornar a este mundo. A "oitava", por outro lado, oferece à pessoa uma visão do que está acima e o verdadeiro estado do Universo abaixo.

Essa conversa entre Judas Iscariotes e Jesus está, portanto, acontecendo na eternidade. Esse é o poder que Jesus tem: olhar dentro dos olhos das pessoas e mostrar a elas – até mesmo levá-las – o reino da eternidade, o "reino dos céus". Judas, como veremos, quer ir. Ele pode "chegar lá".

Há outro ponto que é importante mencionar aqui. Se essa conversa estava acontecendo em uma dimensão espiritual, então esse estado pode ser considerado permanentemente acessível àqueles que ascenderam, ou acreditam que o fizeram, à "oitava". A crença de que essas coisas eram possíveis – experiências como essas foram até relatadas por escrito – fica evidente na inclusão, na Biblioteca Nag Hammadi, de uma obra intitulada *O Discurso sobre a Oitava e a Nona*, que contém uma descrição como a que apresentamos acima. A plataforma de lançamento descrita no *Discurso Sobre a Oitava e a Nona* é sem dúvida o Egito.

É possível argumentar que essa conversa entre Jesus e Judas Iscariotes "nunca aconteceu" no ano 30 d.C. (ou 33), quando se acredita que Jesus foi crucificado. Mas para um leitor solidário do Evangelho de Judas isso não seria uma crítica relevante. A *verdadeira comunicação espiritual* não acontece neste mundo nem em nosso tempo, acreditava-se. A verdadeira conversa espiritual ocorre além do tempo, por todo o tempo. O fato de que os quatro Evangelhos mais conhecidos da Igreja tenham sido escritos algum tempo antes da obra que leva o nome de Judas não significa muito.

Mesmo no nível mundano, os livros publicados hoje a respeito da Segunda Guerra Mundial nos contam muito mais do que o conhecimento acessível às pessoas comuns durante a guerra ou logo depois de seu término. Leva tempo para que as coisas sejam internalizadas, para a manifestação das percepções mais profundas. O tempo dá contorno e proporção ao conhecimento. Mas o conhecimento espiritual – *gnose* – é, por definição e segundo seus expoentes, eterno.

De qualquer forma, é duvidoso que essa linha histórica de raciocínio agradasse àqueles que leram o Evangelho de Judas. Jesus era um ser espiritual, e os espíritos transcendem o tempo. Jesus não estava de fato interessado na história, nas datas e no tempo. Ele operava, acreditam os gnósticos, no nível espiritual, e era lá que podia ser encontrado. Eleve-se ao estado da mente apropriado e ele aparecerá o quanto sua mente for acessível a ele. Era nisso que eles acreditavam. Se, como Judas, você for abençoado, ele abrirá sua mente. Esse é o conteúdo do Evangelho de Judas.

Ou seja, três dias antes de Jesus celebrar a Páscoa, ele "viajou" com Jesus e este abriu sua mente. Essa é a "boa nova" de Judas. Aconteceu com ele; pode acontecer com você.

A seguir nos deparamos com o relatório mais superficial do ministério de Jesus. Ele se refere ao ministério do qual muitos se lembrarão a partir dos estudos religiosos feitos em casa, na escola ou na Igreja. O autor tem consciência disso e sabe que nós também temos. Ele ou ela presume que já ouvimos todas essas coisas antes.

Jesus "fez milagres e grandes maravilhas para a salvação da humanidade". Pelo menos temos uma afirmação clara do porquê esse ministério de cura continuou. Não foi apenas um esforço de trabalho social generoso. Ele não estava se estabelecendo como um serviço nacional de saúde nem criando clínicas.

É possível que o autor do Evangelho tenha lido o Evangelho de João. Em João existem sete milagres específicos, ou melhor, "sinais", e todos eles nos falam do Cristo, o Verbo encarnado. Jesus não fez boas obras apenas para fazer com que as pessoas se sentissem melhor; foi para mostrar como a humanidade podia ser salva – deste mundo, presumivelmente, ou de seu poder de escravizar o espírito.

Lembramos, então, que algumas pessoas andavam na retidão, e outras "andavam em suas transgressões". De um modo um tanto ambíguo, somos informados de que os 12 discípulos foram chamados por essa razão. Os 12 teriam sido chamados por causa das transgressões (para salvar os pecadores) ou por que algumas pessoas andavam na retidão? Podemos estar diante de uma ambivalência aqui. O que quer que esteja subjacente à frase, o autor não parece estar muito interessado no que acontecia no ministério, que era geralmente conhecido, e imediatamente passa para seu próprio terreno teológico. Aqui o autor faz o jogo que conhece melhor.

Jesus começou a falar aos discípulos a respeito "dos mistérios além do mundo". Isso é o que esperaríamos de um evangelho gnóstico. Quando as famosas palavras de Jesus, pronunciadas a Pilatos, "Meu reino não é deste mundo", foram ouvidas pelos gnósticos, eles não tiveram dúvidas quanto ao que elas se referiam. *É claro que não era*, eles diriam. *Vocês nem mesmo sabem o que é o mundo.* Eles sabiam, ou pelo menos estavam convencidos disso.

Saber o que este mundo é de fato deu aos cristãos gnósticos a pista para entender as outras coisas que, acredita-se, Jesus tenha dito aos discípulos sobre "o que aconteceria no fim". Este mundo inferior tem um fim definido se aproximando. Só isso já era causa de alívio para aqueles que apreciaram a mensagem do Evangelho de Judas. E esse fim poderia ser vivenciado antes, assim como a ressurreição do espírito fora deste mundo – pois essas coisas estavam escritas na eternidade.

Jesus, a Criança

Logo a seguir, aparece uma frase muito agradável em sua simplicidade, tão cheia de possibilidades, que praticamente desarma a consciência crítica:

"Com frequência ele [Jesus] não aparecia a seus discípulos como ele mesmo, mas era encontrado entre eles como uma criança".

Não encontramos nada assim nos Evangelhos que ouvimos na Igreja ou na escola. Tudo pode derivar da famosa profecia de Isaías, referindo-se ao messias que estava para chegar: "E uma criança os liderará".

Esse conceito de Jesus aparecendo de formas diferentes para muitas pessoas parece de fato ter excitado a imaginação desses cristãos. Ficamos surpresos, em particular com a manifestação como uma criança, porque todos nós já vimos o sofrimento no olhar de uma criança. De imediato, lembramo-nos do arquétipo da infância como um sinal de inocência, visão, esperança, futuro, verdade, criatividade. Reconquistar a juventude perdida é a esperança de muitos. Temos medo de que, ao envelhecermos, venhamos a sofrer como nossos ancestrais com esclerose da consciência. Tentamos proteger nossas crianças da poluição da experiência adulta, enquanto ao mesmo tempo procuramos a esperança nelas, mesmo quando elas buscam orientação e força em nós.

Mas a ideia de Jesus ensinando como uma criança, expressa de modo especial, com abertura e vivacidade, apaga o sorriso cínico de nossos rostos. E, contudo, muitos conhecem a história de Jesus discursando com os sábios no Templo, relatada no Evangelho de Lucas. Também em Lucas está a passagem que pode ter inspirado o autor do Evangelho de Judas a ver o salvador como uma criança. Lucas, capítulo 9, versículo 48, nos diz: "Quem receber esta criança em meu nome, a mim recebe; e quem receber a mim recebe aquele que me enviou; porque aquele que entre vós for o menor de todos, esse é que é grande".

Na pressa teológica para estabelecer a *idade adulta* de Jesus, talvez tenhamos omitido a infância do ser salvador. Os gnósticos aparentemente encontraram muito significado e importância na ideia de ser instruído por uma criança. Essa suspeita do patriarcado – tão forte na literatura gnóstica – parece surpreendentemente moderna.

Quantos de nós relutam em aceitar a ideia do Natal sem a imagem do bebê adorado pelos reis magos, mesmo que os teólogos nos ensinem que ela provavelmente é uma invenção ou parte da "mitologia"?

Relatou-se que o professor gnóstico Valentino – duas décadas antes de Ireneu escrever seu livro contra os alunos desse professor – teve sua percepção gnóstica iniciada quando ele teve uma visão do *Logos* (a "Palavra", ou a mente criativa de Deus) na forma de uma criança. Uma visão semelhante ocorreu ao visionário gnóstico inglês William Blake – ela pode ser encontrada no primeiro poema de *Canções da inocência e da experiência*.

Na Biblioteca de Nag Hammadi, há uma obra chamada Apocalipse de Paulo. Nela, Paulo está viajando, ao que parece não para Damasco, mas sim Jerusalém. Tudo é simbólico. Ele pergunta o caminho a uma criança. A criança responde: "Diga-me seu nome para que eu possa lhe mostrar o caminho". Depois, ela diz: "Eu sei quem você é, Paulo".

Jesus aparece na forma apropriada à capacidade espiritual da pessoa que está diante dele. Para os gnósticos, Jesus não é uma pessoa, uma imagem fixa; ele é um poder que recebe sua forma da mente da pessoa que o busca, ou que é buscada por ele, como ilustrado nesse incidente com a "criança" na estrada. *Essa* criança não está perdida; ela conhece o caminho.

À medida que envelhecemos, massacramos os inocentes.

Agradecer não é Suficiente

A cena salta com rapidez para uma pequena vinheta que serve para introduzir o principal conflito dramático no Evangelho de Judas. O conflito aborda um tema que é familiar a qualquer um que tenha lido os relatos de Jesus e seus discípulos no Novo Testamento. É um conflito de entendimento. Basicamente, Jesus entende tudo, e os discípulos continuam a não entender, sempre fazendo perguntas que são tolas (do ponto de vista de Jesus) ou pungentes (do nosso).

Essa disparidade de visão dos discípulos se torna ainda mais radical em alguns escritos gnósticos, até o ponto que você se pergunta por que Jesus escolheu esses 12 em primeiro lugar! Mas, é claro, a presunção é que os discípulos representam as pessoas em geral que precisam de iluminação divina e despertar espiritual.

O que você perguntaria a Jesus se ele o convidasse a questioná-lo? Talvez você tenha receio de parecer idiota. Os discípulos, nos diálogos gnósticos, não têm medo disso. São como atores, lendo seus papéis. Porém, há algo um tanto triste a respeito deles, não apenas porque eles estavam preparados para "agir como palhaços" perante o público leitor, mas porque estão presos a seus papéis.

Na passagem que nos importa, os discípulos não estão perguntando nada a Jesus. Estão alegremente fazendo algo que, acreditam, o professor sagrado aprovaria. Estão reunidos, talvez sentados em um banco ou em divãs, enquanto agradecem pelo pão. A cena faz-nos lembrar a Santa Ceia e talvez seja uma paródia dela. Mas Jesus não está no centro; e o pão é o pão, não uma substância simbólica ou sacramental. Pode ser que o autor esteja observando o modo como as refeições cristãs em comunhão tenham se desenvolvido na Igreja. Mas, se for isso, o autor não parece estar muito impressionado.

Os discípulos estão prestes a receber um choque. Jesus aproxima-se e começa a rir. Eles não entendem. Estão chateados. "Fizemos o que é certo", afirmam lastimando-se. Jesus então os tranquiliza. Diz que não está rindo *deles*, mas sim da cena em si, porque ele a vê a partir de uma perspectiva diferente. A seus olhos, os discípulos estão realmente perdendo tempo. Estão presos em uma ilusão. Jesus lhes diz que o ato não nasce de verdade da vontade dos discípulos, mas que eles pensam que é por meio desse ato que "seu deus" será louvado. A ideia está errada. As mais devotas observâncias não significam nada se não vierem em primeiro lugar do livre-arbítrio; e em segundo, se não forem direcionadas à divindade certa.

Isso parece muito difícil para os discípulos entenderem, e tudo o que eles conseguem fazer é declarar que "você (Jesus) é o filho de nosso deus". Antes de examinarmos o modo como Jesus responde ao que deveria ser uma grande afirmação de fé, vale a pena fazer algumas considerações acerca desse sorridente Jesus que tudo vê.

O Jesus Sorridente

Parece ser um bônus o fato de Jesus aparecer nos escritos gnósticos como um sujeito com senso de humor. Apesar do fato de que alguns intelectuais consideram um comportamento jovial um sinal de intelecto fraco ou falta de seriedade existencial, o coração da maioria das pessoas alegra-se quando se acrescenta açúcar a uma geralmente amarga pílula de realidade.

Um Jesus que ri parece mais humano que a solene figura que muitos de nós associam com um redentor que tende a ser colocado em altares ou pendurado nas paredes, a alguma distância de nossas vidas individuais patéticas.

O fascinante filme surrealista de Luis Buñuel, *A Via Láctea* (1968), apresentava imagens de um Jesus vivaz e humano, contando piadas, vívido e físico; o rosto transparecendo humanidade, marcado pelo sorriso. Era uma imagem maravilhosa, instigante – talvez ainda mais porque veio de um ateu confesso, que gostava de se sentar nas clausuras! A imagem deve ter irritado algumas rígidas autoridades religiosas, mas para outros a ideia do diretor a respeito de Jesus parecia verdadeiramente espiritual. Ou seja, esse Jesus tinha espírito – e sabia como liberá-lo!

É possível que o Jesus previsto em alguns textos gnósticos seja apresentado dessa forma. No entanto, embora Jesus no Evangelho de Judas afirme que não está rindo dos discípulos, ele *está* rindo da visão de mundo deles e do mundo em que eles vivem. Também não é uma risada de pena; é uma gargalhada sincera de alguém que é superior. Talvez até exista algo desagradável nisso, porque a risada é direcionada ao "senhor deste mundo".

Em uma palestra recente (na Conferência Internacional de Canonbury sobre *Maçonaria e Tradição Gnóstica*, 2006), o professor James Robinson apontou essa risada como a nota-chave do Evangelho de Judas. Robinson afirmou que ela demonstrava um desprezo total e cínico pelas crenças, pela salvação dos fiéis cristãos ortodoxos e pela interpretação ortodoxa da paixão de Jesus, por meio da qual a maioria dos cristãos acreditam que encontram a salvação.

Robinson supõe que os cristãos ortodoxos não têm nada a temer com o Evangelho de Judas; aquilo que ele entendia como um tom de desprezo por parte do texto era em si desprezível. Os gnósticos, ele afirmou, amaldiçoavam a vida e todas as coisas criadas perceptíveis ao senso comum. Na opinião de Robinson, a ideia do próprio Jesus sofrendo na cruz em benefício dos seres humanos *como os conhecemos* atraiu apenas um arrogante desprezo por parte do autor ou autores do Evangelho de Judas.

O professor Robinson fez um discurso forte, moral e quase episcopal sobre "o que está errado" com o Evangelho de Judas do ponto de vista do Cristianismo tradicional – para a surpresa de seu público que esperava uma reação menos polêmica vinda do homem que garantiu nosso acesso à Biblioteca de Nag Hammadi.

Nos escritos gnósticos, o "senhor deste mundo" (a frase aparece no Novo Testamento) é um tolo cego – nada mais, nada menos –, exceto que esse tolo cego foi bem-sucedido onde outras divindades incapazes falharam. Ainda que cego, ele tem a humanidade em seu poder. Ele a cegou, enganou-a e a fez de tola. Quando o Jesus gnóstico vê seus discípulos "caírem na armadilha", ele quer acordá-los. Quando Jesus ri diante do "senhor deste mundo", ele ri dos discípulos. "Vamos!", ele parece dizer, "não acreditem nessa bobagem!" "Eu sei que disseram a vocês que esse é o jeito certo de fazer as coisas, mas se soubessem quem eu sou e quem vocês realmente são, vocês despertariam – e ririam comigo."

Em alguns relatos gnósticos da crucificação, por exemplo, há a ideia de que "o senhor deste mundo" tem de ser enganado. Isso é muito fácil para Jesus fazer, contudo, é difícil para os seres humanos comuns. Jesus pode enganar o poder das trevas do mundo porque ele vem de um lugar superior. E quando você está em um lugar superior você pode ver mais. Você tem a vantagem de uma perspectiva maior – e no caso desse Jesus, você tem um poder espiritual infinitamente superior.

Jesus vem à Terra para mostrar o senhor deste mundo. Ele vem para transformá-lo em um tolo. Vem para zombar do senhor deste mundo e despi-lo de sua pretensa autoridade. Portanto, ele vem para libertar a humanidade. E existe um jeito melhor de mostrar que você é livre do que rir com sinceridade? Rir eleva o espírito. Um grande momento de puro humor é uma forma de ascensão. Em *Mary Poppins*, a mágica história infantil, os pequenos Michael e Jane conhecem um homem que ri tanto que ele e as crianças se elevam até chegar ao teto, descendo novamente quando alguém diz algo triste.

O Jesus que ri aparece em outro lugar na literatura gnóstica, em particular na crucificação. É um sinal de uma consciência extraordinariamente radical de alguns gnósticos o fato de que eles tomaram essa imagem do Jesus que ri e a distorceram de um modo que parece quase blasfemo para os cristãos ortodoxos – na época e agora.

Em *O Segundo Tratado do Grande Set* (o "Grande Set" sendo Jesus) – uma obra contida na Biblioteca de Nag Hammadi que está em perfeita consonância com o Evangelho de Judas –, Jesus descreve o que estava acontecendo *de verdade* na crucificação:

> Pois minha morte, que eles acreditam que aconteceu, aconteceu para eles em seu erro e cegueira, pois eles pregaram seu homem na morte deles [...] Eles me bateram com a chibata; foi outro, Simão, quem carregou a cruz nos ombros. Foi em outro que eles colocaram a coroa de espinhos. Mas eu me alegrava nas alturas acima de toda a

riqueza dos arcontes e dos filhos de seu erro, de sua glória vazia. Eu ria da ignorância deles.

Esses "arcontes" (grego para regentes) são o verdadeiro alvo da piada cósmica de Jesus. Eles pensaram que o tinham em seu poder! Eles governam o mundo do tempo e do espaço; são as correntes que prendem o espírito da humanidade. Um deles, o "senhor deste mundo", é chamado de "Deus ciumento" (a frase vem do Antigo Testamento, é claro). Tem ciúme da verdadeira divindade indescritível acima dele. Ele quer ser o deus superior, mas não pode. Não obstante, conseguiu ter centelhas do reino mais alto sob seu controle. Somos nós! A pobre e adormecida humanidade. Enquanto nos vestimos em corpos e nos prendemos a nossos sentidos, o espírito adormeceu. A humanidade está profundamente inconsciente. Jesus veio para nos despertar.

No processo, táticas de choque são utilizadas. No *Apocalipse de Pedro,* na Nag Hammadi, Jesus "ri da falta de percepção deles [os discípulos], sabendo que eles nasceram cegos". A cegueira dos regentes invisíveis (para nós) é compartilhada por aqueles que estão sob seu controle ("Pai, perdoa-os porque não sabem o que fazem"). Mas, em paradoxo, a confusão criada pelos arcontes com a crucificação serve a um propósito: "Mas o que eles libertaram foi meu corpo incorpóreo" – ou seja, o ser espiritual de Jesus: o *Grande Set.* Para dar apoio a essa ideia, o "apocalipse" (ou revelação) inclui uma visão experienciada por Pedro. Nela, Pedro não pode identificar quem é o Jesus real – aquele aparentemente preso e surrado por seus inimigos, ou aquele que ele vê "alegre e rindo em cima de uma árvore". O salvador diz a Pedro: "Aquele que você viu em cima da árvore, feliz e rindo, esse é o verdadeiro Jesus".

E é esse "Jesus vivo" e aqueles que entendem o entendem, ao contrário da "imagem morta" compartilhada por seus inimigos, que estão rindo dos discípulos no Evangelho de Judas. O ponto essencial dessa transformação de histórias familiares em não familiares é a *percepção.* Esse Jesus vivo está tentando mudar a percepção do que é a realidade. O mundo não é para ser aceito literalmente. Existe uma conspiração espiritual com o objetivo de dominar espiritualmente a humanidade. Um aspecto fascinante do desafio inerente dos gnósticos à Igreja ortodoxa foi a sugestão de que, em aspectos importantes, a crescente autoridade episcopal estava de fato servindo – ou começando a servir – à conspiração. Em vez de libertar as almas aprisionadas, a Igreja as mantinha adormecidas.

O primeiro passo para o "despertar", no Evangelho de Judas, é reconhecer quem Jesus realmente é. Em certo sentido, a pequena história a respeito da refeição na qual os discípulos davam graças é apenas um instrumento dramático para levar à questão principal. Os discípulos responderam à observação de Jesus de que seus agradecimentos satisfaziam a vontade do "deus deles", afirmando que Jesus é o "filho de nosso deus". Como, eles perguntam, Jesus pode criticar o deus deles quando ele próprio é filho desse deus? Ele deve estar brincando!

Parece haver uma pequena zombaria aqui, à custa do fiel ortodoxo que se considera salvo porque declara que Jesus é o Filho de Deus. Até esse consolo o autor do Evangelho de Judas deseja tirar!

Jesus responde de maneira breve: "como vocês me conhecem?". Então, ataca a geração deles: "nenhuma geração das pessoas que estão entre vocês me conhecerá". Isso significa, em primeiro lugar, aqueles que vivem na mesma época que os discípulos e, em segundo lugar, sua origem "genética" ou familiar. A qual deus, Jesus pergunta, essa "linhagem genética" serve? Nenhuma "geração das pessoas que estão entre vocês me conhecerá".

Os gnósticos conhecem bem as inúmeras passagens no Novo Testamento em que Jesus descreve "esta geração" como vil, um ninho de cobras, e assim por diante. A geração é amplamente condenada – destinada às chamas com as ervas daninhas e o refugo.

Mais uma vez, os gnósticos distorcem com força essa ideia de geração. Eles afirmam que entendem a "piada" por trás das palavras ásperas de Jesus. Mas isso é apenas para os iniciantes! A identidade gnóstica contida no Evangelho de Judas – como acontece em outras obras contidas na Biblioteca de Nag Hammadi – é ligada a uma geração "única", uma linhagem genética alternativa, agraciada. Logo descobriremos o que é essa linhagem genética única.

Jesus realmente aborreceu os discípulos! Eles estão furiosos e começam a "blasfemar contra ele em seus corações". Em algum lugar dentro de si, alguma parte deles sabe quem ele é, mas negam isso. Suas mentes conscientes não podem permitir que esse material inconsciente venha à tona. Em vez de encarar a verdade oculta, suprimida, eles preferem menosprezá-la, descartá-la, condená-la.

Agora, Jesus fala como um psicólogo junguiano, diagnosticando um paciente neurótico. Eles podem estar resmungando, sentados em um banco, mas, do ponto de vista de Jesus, estão todos "no divã". Jesus quer que os discípulos entrem em contato com eles mesmos e está preparado para desafiar suas crenças mais profundamente arraigadas – as próprias coisas que eles guardam para si –, a *estocoma* na faculdade visionária deles, se você preferir. Assim como todo neurótico, isso é a última coisa que o paciente deseja, ou pensa que deseja.

Com calma, sem emoção, o professor Jesus sonda a triste condição deles. "Por que essa agitação os deixou com raiva"? Logo ele chega ao fundo da questão. A raiva na psique dos discípulos foi provocada pelo "deus que está dentro de vocês". Jesus acerta o alvo. Quase podemos ouvir um *"Ai!"* coletivo proferido pelos *"ids"* sufocados dos discípulos perturbados.

Aqui chegamos ao cerne de um dos mais gnômicos e sugestivos de todos os provérbios gnósticos: "Aquilo que você tem o salvará, se você deixá-lo nascer a partir de si mesmo". Os discípulos terão de, algum modo, "expelir" o falso deus que se apoderou do trono da verdade.

Por outro lado, o falso deus está causando angústia, embora os discípulos não tenham consciência da fonte da angústia; o falso deus está aparentemente dentro deles – ele tem o controle de suas mentes. Por outro lado, aquilo que é falso pode ser expulso (ou seja, o controle é liberado) *ao mesmo tempo* em que trazem à consciência a verdadeira identidade escondida. Se eles conhecessem sua identidade/divindade escondida, eles conheceriam Jesus.

Em certo sentido, "Jesus" é a identidade escondida, que se torna consciente por meio do homem.

Podemos lembrar as palavras de Jung ao professor Gilles Quispel, proferidas em 1952 quando o jovem Quispel apresentou ao psicólogo suíço o códice em papiro da Nag Hammadi, contendo o Evangelho da Verdade: "Por toda a minha vida eu procurei pelas verdades da psique – essas pessoas já as conheciam!".

Jesus apresenta um desafio aos discípulos. Parece que eles estão prestes a entrar em uma luta; eles acreditam que estão prontos para avaliar seu orgulho próprio. Então, Jesus sugere que eles tentem fazer isso! Jesus afirma que, se qualquer um deles for forte o suficiente "entre os seres humanos", então que ele apresente "o ser humano perfeito e fique diante de mim". *Apresente o ser humano perfeito...* Esse "ser humano perfeito" é a identidade oculta; é a herança e o legado da geração especial; uma geração também conhecida entre tais gnósticos como a "raça imóvel".

Os discípulos, percebendo de maneira errada a natureza do desafio, pensam que é uma questão de orgulho, de pura coragem – que eles possuem em graus – e não de força espiritual. "Nós temos a força", eles declaram. Essa declaração nos faz lembrar da cena no Jardim de Getsêmani no Novo Testamento, quando Jesus pede aos discípulos que fiquem acordados com ele. *Acordados...*

Se for esse o caso, seria um comentário interessante sobre essa cena famosa, pois nela Judas já se separou dos 11 discípulos remanescentes. Talvez estejamos para descobrir o que separa Judas de seus colegas, pois a seguir somos informados diretamente de que, "enquanto o espírito deles [dos discípulos] não ousou ficar diante do rosto de Jesus, Judas Iscariotes conseguiu". No entanto, embora se mostre muito forte, Judas ainda não consegue olhar diretamente nos olhos de Jesus.

Não fica claro se isso foi apenas medo ou se Judas "sabia qual era seu lugar". Não obstante, a declaração seguinte de Judas sugere que ele sabe que está diante de um poder superior do que o concebido pelos outros discípulos: "Eu sei quem você é e de onde veio. Você veio do reino imortal de Barbelo. E eu não sou digno de pronunciar o nome daquele que o enviou".

Judas enfrentou o desafio; ele verdadeiramente "trouxe à tona" algo de dentro de si: a verdade de sua visão.

Se isso fosse um programa de TV, agora seria a hora de um intervalo comercial, enquanto pegamos algo para beber e imaginamos o que, afinal de contas, Judas Iscariotes estava falando.

Barbelo

Se até agora havia qualquer dúvida de que estamos explorando uma obra gnóstica explícita, a referência a Barbelo em um ponto tão crucial da narrativa dissipa essa dúvida de imediato.

Não estamos examinando um evangelho que, de algum modo, foi deixado de fora do material de onde o Novo Testamento foi formado. Jamais houve uma chance de que a organização ortodoxa, que seguia a corrente principal, adotasse esse material e o considerasse adequado para as pessoas a quem ministrava. De qualquer modo, como vimos pelo caráter "secreto" da revelação, essas obras não foram escritas com a intenção de serem lidas pelo fiel "comum"; os autores delas pensavam que estavam escrevendo para uma elite: aqueles que de fato entendiam.

Não adianta sugerir que se trata apenas de um "evangelho perdido" (indicando que a Bíblia pode ser um tanto incompleta), assim como não adianta dizer que as 52 obras contidas na Biblioteca de

Nag Hammadi também devam ser incluídas no Novo Testamento. Para começar, você teria de saber o que é "Barbelo". Tal conhecimento não é compartilhado por todos. Na verdade, ele não é compartilhado comigo. Se "Barbelo" chegou a significar alguma coisa específica, no que se refere à sua etimologia precisa, o segredo foi muito bem mantido.

A palavra soa como se significasse algo. "Bar" pode significar parentesco em hebraico; "arba" sugere a palavra hebraica para o número 4; "El" é a palavra semita para "Deus": o nome do deus supremo da religião dos cananeus em Ras Shamra. "Bel" (ou Baal) era o nome do um deus pai algumas vezes apresentado como inferior a "El", mas adorado do mesmo modo pelos cananeus e israelitas no Antigo Testamento.

A referência ao número "4" levou alguns acadêmicos a relacionar o nome ao *tetragramaton* – as quatro letras que constituem o nome da divindade hebraica revelada a Moisés: *Yod, He, Vau, He;* ao passo que outra interpretação sugere algo relacionado às "quatro luzes": "be-arb-orim".

No Evangelho da Nag Hammadi dos egípcios, Barbelo está ligado à geração das Quatro Grandes Luzes, ou arcanjos; por isso, deve haver alguma verdade nessa interpretação.

Acredito que possa existir um trocadilho com a palavra grega *barbilos*, um pessegueiro selvagem. Com as raízes no céu, talvez, "ela" dá seus frutos aos adoradores das crianças. Lembremos da famosa estátua de Diana dos efésios, com seus muitos seios suculentos: autêntico alimento para os fiéis. Seus "pêssegos" podem representar os arcanjos mencionados antes. Barbelo nesse contexto teria um perfeito sentido gnóstico da Árvore cujo fruto é a *gnose*, em uma importante reinterpretação gnóstica da história da Tentação de Eva (o livro gnóstico de Baruc).

Todavia, se não podemos afirmar com certeza absoluta o que o nome significa, pelo menos podemos dizer o que "Barbelo" *representa* nos escritos gnósticos.

Barbelo é a "Rainha do Céu", um tipo de deusa-mãe gnóstica. Por outro lado, ela é bissexual, ou melhor dizendo, *perfeita*; e assim é tanto masculino quanto feminino. Isso posto, a ideia "mãe" é a imagem mais forte na criação do mito gnóstico, embora seja apenas uma imagem. Você tem de saber quem é sua Mãe. Ou seja, você tem de saber de onde veio – desse modo, você saberá para onde está voltando.

Quem é sua Mãe? O "senhor deste mundo" não sabe, mas o Jesus gnóstico sabe tudo sobre a Grande Mãe – e o erro dela.

A história básica é assim. Existia um Deus, o princípio essencial, original e indescritível da existência. Mas ele está tão "acima" de tudo o que foi criado que dizer que ele existe não significa mais do que dizer que ele não existe. Podemos chamá-lo de não existente. Ou o "Único". Ou "Pai". *Pai nosso, que estais no Céu...*

O famoso professor gnóstico, Valentino, um egípcio, chamou o deus transcendente de *Bythos*, que significa Profundeza, como no oceano. Um oceano muito vasto. Quão profundo é Ele? *Tal* é a profundeza dele! Em outras palavras, ele é *insondável*.

É correto então dizer que Barbelo está de algum modo enraizado nessas águas inefáveis: uma Grande Mãe nascida como Afrodite no mar infinito.

Se eles tivessem dito "insondável" logo de início, não precisariam ter dito tantas coisas a respeito de Deus; pelo contrário, qualquer coisa que *possamos* dizer acerca dessa concepção ou não concepção da divindade suprema é sem sentido. Mas somos pessoas e precisamos usar a linguagem.

Por alguma razão, igualmente insondável, o Pai irreconhecível também expressa seu ser. Essa expressão é chamada Primeiro Pensamento. O primeiro pensamento reflete o ser do Pai, e é a manifestação da primeira *Ideia*. A masculinidade e a feminilidade potenciais no ser de Deus agora se tornam reais. Como resultado, há uma tensão, uma energia dinâmica. O Primeiro Pensamento foi chamado Barbelo pelos gnósticos.

Ao afirmar que Jesus vem do reino de Barbelo, Judas Iscariotes quer dizer que Jesus vem como resultado da autoexpressão do Pai em pensamento: Jesus é autoconsciência de Deus, o filho de uma mãe divina cujos frutos exuberantes é a pura sabedoria – ela está tão carregada de frutos que, podemos dizer, eles precisam cair. Barbelo é algumas vezes chamada *Sophia*, que é a palavra grega para sabedoria. E sabedoria é um substantivo feminino. Na mitologia gnóstica, Ela se comporta como muitas outras mulheres se comportaram – e não se comportaram. Em um aspecto, a Senhora Sabedoria é o arquétipo da "Mulher Caída" e, contudo, ela é a misteriosa, espantosa, profunda, adorada, adorável e inconquistável Virgem e Prostituta.

Barbelo, dizem os gnósticos, é a Mãe de Tudo. É bem possível que os gnósticos encontraram a confirmação dessa conclusão enquanto meditavam sobre a pergunta que Jesus fez aos discípulos: "Quem é minha mãe e quem é meu pai?", quando lhe falaram da chegada de sua família mortal.

É possível, eu suponho, que a Igreja Católica posteriormente insistiu que a Virgem Maria foi "levada ao céu" para substituir Barbelo, cuja devoção fora proibida.

Judas é Separado

Judas reconheceu a identidade transcendente de Jesus. Isso significa que ele deu o primeiro passo essencial – pois os idênticos se reconhecem. A identidade que Judas percebeu em Jesus espreita inconscientemente nele mesmo. Jesus o ajudará a "trazê-la à tona", a destravar seu espírito.

Segundo o texto, Jesus sabe que "Judas estava refletindo acerca de algo que foi exaltado". Jesus aproveita a oportunidade da possível percepção de Judas: "Afaste-se dos outros", diz Jesus a ele, "e eu revelarei a você os mistérios do reino. Você pode alcançá-lo, mas sofrerá muito".

Essa instrução se destaca como um ensinamento quintessencial gnóstico. Em primeiro lugar, aquele que busca o conhecimento superior deve ser separado do dia a dia comum da humanidade. A sociedade humana comum é corrosiva à consciência espiritual do iniciado gnóstico. Jesus vai iniciar Judas. Isso não pode ser feito em grupo nem por congregações. Não é a mente comum que está sendo abordada; é a individual. Trata-se de Jesus *um a um*: uma aula particular. O Mestre está separando o joio do trigo. Judas está preparado.

Judas está para receber algo que os discípulos não podem receber; eles não estão espiritualmente maduros.

Isso mais uma vez no diz alguma coisa a respeito da atitude gnóstica cristã diante das tradições religiosas da corrente principal das Igrejas cristãs. Os gnósticos tomaram a visão de que apenas porque uma tradição veio dos apóstolos, isso não significa que era algo mais do que um estágio inicial de desenvolvimento espiritual – o Evangelho de um iniciante: fé para os fiéis. Os gnósticos estavam convencidos de que havia mais. Uma transformação do "ser" poderia ser vivenciada nesta vida, não depois dela.

Como os gnósticos percebiam que o "Evangelho do Iniciante" era aquele ensinado pelos bispos, padres e diáconos (as autoridades), era natural que se sentissem ofendidos. Na verdade, a reação deles foi parodiada no Evangelho de Judas na cena anterior. Pessoas que exibiam tal independência de espírito provocavam a fúria e a rejeição da Igreja.

Em termos psicológicos, os cristãos ortodoxos simplesmente não podiam evitar. O caminho racional foi fechado pela natureza da *estocoma* que os inibiu. Internamente cegos, eles se tornaram emocionais e zangados, como pessoas que gritam "blasfêmia" porque foram treinadas ou instruídas a fazê-lo, em vez de descobrir qual foi a real intenção das frases ou dos pensamentos desafiadores. O "Jesus vivo" está bem preparado para ofender as assim chamadas "sensibilidades religiosas" de qualquer um. Ele está interessado na verdade, e não em manter uma paz falsa a qualquer preço. Os estados estão preocupados com as leis da ofensa porque elas ajudam a manter o *status quo*. No Evangelho, os inimigos de Jesus acusam-no de ter perturbado a manutenção da lei e da ordem por parte do governo romano.

Não passou despercebido aos gnósticos que o próprio Jesus foi tratado por algumas autoridades religiosas na Judeia como um blasfemo e fiel do Diabo. Alegar a "verdade" de sua própria identidade – ainda que de uma forma velada ou simbólica – provocou uma denúncia histérica. Os inimigos judeus de Jesus chegaram a permitir que ele fosse executado por um método, praticado pelos romanos contra seus próprios companheiros judeus, que era considerado vergonhoso. Ser pendurado em uma árvore era visto como uma maldição de Deus.

E, todavia, os gnósticos viram seu Jesus rindo das pessoas que o prenderam "à arvore delas", rindo das loucuras neuróticas daqueles que gritam mais alto em qualquer disputa. Os inimigos do "Jesus vivo" estavam pendurando a si mesmos. O "Jesus vivo" é indiferente às coisas do mundo. Ele "separará" aquele que o conhece; ele o separará das massas e o escolherá.

Talvez a referência à "árvore delas" também contenha um pungente contraste com a árvore da qual o Jesus vivo é o fruto divino: Barbelo. A criança divina está pendurada em sua Mãe divina. Jesus é um *pêssego*; o vinho mais doce.

Jesus garante a Judas – o socialmente rejeitado (e logo um completo "estranho") – que ele pode realmente "alcançar" o "reino" (o mais alto ser espiritual de Deus), mas isso vai feri-lo. Por quê? Bem, como qualquer iogue experiente lhe dirá, os exercícios espirituais não são para os que têm vontade ou coração fracos! Porém, isso não é tudo. Ele não está apenas sendo preparado para correr a maratona. Jesus refere-se à tortura psicológica.

A dor está codificada na narrativa bem conhecida do que acontece com Judas depois que ele trai Jesus: "Outra pessoa tomará seu lugar, para que os 12 possam de novo ficar completos com o deus deles".

Ser separado da multidão, do grupo; ser quase reprogramado, podemos dizer, machuca psicologicamente. Seus próprios companheiros o odiarão. De onde antes ele sentiu a camaradagem, a alegria e a segurança de estar em meio a pessoas com quem podia contar, de onde antes ele era parte de um grupo interno – uma elite ou irmandade –, ele será expulso para o frio lá fora. Ele será ignorado – e pior–, sua verdade será obscurecida pelas calúnias daqueles que falharam completa e voluntariamente em perceber o que está acontecendo com ele. E não haverá vingança; nenhuma satisfação terrena para aquele que está na vontade de Deus.

Ao separar Judas dos outros, Jesus não está fazendo a ele nenhum favor, do ponto de vista social. Isso será de fato muito difícil. Mas o objetivo está lá: é possível para Judas "alcançá-lo". Se for isso que Judas quiser de verdade, o prêmio pode ser conquistado; ele pode chegar lá.

Embora isso seja um elemento em uma narrativa levando ao ato culminante de Judas (que todos conhecemos muito bem), também é uma meditação a respeito do preço que todos os que seguem a Jesus têm de pagar. Sim, podemos alcançar a *gnose*, mas ela pode ter dolorosas consequências sociais; podemos sofrer rejeição, franca hostilidade, interpretações erradas e caluniosas de nossos motivos mais profundos; de fato, mentiras descaradas serão ditas sobre nós por aqueles que considerávamos nossos amigos. Coisas que eram conhecidas e confortáveis poderão desaparecer. Vidas e sustento podem ser ameaçados. Mas não tenha medo.

Quando os 12 discípulos se unirem de novo, será como se Judas não tivesse existido. A memória dele será apagada. Ele será uma cifra, um nada. Outra pessoa tomará seu lugar. Essa pessoa é chamada Matias nos Atos dos Apóstolos, no Novo Testamento. Mas a frase no Evangelho de Judas significa algo mais. Judas será substituído. Por quê? Para que "os 12 possam de novo ficar completos com o deus deles".

Isso é estranho. Podemos entender que os 12 queiram "repor a quantidade", como um exército que recruta novos soldados após sofrer muitas baixas. Mas o motivo aqui é "ficar completos com o deus deles". Mesmo depois de tudo o que vai acontecer, Jesus ainda diz que os outros discípulos continuarão a seguir o "deus deles"; ou seja, o deus falso.

Há algum significado na frase "os 12". Os cristãos gnósticos bem versados em sua tradição dificilmente deixariam de perceber um significado duplo nessa frase.

Judas Perfura o Zodíaco

"Os 12" é uma expressão para o zodíaco, a esfera dos astros fixos no "manto da noite" que é o Cosmos visível (à noite) acima de nós. Para os gnósticos, o senhor do zodíaco, que controlava os poderes do destino neste mundo – nosso mundo, o mundo inferior – era o deus falso. Os signos do zodíaco, apesar de toda a sua maravilha, eram uma cópia, ou uma versão fabricada, de ideias ainda mais sublimes. A ideia perfeita do "12" existia no reino superior, eterno. Era uma das mais sublimes Ideias de Deus – como os princípios arquétipos da Geometria.

Mas os gnósticos acreditavam que o senhor do zodíaco sofria – como os seres humanos espiritualmente inconscientes – de um terrível problema de amnésia. O poder do zodíaco tinha a impressão de que era o único senhor de tudo.

A "finalização dos 12", então, significava para os gnósticos a tentativa do falso deus de reparar o dano causado quando os 12 terrenos sofreram o ato fatal de Jesus determinar a "traição" de Judas. O senhor do zodíaco tentará colocar sua constelação em ordem de novo, pois esta foi rompida, perfurada.

A cortina fora rasgada pelo ataque em vão ao Jesus vivo; uma radiação espiritual passou por ela, como os cidadãos do antigo Bloco Oriental que, de repente, começaram a receber notícias do mundo além da "cortina de ferro". A brecha na parede teria de ser fechada; os "12" teriam de ser "completados" por seu deus. A quebra na transmissão da Mentira teria de ser restaurada. A consciência é uma coisa muito perigosa para as autoridades existentes.

Eu posso entender se isso não estiver claro para todos. É algo difícil de superar, principalmente se o material e a história forem novos para você. Mas a concepção é brilhantemente simples.

Tente pensar *assim* – porque é o modo como os cristãos gnósticos viam os acontecimentos:

Jesus estava para praticar o maior assalto da história do Universo. Ele estava para libertar da escravidão as centelhas espalhadas da luz divina que ficaram presas no universo físico. Ele tem de entrar no banco, decifrar o segredo do cofre, abri-lo, encontrar o tesouro, e sair de novo sem que a polícia descubra quem ele é e o que fez exatamente.

Esse ato é, do ponto de vista do chefe da Polícia Cósmica (o Arconte principal ou "Demiurgo"), um crime. A ação arruinará tudo o que ele tem feito por milhares de anos. Esse Chefe "comprou" o prefeito, dopou as pessoas e sobrevive com isso por mais tempo do que pode se lembrar. Ele é a Lei e não deixará ninguém invadir seu território.

Isso não quer dizer que tudo sempre foi pacífico. De vez em quando alguém começa a despertar, à medida que o efeito da droga passa, e começa a criar problemas. Mas o Chefe consegue lidar com isso.

Quando a simples morte do encrenqueiro não é suficiente para deter a doença no corpo político cósmico, o Chefe pega as *palavras* dessa pessoa, cria uma religião ao redor delas e convence a maioria das pessoas a venerar a "nova divindade". O que as pessoas não percebem é que todos esses "deuses" apontam para *ele*. Ele é venerado. É isso que importa. Ele é respeitado. Seja qual for o nome de fantasia que as pessoas deem à ideia do deus superior, é ele quem comanda o espetáculo. As pessoas estão até prontas a morrer por ele; *matar por ele* nunca foi um problema.

O Regente fez algo incrível. Ele tomou o ser mais surpreendente e divino – o homem – e o transformou em um completo idiota; cego a quem realmente é; e totalmente inconsciente de onde ele veio. Em vez de tomar seu lugar como senhor do Universo, ele cambaleia como um velho embriagado carregando uma garrafa quebrada.

Bem, para vencer o Regente, e por causa do amor pelas almas perdidas, Jesus desceu por meio das esferas cósmicas e apareceu aos homens e mulheres – e para o *Arconte* principal – como um homem: um ser manipulável; alguém com quem o senhor deste mundo pensa que pode lidar.

Agora que Jesus entregou as chaves do reino – a *gnose* –, ele tem de ir embora. É como a imagem extraordinária do jovem que sai correndo do Jardim de Getsêmani, deixando suas vestes para trás (Marcos 14, 51-52), depois que Judas entrega Jesus aos soldados. Os gnósticos entendem a imagem das "vestes" como o corpo, o véu do espírito. É bem possível que a referência ao jovem correndo do jardim, sem que ninguém consiga detê-lo – e deixando suas vestes para trás nas mãos de outros –, fosse um elemento gnóstico original da história. Talvez ela tenha sido "deixada" na história porque parecia ser um mero detalhe observado; apenas parte da história.

Temos aqui um possível caso em que a leitura de um evangelho gnóstico (embora mais tarde) de fato ilumina o significado submerso do Evangelho canônico. Talvez possamos nos beneficiar do poder interpretativo de alguns escritos gnósticos.

A interpretação deles segue as seguintes linhas. O verdadeiro Jesus deve ir embora. Ele tem de enganar seus inimigos. O problema com o "senhor deste mundo" é que ele é materialista. Sua visão é limitada às aparências; ou seja, ele é cego. Por isso, não percebeu com o que estava lidando. Entretanto, ouviu o suficiente para saber que esse ser tem de ser tirado de cena assim que os patetas que obedecem ao senhor consigam colocar suas mãos nele, sem que a multidão perceba o que estão tentando fazer. O verdadeiro Jesus é um tipo de "anticorpo" cuja presença alertou o sistema imunológico do senhor deste mundo. (Jesus, um *anticorpo*? Eu não quis fazer um trocadilho, mas ele é bem apropriado.)

O plano de Jesus é garantir que, no exato momento em que o senhor deste mundo pensar que triunfou – "golpeando" Jesus e "eliminando-o" para sempre –, nesse exato momento, as vestes serão deixadas para trás, nas mãos dos Arcontes. Que idiotas! Jesus escapou. Está livre da dimensão material; ele pode ascender de volta ao lugar de onde veio.

Os gnósticos sabiam que essa história estava contida no relato comum do Evangelho, mas escondida dos olhos; as pessoas comuns não podiam lê-la, mesmo quando a verdade estava bem diante dos olhos delas: "Repartiram entre si minha vestes e sobre minha túnica lançaram sortes" (João 19, 24).

Ao desviar a atenção dos guardiões cósmicos, os Arcontes, o ser verdadeiro e poderoso de Jesus escapa das garras do falso deus para criar um novo caminho por meio das envolventes esferas do Cosmos. Ao estabelecer essa nova "escada para o céu", o padrão das estrelas será rompido, pois o próprio Cosmos treme com o eco desse ato transcendental de libertação: "...e, escurecendo-se o Sol...". "E rasgou-se pelo meio o véu do santuário." (Lucas 23, 44-45). O véu do templo, como as vestes do corpo, foi entendido como aquilo que esconde a verdade espiritual. A verdade por trás da dimensão material foi enfim revelada!

Mas o autor do Evangelho de Judas sabe que, embora um novo caminho tenha sido aberto para aqueles que buscam essa triunfante e incrível "boa nova", isso não significa que o falso deus não tenha poder de compulsão sobre aqueles que ainda estão neste mundo. Ele é como um carcereiro depois de uma grande fuga. Ele tem de reforçar a segurança; garantir que nada parecido aconteça novamente. Ele precisa pensar em sua reputação! Tem de consertar as trancas quebradas; tapar os buracos; dizer aos prisioneiros que ficaram que tudo está como sempre foi – evitar que eles levem muito a sério o que aconteceu. Talvez tudo não tenha passado de um sonho.

E assim, somos informados, Judas será substituído – como se nada tivesse acontecido – para que os "12" possam "ser de novo completados com o deus deles". O deus deles vai consertar o teto cósmico. Tudo será como antes; até a Igreja pode ser convencida disso. Logo, os sacerdotes dela serão indistintos dos regentes não iluminados da religião que os precedeu. Assim, Jesus dá a Judas uma amostra não agradável do que está para acontecer. Ele ainda quer isso? Quando Jesus diz a Judas que se afaste dos 11, Judas pergunta a Jesus quando ele vai lhe revelar os "mistérios do reino". Também quer saber quando "o grande dia de luz" brilhará para "a geração".

"Mas, quando ele disse isso, Jesus deixou-o."

A Geração Sagrada

Jesus deixou-o Parece que o contato de Judas com esse Jesus sublime não deu certo. Ao que parece, Judas mudou para uma "frequência" errada; uma frequência mais baixa. Jesus só pode falar com Judas quando este dá sinais de um nível, ou frequência, mais alto de compreensão. Então, talvez, não seja tanto uma questão de Jesus "ter se afastado dele", e sim que o Jesus que explica os mistérios não pode ser percebido a menos que a consciência da pessoa esteja preparada para isso.

É uma situação parecida com a de um poeta escrevendo uma obra-prima a partir do misterioso poço da inspiração, que se distrai com uma batida na porta. O poeta retorna ao seu escrito, mas percebe que, mesmo procurando arduamente, o fim do poema "deixou-o".

Não é de surpreender que a percepção de Judas tenha falhado, como deixa claro a próxima passagem do Evangelho. O que parece ter interrompido a comunicação é uma falha de Judas em perceber uma verdade espiritual. A ruptura diz respeito à sua escolha em perguntar sobre o momento em que o grande dia de luz brilhará para a geração. Muitos grupos religiosos hoje em dia, por todo o mundo, estão continuamente focados na questão sobre quando o mundo acabará – e, de modo específico, quando eles (e seus familiares) estarão em melhores condições! Eles sempre imaginam que serão os felizes vencedores do tão esperado "Juízo Final".

De qualquer modo, toda essa conversa a respeito da luz que brilhará para a geração parece menos com os comuns alertas apocalípticos do que com a ideia mais otimista sobre uma admirável nova ordem mundial, ou Nova Era, ou era da iluminação. De fato, ela nos faz lembrar um pouco de algumas esperanças anunciadas no fim da década de 1960!

Em 1969, John Lennon foi entrevistado a respeito do futuro, e com uma grande e emocionante esperança ele disse que os anos de 1960 eram apenas o *começo*: "Como acordar de manhã – e a hora do jantar ainda nem chegou!". Quanto à nova década (1970), ele prosseguiu: "Tudo vai ser fantástico, sabe! Vai ser fantástico!". Ele com certeza era mais otimista do que os políticos miseráveis ou sombrios que foram entrevistados no mesmo programa de TV (*Man of the Decade*), mas John era um tanto exagerado em seu otimismo. Mas assim é a juventude – sempre pronta a ver o despertar do novo dia, desde que não tenha de levantar da cama!

Do ponto de vista de Jesus no Evangelho de Judas, as esperanças de Judas ainda estão muito presas ao plano comum das coisas, de datas e tempo. Ele está esperando ser *informado*, o que implica que ele *já sabe alguma coisa*: um conhecimento que demonstrou por seu ousado reconhecimento da identidade transcendente de Jesus. Contudo, ele ainda procura *fora de si mesmo*. Ele está pensando em termos de espaço e tempo, com as mesmas esperanças dos outros ao seu redor. Assim como muitos, ele está esperando pelo despertar da Nova Era – a "Era de Aquário" e algo parecido.

A ideia do despertar é evocada de novo na cena posterior, que acontece na madrugada do dia seguinte. (Há talvez uma pequena sugestão da cena da manhã da Ressurreição, quando as mulheres chegam ao túmulo e descobrem que Jesus não está lá.) A madrugada é um momento de iluminação crescente. Jesus aparece aos discípulos mais uma vez, não é dito se como uma criança ou não. Eles estão ansiosos em saber onde ele esteve e o que esteve fazendo.

Jesus novamente se apega à ideia da geração: "Eu fui à outra geração grande e sagrada", é a resposta à curiosidade dos discípulos. Então Jesus não está se referindo à geração na qual Judas estava pensando, mas *a outra*, descrita como "grande e sagrada". Nela a luz brilhou. Os discípulos parecem, de novo, demonstrar desprezo pelas implicações de que Jesus tem de ir a outro lugar para encontrar a geração certa. Não são eles, os discípulos, os "principais homens" na operação de Jesus? Os discípulos queriam que Jesus falasse da "geração deles".

Ecoando frases proferidas nos Evangelhos Ortodoxos, os discípulos estão ansiosos por se colocar como vencedores no reino messiânico. "Senhor, qual é a grande geração que é superior a nós e mais sagrada do que nós, que não está agora nesses reinos?". Se eles acham que vão conseguir uma resposta simples a isso, terão uma grande surpresa!

Jesus ri quando os ouve disputando a posição. Eles sequer conseguem conceber algo maior que seus próprios egos. Jesus percebe corretamente que eles estão pensando que, se existir uma "geração forte e sagrada", esta será a *deles*. Mas os discípulos estão para levar um forte choque. Jesus diz a eles, em termos bem claros, que ninguém "dessa Era" – o Cosmos físico – jamais verá a geração da qual ele está falando. Além do mais – e isso coincide com o que vimos acerca do senhor do zodíaco e dos poderes estelares – "nenhuma hoste de anjos das estrelas regerá sobre essa geração, e nenhuma pessoa de nascimento mortal se associará a ela". Isso significa que os discípulos não têm a menor chance. Mais uma vez, os "anjos das estrelas", que não governarão sobre a geração sagrada, são claramente indicados como os "12". O caráter das estrelas fixas é refletido nos discípulos – e seu desejo por domínio.

O Apocalipse de Judas

Como veremos, toda essa conversa sobre "estrelas", que é uma característica poderosa e até certo ponto única do Evangelho de Judas (no contexto dos escritos gnósticos), deriva de um corpo de tradição muito importante na formulação das imagens gnósticas. Esse corpo de tradição é chamado *apocalíptico*.

A palavra grega refere-se àquilo que foi retirado do esconderijo: desvendado ou revelado. Não seria um erro chamar o Evangelho de Judas de "Apocalipse de Judas".

Vários outros escritos gnósticos semelhantes são chamados apocalipses. Costumamos pensar no apocalipse como o fim do mundo, mas os primeiros apocalipses foram obras muito otimistas.

Elementos do pensamento apocalíptico remontam às tradições proféticas escritas aproximadamente nos séculos V e VI a.C. Mas o entusiasmo pela produção de livros apocalípticos (revelações dos planos de Deus para o futuro) realmente cresceu após a metade do século II a.C. Na época de Jesus de Nazaré, as ideias geradas nos livros apocalípticos estavam no discurso religioso judaico, especialmente no Norte do país.

Uma das obras lidas antes e por volta da época de Jesus foi chamada o *Livro de Enoch*.* Outra, com a qual Jesus estava muito familiarizado, era o *Livro de Daniel*. É muito interessante que elementos e imagens desses dois livros parecem ter se inserido nas imagens do Evangelho de Judas.

A ênfase nas estrelas no Evangelho de Judas parece derivar do apócrifo *Livro de Enoch* (na verdade, uma coletânea de obras apocalípticas). Você não encontrará esse livro no Novo Testamento. Não obstante, ele é muito influente, na época de Jesus e depois. Na realidade, ele era influente em círculos seletos até a época da Renascença e mesmo depois dela.

Como veremos também, a geração grande e sagrada entre a qual Jesus estava no período em que se afastou dos discípulos é a "geração imóvel": a geração de Set. Set também é Jesus em seu aspecto transcendental, além deste mundo.

Set

O que significa essa figura de Set? O significado de Set deriva, em parte, do relato do Livro do Gênesis da primeira família humana. Depois do horror do assassinato de Abel nas mãos de seu irmão Caim, Adão e Eva têm outro filho. Essa criança é chamada Set; e, na tradição de Set, ele significa "outra semente", uma nova semente, um novo começo.

Allogenes é o termo grego para "outra semente" ou "raça". Um fragmento de uma obra gnóstica sobre *Allogenes* foi descoberto no Evangelho de Judas. A palavra *allogenes* também pode significar "alienígena" ou "estrangeiro", que é como os gnósticos viam a si mesmos. Então Set é, na leitura gnóstica do Gênesis, o criador de uma nova raça de humanidade, descrita como "filhos de Deus". Sim, *filhos de Deus*. Em Gênesis 6, os filhos de Set ("filhos de Deus") parecem ser contrastados com as claras "filhas dos homens". Quando os "filhos de Deus" e as claras "filhas dos homens" se uniram, seus filhos

---

*N.E.: Sugerimos a leitura de *O Livro de Enoch – O Profeta,* Madras Editora.

foram gigantes: "homens de bom nome". A semente do heroísmo é a semente de Set.

O surgimento da linhagem de Set no Gênesis coincide com o momento em que o Senhor foi chamado pelo nome pela primeira vez (Gênesis 4, 26) e com a degeneração daqueles que não eram da semente de Set. Essa coincidência foi importante para os "gnósticos setianos". A propósito, é extremamente duvidoso que as pessoas que valorizavam a tradição setiana chamassem a si mesmas de "gnósticos setianos", mais do que se autodenominassem "cainitas". "Cainitas" é, na verdade, um apelido criado por aqueles que os desaprovavam, ao passo que "gnósticos setianos" é apenas um meio de identificar uma comunidade, ou comunidades, sem nome que se entusiasmava pela mensagem de Set.

Os membros dessa comunidade estavam convencidos de que a linhagem setiana era o receptáculo preservado do "homem perfeito", de algum modo – mesmo milagrosamente – preservado da degeneração do mundo inferior.

A "semente" de Set não era entendida como um material de DNA (embora eu tenha certeza de que eles teriam ficado fascinados pelas descobertas da Microbiologia), mas como uma imagem para o espírito divino. Os escritos gnósticos se referem à "alma–semente".

Eles viam a linhagem setiana aparecendo ocasionalmente na história, em homens grandes e inspirados que de alguma maneira "não eram deste mundo". Não é de surpreender, então, que eles vissem no caráter profético e na distinção sobrenatural de Jesus a encarnação do "Grande Set". Set era o fruto da humanidade como uma ideia divina, feito à imagem do Deus superior: a identidade secreta do homem perdida na matéria.

Set também era poderosamente associado ao conhecimento, à sabedoria e à ciência divinos. Na tradição gnóstica, o trabalho de Set na esfera científica está ligado àquele corpo de conhecimento e sabedoria que também foi conhecido como Hermes, o mensageiro divino da antiga mitologia grega, conhecido pelos gnósticos como Hermes Três Vezes Grande. Hermes Três Vezes Grande (Hermes Trimegisto) era patrono tanto dos maçons medievais quanto da Renascença platônica, que encontrou acolhida nos palácios de Cosimo e Lorenzo de Médici.

No Evangelho de Judas, Jesus procura nos discípulos sinais da identidade setiana. Essa identidade especial aparece – *ainda que um tanto encoberta* – apenas em Judas.

Jesus tem planos para Judas. Isso está bem para Judas, mas e para os outros discípulos? Existem planos para eles também? Não é o que parece. Quando os discípulos ouvem Jesus falar a respeito da geração grande e sagrada, eles estão "perturbados em espírito". Completamente vazios, "eles não conseguiam dizer uma palavra sequer". O leitor é levado a se solidarizar com eles.

Um Templo dos Sonhos

As próximas cenas acontecem em "outro dia". Os discípulos sonharam. Eles acreditam que o sonho foi uma importante visão (coletiva) e perguntam a Jesus o que significa. No sonho há uma "casa grande" com um altar dentro. Deve ser o Templo (de Jerusalém) ou um templo simbólico. Eles descrevem os sacerdotes que deixam os discípulos esperando. Os sacerdotes não são uma visão bonita.

Alguns sacrificam os próprios filhos sobre o altar; o nome de Jesus é invocado. Isso encerra a questão. Não é uma visão do Templo de Herodes em Jerusalém; é quase com certeza o novo "templo" da Igreja Cristã. Os sacerdotes são hipócritas e pecadores.

Jesus diz: eles "plantaram árvores sem frutos, em meu nome, de uma maneira vergonhosa". Isso me lembra de outro texto gnóstico no qual os sacerdotes e os bispos da corrente principal da Igreja são acusados de venerar o nome de um homem morto e de serem falsos líderes e "canais secos". Isso reflete a luta entre as comunidades gnósticas e os sistemas ortodoxos.

Jesus não vê diferença entre os discípulos e os sacerdotes que eles descreveram no sonho. Eles não estão servindo ao nome que invocam. "Este é o deus a quem vocês servem", ele lhes diz abruptamente. O gado que eles viram sendo levado para o sacrifício é uma imagem para todas as pessoas que eles e seus seguidores deixarão perdidas "diante do altar". Trata-se de uma séria acusação contra a posição ortodoxa. As pessoas são reunidas como animais tolos levados inocentemente à morte – ou sacrifício. Há sequer uma sugestão aqui dos terríveis martírios sofridos pelos cristãos? O autor está tentando dizer que eles estão vivendo e morrendo por uma causa vã? É um pensamento perturbador.

"Esses falsos professores", diz Jesus, "usarão meu nome desse modo, e gerações de devotos permanecerão fiéis a eles... Pois foi dito às gerações humanas: 'Olhem, Deus recebeu seu sacrifício das mãos de um sacerdote'" – ou seja, "um ministério do erro". Por suas ações, Jesus afirma que o Senhor de Tudo os humilhará.

Depois vem a ordem: "Parem de fazer sacrifícios", e as palavras posteriores sugerem que os Arcontes apoiam a impostura sacerdotal, mas pelo menos 15 linhas do texto estão perdidas – provavelmente parte do dano causado ao papiro nos últimos 28 anos.

O texto é retomado com uma ideia interessante: "Parem de lutar comigo", diz Jesus. "Cada um de vocês tem sua própria estrela." Parece que a narrativa vai se tornar ainda mais interessante, porém mais 17 linhas estão faltando, que aparentemente abordam o tema da geração "que durará": aquela da qual estamos ouvindo falar – a geração setiana.

Cada um de Vocês Tem sua Própria Estrela

A frase contundente acerca de um elo entre a alma e uma estrela é um dos pontos mais surpreendentes do Evangelho de Judas. Não há nada semelhante em nenhum dos escritos gnósticos de Nag Hammadi, cujos conteúdos são, em alguns aspectos, tão próximos em espírito e letra do mundo do Evangelho de Judas.

Cada um de vocês tem sua própria estrela. Soa como algo mágico. Pensamos logo de imediato nas famosas palavras proferidas pelo mago e poeta do século XX, Edward Alexander Crowley: "Todos os homens e todas as mulheres são estrelas".

E não devemos esquecer que a raiz da religião gnóstica é a magia. É com a dimensão "oculta" ou escondida do homem primário que a *gnose* se preocupa. Diz respeito ao poder e ao controle – e também ao desespero – sobre as coisas da natureza. Diz respeito à percepção sobrenatural e ao conhecimento oculto.

A ideia das almas ligadas às estrelas era corrente na Filosofia Platônica na época em que o Cristianismo gnóstico se desenvolveu. Em *Timeu*, Platão escreveu sobre o modo como as almas retornavam à sua estrela designada, mas eu não acredito que a fonte da especulação gnóstica sobre essa identidade estelar secreta tenha sido a Filosofia Grega.

O elo entre as estrelas e a retidão messiânica é familiar a qualquer pessoa que pense a respeito do Natal – com a chegada do messias anunciada por uma nova estrela, cujo significado é compreendido pelos magos do Oriente. "Nós vimos sua estrela", eles dizem.

O guerreiro judeu que liderou a última rebelião dos zelotes contra os romanos na Judeia se autodenominava *Bar Kochba,* que significa "Filho da Estrela". A Estrela tornou-se inextricavelmente associada aos realizadores da justiça de Deus, que era como os zelotes viam a si mesmos. Essa ideia das estrelas e do sagrado encontra sua expressão mais detalhada no *Livro de Enoch*, do qual cópias foram encontradas nas cavernas de Qumran (entre os "Pergaminhos do Mar Morto").* O conteúdo variado do livro remonta a alguma época nos séculos anteriores a Cristo. Jesus provavelmente o conhecia.

Parece provável que muitas das ideias e das imagens dos gnósticos – especialmente em relação à hierarquia dos anjos – derivaram das páginas do *Livro de Enoch* e das obras apocalípticas da mesma natureza. Estas tinham o objetivo de revelar os mistérios ocultos do Universo e como a natureza de vez em quando manifestava mensagens de Deus: mensagens que exigiam interpretação.

Nos capítulos 43 e 44 do *Livro de Enoch*, este (que é descrito como "filho de Set, filho de Adão") tem uma visão das estrelas justas:

> E eu vi outras luzes e as estrelas do céu, e eu vi como Ele [o "Pai das Luzes"] chamou a todas pelo nome, e elas O atendiam. E eu vi como elas eram pesadas na balança da justiça de acordo com suas proporções de luz: eu vi a vastidão de seus espaços, o dia de sua aparição e como sua revolução produz luz; eu vi suas revoluções de acordo com a quantidade de anjos e como elas se mantinham fiéis umas às outras. E eu perguntei ao anjo que foi comigo, que me mostrou o que estava oculto: "O que é isso?". E ele me respondeu: "O Senhor dos Espíritos mostrou a você a parábola delas: esses são os nomes dos sagrados que residem na terra e creem no nome do Senhor dos Espíritos para sempre".

Esse interesse dos judeus pelos segredos das estrelas tem raízes no relacionamento duradouro que eles têm com a sabedoria, a Ciência e a magia da antiga Mesopotâmia (em especial na região que hoje é o Iraque moderno). Esse intercâmbio cultural está explícito no livro de Daniel. Daniel foi treinado por sábios caldeus, que o ensinaram a interpretar sonhos e visões – como Jesus faz nas páginas do Evangelho de Judas. Os caldeus vieram do "Kurdistão", que faz fronteira com a Turquia, o Irã e o Iraque: o "Urartu" bíblico ("Ur dos caldeus" ou "Ararat").

---

*N.E.: Sugerimos a leitura de *O Mistério do Pergaminho de Cobre de Qumran*, de Robert Feather, Madras Editora.

O *Daimon*

Na cena seguinte, os discípulos perguntam acerca do destino daqueles que pertencem às duas "gerações": a geração grande e sagrada, e o resto. A mensagem é completa

No que diz respeito à geração de Set, quando essas pessoas "tiverem completado o tempo do reino e o sopro da vida as deixar, seus corpos morrerão, mas as almas estarão vivas, e eles serão levados".

Quanto *ao resto*, uma curiosa distorção gnóstica da Parábola do Semeador diz: "É impossível lançar sementes sobre rochas e colher seus frutos". Como eles não têm raízes na geração eterna, esses seres jamais florescerão espiritualmente nem serão colhidos. Isso não parece bom para eles, mas, como são totalmente insensíveis à vida da alma, não sofrerão com sua falta. Os gnósticos foram acusados de elitismo espiritual: salvação apenas para os eleitos. Agora você entende o porquê.

Na cena seguinte, tendo ouvido os sonhos dos outros discípulos, Judas relata sua própria visão a Jesus – "uma grande visão". A resposta de Jesus ao anúncio de Judas é em si divertida: "você, décimo terceiro *daimon*, por que se esforça tanto? Mas fale, eu o ouvirei". Jesus já separou Judas; o discípulo não precisa "forçar". O apelido "décimo terceiro *daimon*" pode se referir ao fato de Judas não mais pertencer aos 12 – ele quebrou o círculo; ou o número 13 pode ter outro significado. O *daimon* (uma palavra grega) é o ser oculto, essencial, da pessoa. Ela não tem raízes neste mundo. Pertence ao mundo espiritual, ao além. Sua projeção no tempo e no espaço é a pessoa visível ("o corpo é essa parte da alma percebida pelos cinco sentidos"). O *daimon* é muito mais profundo que a "personalidade". Segundo *Simpósio,* de Platão, ele é a identidade espiritual e, portanto, essencial – o "gênio", se você assim preferir. Ser verdadeiramente inspirado significa ser um condutor para esse "eu" extradimensional, ou Anjo.

Colocar a mente consciente em contato com o ser inconsciente tem sido, há muito tempo, uma característica de um árduo treinamento de magia. Desde o início do movimento cristão, desenvolveu-se um amargo e crescente conflito com a Magia. Ele persiste até hoje, embora muitas pessoas pensem que as duas experiências são ilusões. A Magia era algo muito real para todos na época do Evangelho de Judas, e muitos acreditavam que o próprio Jesus era um mago. Se era um tipo de Cristianismo gnóstico que estava sendo observado, essa conclusão não surpreende.

O primeiro principal crítico das comunidades gnósticas, o bispo Irineu de Lião (que conhecia o Evangelho de Judas), estava convencido de que a "gnose falsamente assim chamada" começou com um mago, Simão, o Mago. Vemos Simão, o Mago em conflito com o apóstolo Pedro nos Atos dos Apóstolos. Pedro repreende Simão, o Mago, por tentar comprar o segredo (a magia) do Espírito Santo.

A visão de que as ideias gnósticas possam ter se desenvolvido na Fenícia, Samaria (de onde veio Simão, o Mago), Norte da Síria e o que hoje é o Norte do Iraque, faz muito sentido; por isso, Irineu talvez estivesse certo, pelo menos quanto à geografia.

Judas, a Vítima

Assim, o 13º *daimon* tem um sonho. Judas fala dos "12 discípulos" (pensávamos que ele fosse um deles) apedrejando-o e perseguindo-o. Judas chega então a uma grande casa com um "teto de folhagens verdes". Há pessoas dentro dela. Judas implora para ser levado "com elas".

Jesus diz que ele tem a ideia errada: "Sua estrela o fez se perder", ele diz a Judas. O termo "estrela" seria um eufemismo para a energia interior de Judas, seu senso do eu? Até um determinado ponto sim, mas Jesus logo explicará que ele ensinou Judas acerca do "erro das estrelas". Esse "erro das estrelas" parece se referir ao antigo mito apocalíptico da rebelião dos anjos estelares; estrelas caídas e presas (na tradição gnóstica) na *matrix* terrena inferior do principal *arconte*.

Lembre-se da citação, na página 100, sobre as estrelas justas do *Livro de Enoch*. Elas se "mantêm fiéis umas às outras". Isso significa que elas se conformam a seu curso apropriado, ordenado. Esse curso está em sintonia com a vontade do "Pai das Luzes" ou "Senhor dos Espíritos".

Mas existem estrelas rebeldes. Há uma desordem no Universo que nasce da ignorância do *arconte* principal, sobre o qual nós (e Judas) logo ouviremos falar em palavras bem vívidas. A inabilidade da raça humana em perceber a verdade espiritual pode ser o resultado dessa desordem estelar, refletida na terra de acordo com o princípio "como acima, também abaixo". Algo está errado no sótão, por assim dizer, e a casa da terra, abaixo, está uma bagunça.

Judas foi levado a se perder por sua estrela determinada, que vê um lugar para ele na casa dos sonhos – a casa acima. "Nenhuma pessoa de nascimento mortal", diz Jesus, "é digna de entrar na casa que você viu, pois esse lugar é reservado para o sagrado. Nem o Sol nem a Lua governarão nela, nem o dia; mas o sagrado sempre residirá lá, no reino eterno com os anjos sagrados." Essa passagem poderia ter sido extraída diretamente do *Livro de Enoch*.

Judas fica perturbado com o que Jesus lhe disse. Talvez haja algo profundamente errado com Judas: "Mestre", ele pergunta, "será que minha semente está sob controle dos arcontes?". Depois, duas linhas estão faltando.

Após a lacuna no manuscrito, há outra referência ao pesar de Judas. Antes, ele fora informado de que "conseguiria chegar" ao reino, mas que sofreria muito. Agora, mais uma vez, Judas "lamentará muito quando enxergar o reino e toda a sua geração".

Isso é um tipo de provocação. Judas vai lamentar porque ele agora tem um novo gosto para a geração sagrada. O lugar para onde ela vai parece atraente a ele. Mas, por tudo isso, parece que a realização de seu sonho – escapar dos ataques dos discípulos e entrar na casa grande – lhe será negada.

"Qual o benefício disso? Pois você me separou daquela geração", ele grita. Pobre Judas! Ele está fora do círculo familiar dos 12 e agora também está fora da geração sagrada.

Jesus tranquiliza-o: "Você se tornará o 13º e será amaldiçoado pelas outras gerações – e você as governará. Nos últimos dias, eles amaldiçoarão sua subida à geração sagrada".

Mas ele ascenderá. Judas alcançará o reino no fim.

O Cosmos Escondido

O Evangelho de Judas agora apresenta uma descrição muito comum na literatura gnóstica. O entendimento do que estava acontecendo no Universo e de como as coisas chegaram a esse ponto parece ter sido muito importante para os gnósticos. Na verdade, quando Irineu ataca a "*gnose* falsamente assim chamada", a maior parte de sua energia é gasta em delinear as cosmologias e crenças de uma "queda" no ser divino, que caracterizava a *gnose*, ou o conhecimento libertador, das comunidades gnósticas.

Jesus convida Judas a ouvir sobre "o que nenhum olho de anjo jamais viu; nenhum pensamento do coração jamais compreendeu; e nunca foi chamado pelo nome". Quem poderia resistir? Bem, nós podemos. Seja o que for que as pessoas hoje ganham com as escrituras gnósticas, uma coisa é clara. Há muito pouco interesse real no modo como os gnósticos descreviam a criação do Universo e os anjos que passariam ao retornar para *Pleroma*, ou "Plenitude da Divindade", em visão ou na morte.

Deve haver uma razão para isso. Acredito que seja porque nós não mais acreditamos nesse tipo de itinerário. A Ciência apresentou-nos uma imagem muito diferente do aparente Universo infinito. Para começar, não o vemos como uma série de esferas girando concentricamente ao redor de nosso mundo. Na verdade, como a Ciência emite grandes quantidades de informações visuais e matemáticas, com frequência surpreendentes, não sabemos realmente o que pensar sobre o Universo.

Uma ideia que podemos compartilhar com as ideias gnósticas do Cosmos é que ele surgiu de um evento catastrófico primário e que o espaço e o tempo passaram a existir simultaneamente com um tipo de *Big Bang*. Os gnósticos compreenderiam isso muito bem. Eles entendiam que o Universo surgiu por causa de um tipo de erro divino que quebrou uma existência incompreensível de um *Silêncio* primário. Mas, fora essa ideia – e sua importância –, não sentimos a *presença* do Universo do mesmo modo que nossos ancestrais.

Somente os poetas e os amantes sugerem que as estrelas são janelas para o céu. Sabemos que, se começássemos a ascender "ao céu" sem um equipamento para respiração, logo morreríamos sufocados. Mas a ideia poética, ou mística, de uma *ascensão interior* (que também é gnóstica) – isso nós podemos entender, até certo ponto. O problema que talvez encontremos seria a abundância de nomes técnicos (em especial para os anjos), baseados principalmente nas tradições judaicas e caldeias, que são repetidas, de maneira até tediosa, nos relatos gnósticos de ascenção.

No entanto, esses seres estelares eram muito importantes para os gnósticos. Acreditava-se que a alma, ao subir para a realidade superior, deveria saber certas senhas e sinais que impediriam os arcontes de inibir o retorno da alma. Jesus mostrara o Caminho, e em seu Nome, e armada de seu Conhecimento, a alma poderia seguir em frente.

Esses gnósticos não eram materialistas. Eles acreditavam que o mundo que viam com os olhos e tocavam com as mãos era, ao se alcançar a *gnose*, revelado como uma fina lona estendida sobre vastas realidades espirituais (os *aeons*). Acreditava-se também que as realidades espirituais que governavam o mundo visível estavam em rebelião contra sua fonte, ou a ignoravam (assim como a alma se rebela contra seu invólucro corpóreo). Esses regentes espirituais (arcontes) criavam a ilusão de perfeição e permanência que percebemos ser o caráter da matéria.

Não era possível despertar os arcontes – mas *você* podia ser desperto. E, a propósito, não é tão diferente do modo como os nossos ancestrais cristãos (ortodoxos) medievais viam o Universo, com seus anjos regentes e o distante Pai sentado no trono nos céu.

Talvez uma importante diferença fosse o fato de que, onde a Igreja Medieval via anjos benignos, os gnósticos eram com frequência assombrados pela ideia de que essas entidades controladoras podiam ser malévolas, hostis à salvação. Era melhor não esquecer sua senha!

A Igreja Medieval sabia sobre os anjos rebeldes, é claro, mas em grande parte transferia a ideia de entidades espirituais más ao mundo dos diabos e fadas do mal, com todos os seus horríveis planos para enganar a humanidade.

Uma Nuvem Luminosa

A "viagem" de Judas começa com a aparição de uma "nuvem luminosa". Jesus diz: "Que venha um anjo para ser meu assistente". Da nuvem aparece, então, "a Autogerada divindade iluminada", que é chamada de "um grande anjo". Essa ideia de um anjo é bem característica das jornadas gnósticas aos mundos interiores ou ao além.

Essa divindade Autogerada traz consigo mais quatro anjos que saem de outra nuvem. "E ele criou o primeiro ser de luz para reinar sobre ele". Como o texto está fragmentado, não fica claro quem é esse ser de luz. Anjos são chamados para servir a "ele".

Em seguida, vem a criação de um *aeon* iluminado, um segundo ser de luz para reinar sobre "ele"; mais anjos (miríades); e mais *aeons* iluminados; e ainda mais miríades de anjos para ajudar. É como uma grande explosão silenciosa, em câmera lenta – totalmente pacífica – e de nenhum modo um *Bang*. Isso acontece porque estamos em um reino superior, espiritual.

A criação da Ideia do Homem, que é divino, aparece logo depois: "Adamá estava na primeira nuvem luminosa que nenhum anjo jamais viu entre aqueles chamados 'Deus'. Adamá fez surgir a geração incorruptível de Set". Para seguir a "vontade do Espírito", 72 luminares (ou seres de luz) "aparecem na geração incorruptível". Depois, 360 luminares aparecem na mesma geração sagrada, "de acordo com a vontade do Espírito, que seu número fosse cinco para cada um" (ou seja, cinco entre esse segundo grupo de luminares para cada um do primeiro grupo de luminares).

E, desse modo, os *aeons,* os céus e os firmamentos foram criados. A atenção de Judas é depois direcionada para o Cosmos no qual o primeiro ser humano apareceu "com seus poderes incorruptíveis". O primeiro homem não é produto de evolução biológica. Sua identidade começa como um ser espiritual, um reflexo do divino.

Um anjo chamado El (a antiga palavra semita para deus ou Deus) toma 12 anjos para governar sobre o caos e o mundo inferior. Aparece um rosto em uma nuvem, "brilhando como o fogo" e coberto de sangue. O nome dele era Nebro, que significa "rebelde"; outros o chamam Yaldabaoth [cuja tradução é incerta].

O semblante terrível do *arconte* principal, o "senhor deste mundo", o "deus ciumento", o verdadeiro vilão da mitologia gnóstica. Esse ser, criado para governar o mundo inferior, vai além de sua posição e personifica o "Deus superior". Ele tem a humanidade para compartilhar sua auto ilusão de grandeza, como vimos antes.

Nebro cria seis anjos. Um deles é chamado *Saklas.* Em outros textos gnósticos, Saklas (que significa "Tolo") é outro nome para o criador do mundo inferior. Os seis anjos produzem 12 anjos no céu, "e cada um recebe uma parte do céu" (possivelmente os signos zodiacais).

Infelizmente, o movimento seguinte é obscuro, pois o texto foi danificado. Ele retorna com a criação de cinco anjos "que governavam o mundo inferior; e o primeiro de todos reinava sobre o caos": "O primeiro é Set, que é chamado Cristo", seguido por Harmathoth, Galila, Yobel e Adonaios.

A Criação de Adão

Tomando uma frase do Livro do Gênesis, onde Deus é chamado *Elohim no plural,* Saklas parodia a grande frase da criação: "Façamos o homem à nossa imagem e semelhança"(Gênesis 1, 26). Ele diz a seus anjos, de modo assustador: "Criemos um ser humano à nossa imagem e semelhança". Eles criam Adão e Eva. Adão é baseado em uma cópia do Adamá celestial, o arquétipo espiritual do homem, algumas vezes chamado *Anthropos.*

Saklas parece desejar que Adão tenha uma vida longa e filhos. Embora a princípio isso pareça ser uma gentileza, na verdade a coisa não é bem assim. Não há apenas uma sugestão de uma indiferença fria, mas um sarcasmo profundo e perturbador nessa imposição de procriar. A fonte dessa piada sórdida está no discurso feito a Adão e

Eva quando eles são expulsos do Jardim do Éden no Gênesis. As mulheres sofrerão muito; o homem terá de conseguir seu alimento com o suor do rosto. Os portões do Jardim estão fechados. O homem caiu.

Judas, de modo tocante talvez, pergunta: "Por quanto tempo a raça humana vai viver?". Isso não significa simplesmente "por quantos anos um homem pode viver?". Pelo contrário, parece implicar a pergunta desesperada: "Por quanto tempo os seres humanos vão continuar existindo?".

Judas já mostrou que está nervoso quanto ao destino dos seres humanos. Jesus diz algo que sugere que ele está interessado em saber por que Judas acredita que há algo de errado na imagem de Adão vivendo por muitos anos, tendo "recebido seu reino" (o que significa possivelmente "sua parte na herança"), "com a longevidade como sua regente".

Podemos pensar no antigo adágio: "O que é o homem para que você se preocupe com ele?". Jesus está guiando Judas. Então, Judas pergunta: "O espírito humano morre?". *Bom,* pensa Jesus. Boa pergunta. Judas está entendendo a ideia de que o problema de Adão está ligado a seu "regente". Sabemos que esse regente é aquele adorado pelos outros discípulos. O regente governa "os 12".

Jesus responde que Deus ordenou a Miguel (o arcanjo) que desse o espírito (o sopro da vida) às pessoas como um empréstimo, "para que eles possam oferecer serviço" (a Deus), mas o "Supremo ordenou a Gabriel que outorgasse espíritos à grande geração sem nenhum regente sobre ela – ou seja, o espírito e a alma".

De forma provocante, a frase seguinte, que começa com "Portanto, o restante das almas...", desapareceu.

Salvação e Destruição

Felizmente para Adão, Deus fez com que a *gnose* lhe fosse concedida "e àqueles junto dele". *Por quê?* "Para que os reis do caos e do mundo inferior não governassem sobre ele".

Jesus diz a Judas que o tempo do anjo Saklas chegará quando "as estrelas concluírem as coisas", e Saklas, portanto, completar o período de tempo a ele atribuído.

Jesus então começa a rir, não de Judas – o 13º *daimon* está certo disso, "mas do erro das estrelas, porque essas seis estrelas vagueiam com esse *cinco combatentes*, e todas serão destruídas junto com suas criaturas". O uso da palavra vaguear (planeta significa "viajante") pode implicar que os "cinco combatentes" são os anjos dos cinco planetas: Vênus, Mercúrio, Júpiter, Saturno e Marte.

Judas então pergunta sobre o destino daqueles que foram batizados em nome de Jesus. A implicação parece ser: o que vai acontecer com as pessoas que se autodenominavam cristãs, mas que não percebem que são ignorantes da mais alta divindade? Infelizmente, faltam 12 linhas do texto. O número não é significativo. Quem quer que tenha sido mencionado nessa seção faltante, Judas é comparado a ele. Ao fazer isso, Jesus define o papel de Judas e, em um frase que foi reproduzida nos jornais de todo o mundo, explica o que precisa ser feito e por quê:

> Mas você, Judas, superará todos eles. Pois você sacrificará o homem que me veste.

Muitos leitores de jornais podem ficar em dúvida quanto a isso, mas agora já devemos saber exatamente o que essa frase significa. "O homem que me veste" é o corpo de Jesus, suas "vestes", aquilo que o tornou visível aos olhos humanos. O ser espiritual de Jesus escapará de Saklas. O Tolo será deixado com as vestes: uma vitória vazia na verdade.

Depois, segue um fascinante (ainda que incompleto) poema a respeito de Judas: "Seu chifre já foi erguido, sua ira já foi aplacada, sua estrela brilhou reluzente...". Judas está sendo colocado no caminho com alguns curiosos tons messiânicos. Mas que história é essa de "chifre erguido e ira aplacada"?

Judas, o Chifre

Como vimos, algumas características-chave do pensamento gnóstico pertencem, ou pelos menos têm suas raízes, no gênero literário do apocalipse. Sempre há um mistério divino, um segredo que é revelado para os poucos selecionados que são capazes de receber uma sabedoria divina, não humana. Nesse caso, é Judas Iscariotes.

Ele foi destinado a "se destacar" de "modo negativo" (em termos fotográficos) quando começamos a ler as Escrituras bíblicas. Você consegue fazer isso porque acredita que enxergou através da grande conspiração. A significativa imagem do chifre – e a "ira" do carneiro sugerido – remonta a passagens do Livro de Daniel, em particular o capítulo 8:

> ... quebrou-se-lhe o grande chifre e em seu lugar saíram quatro chifres notáveis, para os quatro ventos do céu. De

um do chifres saiu um chifre pequeno e se tornou muito forte para o sul, para o oriente e para a terra gloriosa.

No versículo 20, lemos que esse chifre tinha uma aparência especial. Ele era mais "robusto" que os outros. Isso parece Judas sendo capaz de permanecer diante de Jesus enquanto os outros discípulos não conseguiam. A ideia de Judas aprendendo a se manter ereto também pode ser refletida nas ideias encontradas em outros escritos apocalípticos. No *Livro de Enoch*, Davi e Salomão são apresentados como ovelhas, mas ao chegar ao trono se tornam carneiros. Também em Daniel vemos que o pequeno chifre "entrou em guerra com os santos e prevaleceu sobre eles". Os "santos" no Evangelho de Judas seriam os outros discípulos.

Parece bem provável que essas imagens apocalípticas estavam na mente do autor do Evangelho de Judas. Mais peso é dado à visão quando lemos Daniel 8, 9, por exemplo. Nessa passagem, temos outra referência sugestiva ao colérico pequeno chifre. Essa referência nos leva de volta à visão dos discípulos dos sacrifícios pecaminosos no templo e também às promessas de Jesus de que as estrelas vão sofrer por isso:

> Cresceu até atingir o exército dos céus, a alguns do exército e das estrelas lançou por terra e os pisou.

> Sim, engrandeceu-se até o príncipe do exército; dele lhe tirou o sacrifício diário e o lugar de seu santuário foi deitado abaixo.

O encerramento dos sacrifícios no Templo é visto como um sinal do fim iminente do reino da maldade. Já falamos sobre o sonho dos discípulos com os falsos sacerdotes fazendo sacrifícios falsos no Templo. Isso acabará.

O Judas, o chamado traidor – é ele quem será vindicado nos últimos dias. Ele é parte do plano. Graças a ele as estrelas vis cairão e o arquétipo da "grande geração de Adão", a geração "que vem dos reinos eternos", será exaltada.

Deixando tudo isso perfeitamente claro para Judas, Jesus lhe diz para erguer os olhos e "olhar para a nuvem e a luz dentro dela, e para as estrelas que a cercam. A estrela que indica o caminho é a sua".

Essa bela exaltação da consciência de Judas é seguida por uma breve (mas incompleta) cena de transfiguração, que lembra aquela familiar aos leitores dos Evangelhos Canônicos. Jesus ergue os olhos e vê uma luz luminosa. Ele entra nela, e aqueles que estão no chão ouvem uma voz dizendo algo que parece ser outro hino de louvor à geração do Grande Set.

O Fim

Um breve relato encerra o Evangelho. Ele traz elementos familiares da bem conhecida história dos Evangelhos: a Santa Ceia, a barganha entre Judas, o alto sacerdote e a prisão, mas é pesadamente obscurecido. O autor não parece estar interessado nos detalhes, como se desprezasse a simples história.

Jesus vai ao "quarto de hóspedes" para rezar. Alguns escribas estão lá, observando-o para que possam prendê-lo durante a oração. Lemos que eles têm "medo das pessoas, pois Jesus era considerado um profeta por todos". O leitor do Evangelho, é claro, agora "sabe que não era assim". As pessoas não conseguiam o ver como ele era. Não há democracia aqui; as massas são tão cegas quanto seus assim chamados "líderes". Os arcontes regem a terra – e isso é tudo o que eles vão conseguir: nada.

Os escribas aproximam-se de Judas e, de forma bizarra, perguntam-lhe o que ele está fazendo lá. "Você é discípulo de Jesus", eles dizem. O significado e a origem dessa afirmação pungente serão discutidos no capítulo 4.

Judas responde-lhes: "como quiserem", o que sugere que ou ele sabe o tipo de coisa que eles querem ouvir, ou que talvez exista algum tipo de sinal verbal, cujo efeito é uma ambiguidade vaga, até deliberada. Qualquer drama humano em potencial foi tirado da cena. Ela não é emocional; apenas necessária, lógica. O interesse não está na entrega de Jesus, mas na razão para ela, agora estabelecida: "E ele [Judas] recebeu o dinheiro e entregou Jesus aos escribas".

E assim termina.

No manuscrito original, esse fim abrupto, talvez misterioso, é seguido pelo título da obra – aquele que Stephen Emmel infelizmente não viu naquele hotel em Genebra em 1983: *O Evangelho de Judas*. Não o Evangelho *segundo* Judas; não – o Evangelho *de Judas – sua* boa nova e a boa nova a respeito dele. Afinal de contas, até agora só tínhamos ouvido as coisas *ruins*, não é mesmo?

As Obras Encontradas com o Evangelho de Judas

Quem quer que tenha possuído o Evangelho de Judas pela primeira vez o manteve em um códice, ou livro. Esse livro continha três outras obras. Uma delas está muito danificada (Allogenes), mas as outras duas não deixam dúvidas de que o Evangelho de Judas foi uma obra mantida por pessoas que consideravam erradas as advertências do bispo Irineu e dos seus companheiros teólogos.

As duas obras que acompanham o Evangelho de Judas no códice original são o "apocalipse" ou "revelação" de Tiago e a Carta de Paulo a Felipe. A primeira é indicada pelo título, Tiago (Jacó), inserido no fim da obra. Trata-se de uma versão de um texto conhecido da Biblioteca de Nag Hammadi como O [primeiro] Apocalipse de Tiago (há uma segunda obra com o mesmo título). A Carta de Pedro a Felipe também é conhecida em uma versão copta da Nag Hammadi.

Essas duas obras sustentam a estrutura filosófica e a ênfase espiritual do Evangelho de Judas, mas elas também apresentam diferenças interessantes. Os assim chamados gnósticos tinham muitas visões, ou modos de ver as coisas, diferentes. As comunidades gnósticas não concordavam com pessoas ditando dogmas a outras. A revelação espiritual só podia existir de fato de acordo com a capacidade de quem a recebia. Os escritos "gnósticos" representam as visões dos autores, dentro de uma ampla tradição compartilhada.

Nem todos que valorizavam a *gnose* compartilhavam a experiência de Judas de que os outros 11 discípulos agiam de maneira inapropriada. Na Carta de Pedro a Felipe, Pedro é apontado como alguém que recebeu a *gnose*. Em Tiago, como na literatura de Dídimo Judas Tomé, Tiago, o Justo, irmão do Senhor, é uma autoridade a ser seguida pelos 12, depois que Jesus voltou para o seu próprio mundo. A autoridade concedida a Tiago reflete a história da Igreja primitiva, até onde podemos encontrar nossos fragmentos de conhecimento daquele período.

No Apocalipse de Tiago, o sofrimento e o martírio do irmão refletem o tratamento do corpo de Jesus:

> Tiago disse: "Rabino, você disse 'Eles virão me prender'. [observe que não há nenhuma menção a Judas Iscariotes] Mas e eu, o que eu posso fazer?". Ele me respondeu: "Não tema, Tiago. Virão atrás de você também. Mas deixe Jerusalém. Pois é ela que sempre dá o cálice de amargura aos filhos da luz. Ela é a morada de um grande número de arcontes. Mas sua redenção será preservada deles".

O Apocalipse de Tiago revela que, embora Jesus sofresse pelos outros – o que significava que ele tinha compaixão –, ele não sofria perda *em si mesmo*. Essa era uma importante distinção para os "gnósticos", mas foi usada como uma vara para bater neles. Foi dito que o Jesus "deles" não era humano por completo e, portanto, a humanidade em sua total identidade terrena não pode ser salva por meio dele.

Essa é uma interpretação que não foi inteiramente demonstrada pela evidência escrita dos próprios "gnósticos". Eles não estavam interessados em "salvar" a total identidade terrena. A morte significava um agradecido e eterno "adeus" às dores da carne. Para eles, a verdadeira "humanidade" é o ser espiritual criado de Deus que se tornou, por meio do apego ao corpo, distorcido pelas leis e limitações de um mundo inferior:

> E o Senhor apareceu para ele [Tiago]. Tiago interrompeu suas orações e o abraçou. Beijou-o dizendo: "Rabino, eu o encontrei! Ouvi falar do sofrimento pelo qual passou e fiquei muito triste. Você conhece minha compaixão. Portanto, refletindo, eu desejava não ver essas pessoas [aqueles que prenderam Jesus]. Elas devem ser julgadas pelas coisas que fizeram. Pois o que fizeram é contrário ao que é apropriado". O Senhor disse: "Tiago, não se preocupe comigo nem com essas pessoas. Eu sou aquele que estava dentro de mim. Eu jamais sofri, jamais fiquei triste. E essas pessoas não me fizeram nenhum mal. Mas essas pessoas existiram como um tipo de arcontes...".

Eu sou aquele que estava dentro de mim. Essa é a frase-chave; essa é a boa nova para o cristão gnóstico. O ser espiritual do homem espiritual não é ferido pelas dolorosas experiências do mundo. O espírito dá força e esperança às dificuldades do corpo, mas não está sujeito a ele. O ser essencial de Jesus era divino. A diferença entre ele e nós é que ele *sabia* disso. Ele conclama as pessoas que veem isso para que também saibam.

As verdadeiras visões dos assim chamados gnósticos foram, através da história, grossamente parodiadas por seus inimigos. Esse ponto foi levantado repetidas vezes por muitos acadêmicos que estudaram as obras dos gnósticos e as coisas que seus inimigos disseram a respeito deles.

Em toda organização, acontecem excessos e escândalos de vez em quando. As pessoas entendem errado ou são motivadas por seus conflitos pessoais a distorcer o que foi herdado e tentam enganar os outros. Esse tipo de coisa sem dúvida aconteceu nas antigas comunidades cristãs em muitos níveis.

O Cristianismo tinha o objetivo, afinal de contas, de ser uma libertação espiritual do "príncipe deste mundo". Os cristãos tinham uma desculpa "para festejar". Libertação sem dúvida leva a algum tipo de excesso. Todos nós podemos aprender com uma ocasional "dor de cabeça".

Os oponentes dos professores da *gnose* cristã fizeram o que alguns jornalistas e políticos fazem hoje: condenar a todos pelo comportamento de alguns. "Ninguém é justo, ninguém", afirma o salmista em resposta à nossa tendência de farisaísmo – que, de acordo com os Evangelhos Canônicos, é um, senão o pecado mortal.

Retornando à Carta de Pedro a Felipe, as doutrinas essenciais e supostamente hereges da *gnose* presentes no Evangelho de Judas também se encontram nessa carta. Ela descreve como os apóstolos ficaram apavorados depois de tudo o que aconteceu em Jerusalém. Pedro chama Felipe para um encontro de oração apostólica no Monte das Oliveiras a fim de implorar ao Senhor que ascendeu que explique por que os arcontes estão determinados a destruí-los. Eles oram ao Pai e, de forma curiosa, "a teu santo filho, Jesus Cristo. Pois ele se tornou para nós aquele que ilumina na [escuridão]".

Aqui existe a sugestão de que Jesus pode se manifestar como uma criança – como no Evangelho de Judas. De repente, uma grande luz brilha no topo da montanha e eles ouvem uma voz: "Por que vocês estão perguntando a mim?" diz a voz, "eu sou Jesus Cristo, que está com vocês para sempre". A voz prossegue explicando como o universo material emergiu como resultado de um poder divino feminino – "a mãe" – desejando criar *aeons* como o Pai fez. Ao dar forma a seu desejo, ela simultaneamente invocou a "Arrogância". Ela arrogou a si poderes que não eram dela para operar sozinha. O resultado foi o que os escritos gnósticos chamam "a Deficiência".

Os *aeons* deficientes (os aspectos inferiores que incluem o nosso Universo) estavam mortos espiritualmente, mas no processo da criação uma semente divina (uma imagem gnóstica para o espírito ou a alma) foi presa. A "semente" veio da "Mãe". A "Mãe" corresponde a "Barbelo" no Evangelho de Judas.

Os corpos humanos foram baseados em um arquétipo divino, mas a carne só poderia viver em virtude do espírito preso nele. O espírito clamava para voltar para casa. Quando inconsciente, a experiência humana responde a "primeira verdade nobre" do Budismo – que "tudo é tristeza". A melancolia caracteriza a alma solitária.

Quando a semente ou o espírito é desperto, ele anseia por voltar a seu lar além das estrelas. O anseio é ouvido acima e, por isso, Jesus desce:

> Eu fui enviado em corpo por causa da semente que decaiu. E eu desci a seu produto morto. Mas eles não me reconheceram; pensaram que eu era um homem mortal. E eu falei com ele que pertence a mim. E ele me escutou, assim como você me escuta hoje. E eu dei a ele autoridade para que ele possa receber a herança de seu pai.

Assim, "Jesus, o homem" desperta para seu verdadeiro Eu. Esse despertar também é impulsionado nos apóstolos. É a única coisa que acalmará os temores deles e os fará entender: "Quando vocês arrancarem de si o que é corrompido, então se tornarão luz em meio de homens mortos".

Os apóstolos perguntam como eles vão lidar com os arcontes. Jesus responde: "Vocês lutarão com eles desta forma, pois os arcontes estão lutando com o homem interior. E vocês lutarão com eles desta forma: juntem-se e ensinem ao mundo a salvação com uma promessa. E vocês, cinjam-se com o poder de meu Pai e deixem sua prece ser conhecida".

Toda a cena é claramente uma interpretação de acontecimentos registrados nos Atos dos Apóstolos. Os discípulos estão apavorados. Eles estão em uma "sala acima" (entendida simbolicamente, talvez; eles estão "no alto", ou em um nível espiritual). Eles oram pedindo ajuda porque têm medo. Jesus vem até eles. Ele os manda pregar. Eles sofrerão e serão levados diante dos poderosos, das sinagogas e das autoridades. Ele sofreu "por nós". Eles também sofrerão, enquanto estiverem distantes de seu verdadeiro ser, mas se lembrarão que sua vida verdadeira está com Jesus, além de qualquer perigo. Então, ganham coragem para sair, pregar e curar "uma multidão".

Pedro está repleto do "espírito santo" e fala:

> Nossa luz, Jesus, desceu e foi crucificado. E ele carregou uma coroa de espinhos. E vestiu uma roupa púrpura. E foi [crucificado] em uma árvore e enterrado em um túmulo. E se levantou dos mortos. Meus irmãos, Jesus não sente esse sofrimento. Mas nós somos aqueles que sofreram pela transgressão da mãe.

É importante notar que a palavra *gnose* não aparece na Carta de Pedro a Felipe. Aqueles que a ouviram ou leram podem não ter apreciado o apelido "gnóstico". Eles teriam dito, como diz claramente na carta: "Pois o Senhor Jesus, o Filho da glória imensurável do Pai, ele é o autor de nossa vida".

Eles eram cristãos e estavam preparados para sofrer neste mundo. Do mesmo modo, poderíamos dizer, aqueles tipificados ou ridicularizados como "gnósticos" foram perseguidos depois por aqueles em posição de autoridade.

A reação à publicação do Evangelho de Judas mostra que o jogo ainda não acabou. Segundo os líderes da Igreja, os gnósticos eram – e são – estranhos à família cristã. Eles estão *excomungados*: voluntariamente além dos cuidados de Deus.

Mas, e Judas?

Capítulo 3

Judas – A Reação

*Os símbolos do divino aparecem em nosso
mundo inicialmente no caminho*
(Philip K. Dick)

A julgar pela escala de reação à publicação do Evangelho de Judas na Páscoa de 2005, podemos pensar que os revisores e os comentaristas já haviam intuído a conclusão do Evangelho antes mesmo de terem uma chance de o ler.

Ou seja, a elevação final de Judas, sua ascensão espiritual à Sagrada Geração de Set, é reservada nesse Evangelho para o momento do fim deste mundo – e o fim deste mundo está se aproximando há muito tempo. As pessoas o esperam por mais de 2 mil anos – uma perda de tempo, podemos pensar.

Não obstante, a vindicação final de Judas deve, segundo seu Evangelho, esperar pelo Fim dos Tempos. Antes, ele terá de sofrer uma litania aparentemente eterna de calúnia, culpa, difamação e total rejeição vinda do seio do amor cristão.

Judas Iscariotes? Você não sabe? Ele é o *decaído*. Seguindo essa lógica, se Judas for vindicado agora ou em um futuro próximo (talvez como resultado do aparecimento de seu Evangelho), então o apocalipse final não deve estar muito longe.

Para aqueles que têm uma mentalidade romântica ou apocalíptica, a coincidência do reaparecimento do Evangelho de Judas com as preocupações globais do mundo com seu futuro (guerras, mudanças climáticas, asteroides, vírus, pobreza, fundamentalismo) pode parecer sugestiva de modo profundo e perturbador.

Judas é o arauto do Fim? Por que seu Evangelho permaneceu secreto por tanto tempo? Existe algo no momento de seu aparecimento que sugere a mão invisível da providência?

Vamos nos acalmar. Antes de começarmos a rezar para que sejamos salvos de qualquer cataclismo iminente, devemos nos lembrar (ver capítulo1) de que uma parte desse *timing* notável se deve à estratégia deliberada de mídia desenvolvida pela National Geographic e a Maecenas Foundation (Mario Roberty, advogado de Frieda Tchacos Nussberger). Marketing eficaz não é nenhum mistério.

O momento da Páscoa não foi a única coisa deliberada e pré-planejada, mas também o *modo* como ele apareceu foi elaborado para causar o máximo efeito comercial. O Evangelho de Judas foi conectado diretamente às artérias principais da cultura popular – TV via satélite, Internet, vendas de DVD, listas de *best-sellers*, comerciais, revistas e jornais por todo o mundo. Na mídia, nada faz tanto sucesso quanto um desastre. Em segundo lugar vem a revelação de segredos. A mídia de massa nasceu para o apocalipse; melhor dizendo, nasceu *dele*! Soem as "últimas trombetas", as vendas dos tabloides chegarão aos céus!

Parece que os editores adoram levar os espectadores e os leitores à beira do apocalipse, apenas para trazê-los em segurança de volta à casa para o chá, o sexo e o futebol. Muitas pessoas gostam de sentir medo, sob condições controladas. O mundo moderno propicia muitas oportunidades em fotos para essa indulgência culpada. Quanto pior for a notícia, mais gostamos de lê-la. Como muitas outras indulgências, isso pode nos deixar deprimidos de vez em quando, mas precisamos de nossa dose. Nós nos acostumamos a isso. Estamos viciados. E estamos prontos a pagar por ela.

Todos nós dizemos que deveriam existir mais "boas notícias", mas pode ter certeza de que, quando elas são publicadas, alguém pensará que sua boa notícia é na verdade ruim (para ele). Se um país vence a Copa do Mundo, outro perde. A vindicação dos justos é o julgamento dos vis.

O Evangelho de Judas parece ser feito sob medida para uma era de comunicação de massa e obsessões culturais transgressivas. O pecado é interessante. Ficamos acostumados com a ideia de que "há sempre um outro lado da história". As figuras reais, por exemplo, tornam-se seres muito humanos; heróis do passado que têm "passados" que gostariam de manter escondidos das pessoas. Os bons sujeitos parecem fazer coisas tão ruins quanto os supostos maus sujeitos.

Pecadores tornam-se santos; santos tornam-se pecadores. Devemos perdoar como fomos perdoados.

Por isso, talvez não estejamos lidando aqui com uma revelação metafísica e uma catástrofe cósmica. Talvez seja apenas uma questão de pura coincidência, combinada ao apetite do público por uma boa história. O Evangelho de Judas significa a boa nova de Judas. Ele pode parecer como o perdedor eterno, mas *ele vai vencer*! Além do mais, como veremos, há muitos que pensam que a boa nova de Judas é uma notícia muito ruim.

Você, o leitor, vendo os dois lados da história, formará sua própria opinião.

A Bomba-relógio Explode

Por todo o exagero da mídia e a manipulação do consumidor, o Evangelho de Judas pode ainda ser descrito como uma "bomba-relógio": algo com uma carga muito forte, esperando debaixo do entulho do tempo (e de um velho cofre de banco) para "explodir". Não será o primeiro caso de uma intrigante "bomba-relógio" literária.

Entre 1493 e 1541, viveu na Europa um extraordinário médico e gênio suíço chamado Paracelso. Ele é famoso por muitas coisas; entre elas a descoberta do *láudano*, o primeiro analgésico realmente eficaz. Imagine um mundo *sem* analgésicos. O *láudano* (um ópio) apareceu como uma dádiva de Deus.

Paracelso derrubou muitas das presunções de sua época a respeito da Medicina. Por exemplo, os médicos costumavam ficar ao lado do leito dos pacientes, lendo um antigo livro de Medicina, enquanto um assistente seguia as instruções do livro, ou não fazia nada. Não é de surpreender que a visita do médico era, com frequência, um prelúdio da visita do padre. Os métodos antigos, justificados por séculos de tradição, frequentemente não curavam o paciente. Mas deixavam os médicos mais ricos – e eles não aceitavam os métodos novos.

Depois da morte de Paracelso, em 1541, os médicos lentamente, muito lentamente, perceberam que o excêntrico suíço poderia estar certo, afinal de contas. Os médicos do futuro tiveram de realmente se aproximar do paciente e tentar curá-lo usando quaisquer meios possíveis – aprovados ou não pela tradição ancestral.

Paracelso introduziu a química na medicina. Ele estava mais interessado na prática do que na teoria. Além disso, tinha teorias próprias – muitas. E elas *mudaram* à medida que ele aprendia mais acerca do modo real como a natureza de fato operava. Seu princípio básico era que, se a magia curava as pessoas, então que se use a magia. Afinal de contas, a magia é apenas uma porção da natureza que ainda não entendemos. Portanto, se ela consiste no que está além dos poderes da natureza, o caminho a seguir era simples: aumente seu conhecimento sobre a natureza. Paracelso acreditava que a sabedoria de Deus estava oculta na natureza; os milagres viriam do entendimento dela. Só temos de trazê-la à tona e aprender a trabalhar com ela.

Os pêssegos da mãe estavam maduros para ser colhidos, se você pudesse vê-los.

Quanto aos muitos inimigos amargurados de Paracelso, eles eram como os discípulos no Evangelho de Judas e tinham um "deus" dentro de si que impedia o surgimento da visão real. As ideias médicas de Paracelso eram perigosamente revolucionárias em sua época. Hoje, muitas de suas visões são consideradas conhecimento comum – e vidas humanas continuam a ser salvas.

Além de curar as pessoas (uma coisa rara para os médicos daquela época), outra realização de Paracelso foi escrever livros sobre religião. Seus pensamentos foram influenciados não apenas pela tradição gnóstica, mas, acima de tudo, pelo bom senso e pela observação. Ele acreditava que a igreja de madeira e pedra era uma escura casa de bonecas cheia de curandeiros falsos e esclerosados que aprisionaram as almas dos fiéis e feriram seus corpos.

A Igreja de Pedra

Paracelso defendia a liberdade completa do espírito para procurar a verdade, sem o pesado julgamento de bispos, sacerdotes, papas e outras autodenominadas autoridades religiosas.

Como resultado do poder da Igreja, na época, em aniquilar os fiéis errantes, Paracelso decidiu não publicar suas sinceras obras religiosas durante a via. Se as tivesse publicado, seu dever primário de levar ao mundo o conhecimento de cura teria terminado muito rapidamente. Ele deixou seus manuscritos teológicos com amigos, na esperança de que, após sua morte em 1541, eles seriam retirados do esconderijo. Quando os seguidores de Paracelso de fato os tiraram de lá, os manuscritos causaram uma tempestade.

No fim do século XVI, os livros escondidos de Paracelso começaram um movimento pela libertação do espírito e do conhecimento. Todas as autoridades religiosas da época – católicas, luteranas e calvinistas – perseguiram os defensores do movimento. Aqueles inspirados pelos escritos religiosos de Paracelso receberam apelidos e foram condenados como hereges perigosos.

Os escritos religiosos de Paracelso se tornaram uma bomba-relógio, como ele esperava. Não há dúvida de que as obras ajudaram a iniciar movimentos de pensamento que encorajaram o desenvolvimento da Ciência experimental, a liberdade de consciência e pensamento em geral – benefícios que desfrutamos hoje.

As obras religiosas de Paracelso, contudo, não ajudaram o trabalho de muitos teólogos católicos romanos ou protestantes da época. A Teologia, como os médicos antigos, olhava para trás e não para a frente. É improvável que esse homem que curou centenas durante sua vida, usando apenas o milagre da Natureza para guiá-lo, será transformado em santo.

Embora na época as mensagens desafiadoras de Paracelso tenham sido consideradas boas notícias por aqueles que, quase sempre em segredo, as aceitavam, o médico suíço foi com certeza visto por muitos outros como um traidor da verdade e um louco perigoso. Para aqueles que valorizavam a autoridade da Igreja em questões religiosas, Paracelso foi considerado um tipo de Judas: um charlatão que pensava que sabia mais que os outros.

No entanto, seria estranho encontrar alguém no Vaticano hoje atacando o Evangelho segundo Paracelso, enquanto o venerado predecessor do papa Bento XVI era atendido em um hospital por um sistema médico que teria conseguido realizar bem menos se Paracelso não tivesse nascido. Todas as pessoas amam seu médico – no dia em que elas são curadas.

Agora, se formos 400 anos ou mais para o futuro, é possível que o Evangelho de Judas prove ser uma bomba-relógio benéfica, conduzindo os seres humanos – depois de uma consideração apropriada – a uma percepção e, talvez, a um progresso espiritual e moral maiores. Ou também pode ser que ele e outros tipos de bombas-relógio parecidas, embora sem dúvida sejam de interesse dos estudiosos de religião, nada mais sejam do que fogos de artifício decorando o céu noturno por alguns momentos, para depois desaparecer rapidamente em um sopro de fumaça, irrelevantes ao mundo de modo geral.

Também é possível que o Evangelho de Judas seja visto como um perigoso atiçador que acenderá uma hostil conflagração sob as fundações da fé tradicional e a certeza religiosa: um maléfico precursor do fim das grandes e vitais instituições da verdade, da caridade e do apoio espiritual.

Talvez, como foi afirmado por alguns fiéis, nosso interesse no Evangelho de Judas seja apenas um sinal de que o fim do mundo está próximo e de que estamos sendo seduzidos por uma curiosidade fatal, pois Satanás faz seu último movimento contra a fé verdadeira. Surgindo quase na mesma época em que o filme *O Código Da Vinci* (maio de 2006), baseado no livro de Dan Brown, alguns comentaristas acreditam que conseguem enxergar um padrão subjacente de comportamento ameaçador contra as santidades da religião tradicional.*

Talvez apenas o tempo nos revele o verdadeiro significado do Evangelho de Judas e do enorme interesse global que foi provocado por seu surgimento. Não obstante, o mundo moderno não espera por ninguém, e a maioria das pessoas – a favor ou contra o Evangelho de Judas – foi muito rápida em julgar essa obra surpreendente de literatura antiga. Um observador objetivo pode até ficar surpreso ao descobrir que homens e mulheres cultos – homens e mulheres para quem estudos profundos são algo comum – proferiram julgamentos depois de um simples conhecimento superficial de seu conteúdo.

Embora existam vozes que concordem e apoiem, o mais difícil é ouvir o que não concordamos e não pensar que algum dia talvez apoiemos essa ideia.

O Lançamento

Para o bem ou para o mal – ou ambos –, a bomba explodiu em 6 de abril de 2006, em uma entrevista com a imprensa convocada pela National Geographic Society em Washington D.C. Foi anunciado que a restauração e a tradução do Evangelho de Judas estavam completas. O próprio manuscrito foi então exposto na sede da National Geographic Society. Poucas pessoas comentaram a beleza do papiro – o fato de ele ter sobrevivido intacto.

O lançamento foi acompanhado três dias depois por um especial de TV – um documentário no National Geographic Channel, intitulado *O Evangelho de Judas*. Terry Garcia, o vice-presidente executivo da National Geographic Society, anunciou que os acadêmicos consideraram o códice o mais importante texto antigo não bíblico descoberto desde a década de 1940. A reação da entrevista coletiva a essa notícia não foi extática.

---

*N.E.: Sugerimos a leitura de *Revelando o Código Da Vinci*, de Martin Lunn, Madras Editora.

Havia dúvidas. Algumas delas surgiram do fato de que o lançamento teve características sensacionalistas deliberadas, e espera-se que a imprensa ecoe o exagero do mercado; ocasionalmente ela se aprofunda no assunto, em especial quando a sensação não é política nem sexual.

Benny Ziffer, do jornal israelense *Haaretz*, sentiu-se repugnado com o estilo de apresentação e culpou o estilo sensacionalista de vendas americano. Segundo Ziffer: "é um tipo de simploriedade que beira a estupidez que faz com que um documentário de TV sobre a Teologia cristã soe idêntico a uma comissária de voo explicando aos passageiros de um avião como apertar os cintos de segurança".

Além do mais, já havia vozes contrárias. Comentaristas reacionários já estavam questionando aquelas pessoas que queriam que acreditássemos que o Evangelho de Judas viraria a religião cristã "de cabeça para baixo", ou que o conteúdo da obra era tão forte que as pessoas sofreriam uma crise de fé ao lê-la.

O famoso e popular livro de Dan Brown, *O Código Da Vinci*, estava nas mentes de muitos. As pessoas estavam acostumadas a uma narrativa centrada nos "segredos que a Igreja escondera durante séculos", agora revelados em nossa cultura "pós-cristã" em que *tudo se revela*. Primeiro, Maria Madalena* fora julgada erroneamente e marginalizada pelas autoridades cristãs – agora o mesmo acontecia com Judas Iscariotes! Quanto tempo levaria até que um escritor aparecesse com um *Código de Judas*?

Além disso, a apresentação do Evangelho sugeria que ele poderia de fato ser um evangelho histórico: um registro verdadeiro de eventos que aconteceram há cerca de 2 mil anos. Ou seja, com o uso de dicas e sugestões diretas, os leitores eram encorajados a ver o Evangelho de Judas em termos semelhantes aos encontrados nos Evangelhos mais conhecidos.

"Esse texto em estilo bíblico poderia perturbar algumas das interpretações, até mesmo as fundações, da fé em todo o mundo cristão", escreveu Herbert Krosney em *The Lost Gospel*.[12] "Não era uma obra de ficção", continuou Krosney, "era um evangelho real vindo diretamente do mundo no início do Cristianismo."

---

*N.E.: Sugerimos a leitura de *O Legado de Madalena* e *A Linhagem do Santo Graal*, de Laurence Gardner, ambos da Madras Editora.
12. Herbert Krosney, *The Lost Gospel – The Quest for the Gospel of Judas Iscariot*, National Geographic, Washington DC, 2006.

O fato é que a fé tradicional *já* tinha sido perturbada em todo o mundo cristão. Isso não significa que a fé seja necessariamente fraca ou que a necessidade dela tenha diminuído, mas o sistema de apoio da fé está ruindo. Muitas razões foram apontadas para essa crise religiosa. Uma importante razão para a relevância do fenômeno Evangelho de Judas é que ele, de maneira percebida, ainda que gradual, *empurra para fora* da mente das pessoas ideias e imagens do sobrenatural e de experiências pessoais do sagrado.

O mundo exterior parece um tanto mais plano do que costumava ser. Até os aparelhos de TV têm tela plana! Podemos ter o mundo em uma bandeja. Talvez os fabricantes de aparelhos de TV estejam se esforçando para divulgar as imagens e o som da TV de "alta definição", para compensar pela falta de imediação e conteúdo espiritual no mundo exterior.

Enquanto isso, em contraste, os filmes modernos de cinema que tentam dar um sentimento real a uma história tendem a diminuir a intensidade da cor (com imagens "desbotadas") ou tentam dar a aparência de que as cenas foram filmadas em baixa definição. O que isso sugere?

A realidade é baixa definição; a fantasia é alta definição, aprimorada com efeitos gerados por computador. Talvez as pessoas estejam buscando experiências religiosas no campo da "alta definição".

Além disso, as pessoas acostumaram-se à ideia de que é a Ciência que explica as coisas. Mas elas ainda sentem a necessidade do mistério e do significado espiritual. Alguma coisa não está sendo explicada de maneira adequada. *O que somos nós? De onde viemos? Para onde estamos indo?*

Curiosamente, foram essas mesmas perguntas que um perseguidor de hereges do século II, Tertuliano, afirmou serem questões que transformavam as pessoas em hereges! Tertuliano acreditava que, quando você se torna um cristão fiel, não precisa mais fazer nenhuma pergunta. Para ele, a chegada do Cristianismo significava que a Filosofia era redundante. Você estava salvo ou não – isso era tudo o que importava.

Talvez muitos de nós não nos sintamos mais "salvos", ou nem desejemos nos sentir assim, se isso significa que o prazer de pensar por nós mesmos acabará. Nós gostamos de fazer perguntas. Queremos que nossos filhos frequentem lugares onde possam fazer muitas perguntas e encontrar respostas e, sim, mais perguntas. Acreditamos que nosso progresso como espécie depende de fazermos cada vez mais perguntas. Nós estamos *pensando*; e nem a Igreja nem o Estado podem impedir mais isso.

E por que estamos fazendo mais perguntas? Porque nosso corpo de conhecimento está aumentando, exponencialmente. À medida que aprendemos mais, queremos saber mais. Talvez não estejamos mais procurando respostas *finais*, mas aprendendo devagar a apreciar uma busca contínua. A vida é uma viagem, não apenas uma acomodação com as forças que nos cercam. Em nossa fascinação com as emoções espirituais – ou histórias quase espirituais –, tanto a atitude científica quanto a latente sobrenaturalidade da imaginação humana se combinam em uma poderosa união.

As pessoas estão preparadas para fazer perguntas e buscar soluções. Se a Igreja não fizer as mesmas perguntas nem oferecer soluções, as pessoas procurarão por conta própria. Um indivíduo faminto não ficará satisfeito até que seja alimentado.

Por isso, todas as questões a seguir, provocadas pelo surgimento do Evangelho de Judas, são na verdade apenas a ponte do *iceberg* global de questionamento. Dentro desse *iceberg* vive o desejo psicológico e espiritual da autovalidação pessoal e do significado cósmico. As perguntas imediatas são:

O Evangelho de Judas foi retirado da Bíblia há muito tempo?

As palavras registradas no Evangelho eram as verdadeiras palavras de Judas?

Judas Iscariotes escreveu o Evangelho?

O Novo Testamento estava errado em ver Judas como um traidor?

Esse livro era mais velho que os Evangelhos?

Essa versão dos acontecimentos na época da crucificação de Jesus foi suprimida pela Igreja – não porque não fosse verdadeira, mas porque sua verdade era muito ameaçadora ao *status quo* religioso?

O Evangelho de Judas continha a tradição autêntica?

Nem todo mundo, é claro, é fascinado por tais perguntas. Mesmo pessoas que não se preocupam com religião se mostram notadamente conservadoras na hora de questionar as tradições religiosas. Talvez isso aconteça porque elas preferem que a religião seja quieta, pacífica e *distante*. Não há problema em trazer a religião para batizados, casamentos e funerais – até atos de caridade –, mas, além disso, não é bom dedicar muito tempo a ela. Esse conservadorismo é tão prevalente entre alguns jornalistas quanto em qualquer outro lugar.

Talvez exista um medo secreto de se descobrir que a religião nada mais é que um desejo que não se realiza: o ateísmo não é tão comum quanto se supunha há algumas décadas. Nas correntes principais da cultura europeia prevalece um agnosticismo um tanto respeitável.

Se a religião é uma "muleta", um conforto ocasional, como suspeitam muitos "liberais", ninguém quer que a muleta se quebre no momento em que se apoia nela. As pessoas que compartilham essa ansiedade não querem ter de pensar a respeito de questões religiosas. Deixe tudo nas mãos da "fé". Deixe para os especialistas! E isso é exatamente o que muitos jornais fizeram quando o Evangelho de Judas foi publicado. O problema, nesse caso, era que os "especialistas" pareciam não compartilhar uma opinião comum a respeito dessa notável descoberta. Esse conflito de interpretação por si só poderia ter sido uma boa história, mas para muitos editores de jornais havia muita coisa envolvida. Os editores querem saber em termos simples: "O que é a história?".

A História

A *história* era sobre a *descoberta* dos manuscritos? *Sim, mas...* isso aconteceu há muito tempo.

A história era sobre um estranho relato do modo como os manuscritos desapareceram por tanto tempo – os conflitos entre os negociantes de antiguidade concorrentes. *Sim, mas...* tudo isso é passado. Havia agora uma frente unificada: a Maecenas Foundation e a National Geographic Society – uma respeitabilidade inquestionável!

A história era sobre o verdadeiro conteúdo dos textos? *Sim, mas...* tratava-se de um evangelho gnóstico, talvez um tanto profundo para o leitor comum e até mesmo além do alcance de muitos jornalistas preocupados, possivelmente, em não ofender as sensibilidades religiosas.

Os editores profissionais foram então compelidos a apresentar a versão sensacionalista dos fatos (uma boa história) ou a negar que havia de fato uma história interessante. Essa última abordagem apresentava uma *história*, em termos jornalísticos, embora não tão boa em termos de "cópia" como a outra alternativa sensacionalista. Quanto mais prestigiados os jornais, maior era a dependência da perícia teológica (conservadora).

A apresentação da National Geographic teria de estar preparada para um ataque teológico do alto nível desferido contra o Evangelho de Judas. A organização escolheu Bart D. Ehrman (presidente da cadeira de Estudos Religiosos na Universidade da Carolina do Norte) para apresentar o trabalho dos tradutores e dos restauradores. Ele era fotogênico, bronzeado, estava em boa forma e falava com o tipo de entusiasmo caloroso que causa uma boa impressão na TV. Ehrman tinha credenciais acadêmicas e entendia o fundo teológico do texto. Em suas contribuições para esse carro-chefe da National Geographic e na dramática apresentação de TV e lançamento do DVD, Ehrman despendeu esforços convincentes para persuadir os leitores e os espectadores não especialistas de que o Evangelho de Judas era importante a todas as pessoas que se interessavam pela religião cristã.

Bart Ehrman não estava entre os mais conhecidos estudiosos de material gnóstico. Sua habilidade estava em estudos religiosos em geral. Por outro lado, essa habilidade geral sugeria que ele não tinha um interesse especial na questão dos evangelhos gnósticos. Ao mesmo tempo em que estava sendo positivo em relação à descoberta, Ehrman parecia ser objetivo.

Ehrman era um profissional interessado que falava em uma linguagem comum, não técnica. Essa era sua vantagem e utilidade para a estratégia de promoção. No prefácio do livro de Krosney, *The Lost Gospel* (publicado para coincidir com a tradução oficial para o inglês do Evangelho de Judas), Ehrman falou calorosamente a respeito do Evangelho Gnóstico como "uma visão alternativa do que significa seguir Cristo e ser fiel a seus ensinamentos".

O professor James Robinson, com um conhecimento muito mais íntimo e de longa data dos escritos gnósticos, foi consideravelmente mais cuidadoso. Ele não acreditava que o texto tinha uma séria relevância para viver a doutrina cristã nos dias de hoje. O Evangelho de Judas não oferecia nenhuma visão sobre o discípulo que traiu Jesus. Isso acontecia porque o documento, embora velho, não era "velho o suficiente". O Evangelho era um documento revisionista, Robinson argumentou. Ele acreditava que os relatos mais antigos (os quatro Evangelhos) devem merecer nossa atenção em primeiro lugar, como o fizeram para quem quer que tenha escrito o Evangelho de Judas.

Robinson não subestimava a importância do Evangelho para os acadêmicos que estudavam o movimento gnóstico do século II em diante. Para eles, a obra seria uma fonte importante, uma adição maravilhosa à sua base de fonte. Os estudiosos da Teologia e da História da Igreja encontrariam uma fonte estimulante. Passado todo o sensacionalismo, o

Evangelho de Judas se estabeleceria confortavelmente nas listas de livros das universidades, não mais importante que muitos outros textos antigos.

Basicamente, Robinson estava dizendo que só os acadêmicos e aqueles que gostavam de acompanhar os trabalhos acadêmicos deveriam ficar entusiasmados de verdade com a descoberta. Tal posição seria amplamente defendida, como veremos.

Os leitores devem se perguntar se não existe algo um tanto arrogante nessa abordagem – ainda que não intencional.

Em resumo, o Evangelho de Judas não contribuiria para a principal corrente de entendimento cristão da Bíblia. Na visão de Robinson, era simplesmente lamentável que o processo da venda dos originais levara à sua reapresentação sensacionalista. Cultura popular é uma coisa; cultura séria é outra.

Robinson acreditava que os acadêmicos não deveriam se permitir ser envolvidos em empreendimentos motivados por interesses comerciais. Se tivessem de participar de empreendimentos não acadêmicos, deveriam tomar extremo cuidado para que os resultados fossem genuinamente educacionais. As contribuições deveriam estar de acordo com as disciplinas puras e emocionalmente desinteressadas da Ciência.

Além do fato de o maior número de teólogos e historiadores da religião ter um profundo relacionamento pessoal com o assunto sobre o qual se espera que eles sejam objetivos, a National Geographic tinha sua própria resposta ao que consideravam uma crítica de Robinson à abordagem da empresa.

A National Geographic considerava "irônico" que Robinson levantasse dúvidas acerca do *status* religioso do Evangelho de Judas, pois "durante anos ele tentara, sem sucesso, adquirir o códice e publicará seu livro a respeito do assunto em abril de 2006, embora não tenha conseguido acesso direto ao material".

Os leitores podem julgar por si mesmos se essa foi uma resposta válida, ou mesmo madura, ao ponto de vista de Robinson. Ele podia ser prepotente, é verdade. Atraíra atenção para o fato de que o Evangelho de Judas não podia necessariamente ser visto como uma revelação singular do ponto de vista cultural. Robinson mencionou uma novela de Simon Mawer, *The Gospel of Judas*,[13] cuja trama tratava da descoberta de um evangelho de Judas em uma caverna no Mar Morto e seu efeito subsequente em um sacerdote acadêmico.

---

13. Simon Mawer, *The Gospel of Judas*, Back Bay Books (USA), 2002

A mensagem subjacente era que o Evangelho de Judas deveria ser tratado como um romance antigo, uma fantasia, *jeu d'esprit*. Esse foi com certeza o ponto de vista defendido pela Igreja Católica Romana na época em que o Evangelho foi descoberto.

Roma

No desenrolar do sensacionalismo da imprensa, no início de 2006, o Vaticano defendeu o ponto de vista de que não havia razão para tanto alvoroço. Não havia nada nesse "recém-descoberto" Evangelho que devesse irritar ou perturbar os cristãos. Os católicos tinham suas raízes firmes na rocha da verdade. Qualquer assim chamado Evangelho supostamente vindo de Judas Iscariotes era um "produto da fantasia religiosa", alegou o Vaticano.

Essa posição tranquila não aquietou a imprensa por muito tempo. O Vaticano teve dificuldade em separar o surgimento do Evangelho de Judas do sucesso global de *O Código Da Vinci*; o entusiasmo pelo romance cresceu quando os melhores de Hollywood encontraram seu caminho entre os locais sagrados da Europa em uma dispendiosa busca por um sucesso de bilheteria.

O Vaticano sabia que a linha comum que ligava a descoberta do Evangelho à novela popular era a velha heresia (como a Igreja a via) do "Gnosticismo". Esperava-se que a interpretação gnóstica dos ensinamentos de Jesus tivesse sido definitivamente liquidada na Idade das Trevas. Mas a heresia "gnóstica" – como as práticas pecaminosas em geral – tinha o desagradável hábito de reaparecer.

Por outro lado, a Igreja não queria fazer publicidade do conceito de uma "alternativa" à fé católica (ainda que teologicamente questionável). Também não era do interesse da Igreja gerar um profundo debate teológico a respeito do assunto.

A questão estava fechada.

No entanto, a questão não envolvia apenas o reaparecimento de uma antiga heresia na cultura popular. O que estava envolvido era a questão básica de saber se Judas Iscariotes fora julgado erroneamente. E mesmo se o amor de Cristo se estendia àquele que traiu Jesus. Para alguns teólogos católicos, tratava-se de uma questão espinhosa. A Igreja era uma autoridade no assunto?

Um artigo publicado no jornal *The Times*, em Londres, alegando a inocência do homem que pagou 30 peças de prata para identificar Jesus a seus inimigos no Jardim de Getsêmani, foi repetido em Israel e na

Índia. Segundo esses artigos, Judas não era deliberadamente mau, mas estava apenas "cumprindo seu papel no plano de Deus". A salvação exigia a crucificação; a crucificação exigia a traição; e a traição exigia um Judas. Esperava-se uma "remodelação" por parte do Vaticano.

O monsenhor Walter Brandmuller, chefe do Pontifício Comitê das Ciências Históricas, aparentemente liderava uma campanha com o objetivo de fazer uma "releitura" da história de Judas. Ao que parece, Brandmuller era apoiado por Vittorio Messori, um proeminente escritor católico muito próximo do papa Bento XVI e do falecido João Paulo II. O senhor Messori afirmou que a reabilitação de Judas "resolveria o problema da aparente falta de misericórdia de Jesus para com um de seus colaboradores mais próximos". Ele informou ao *La Stampa* a existência de uma tradição cristã segundo a qual Judas foi perdoado por Jesus e este ordenou que ele se purificasse com "exercícios espirituais" no deserto.

Richard Owen, o correspondente do *The Times* em Roma, observou que o movimento para propor a redenção de Judas coincidiu com os planos de publicação do "suposto" Evangelho de Judas pela primeira vez em inglês, alemão e francês. O artigo sugeria que uma crença dos primeiros cristãos – de que Judas estava cumprindo uma missão ordenada divinamente e necessária para a salvação – estava ganhando terreno no Vaticano.

Judas é Inocente, OK?

O resultado dessa aparente coincidência foi que a história cresceu, embora talvez como uma invenção jornalística. Para esclarecer as coisas, alegou-se que o monsenhor Brandmuller afirmou que não esperava "nenhuma evidência histórica nova" do suposto Evangelho, que fora excluído do cânon das Escrituras aceitas. Em outras palavras, não havia nenhuma conexão real ente as considerações teológicas sobre a possibilidade da redenção final de Judas e o Evangelho de Judas.

Não obstante, os estudiosos do Vaticano logo expressaram preocupações com uma iminente reconsideração de Judas Iscariotes. O teólogo do Vaticano monsenhor Giovanni D'Ercole disse que era "perigoso reavaliar Judas e marcar os relatos dos Evangelhos com referências aos escritos apócrifos. Isso só causará confusão entre os fiéis".

O artigo de Richard Owen parecia sugerir que o Vaticano estava propondo sua reavaliação de Judas como parte de um movimento de progresso teológico. Owen observou que o Novo Testamento apresenta relatos diferentes do que aconteceu a Judas. Os Evangelhos Canônicos contam como Judas devolveu as 30 peças de prata, seu "dinheiro sangrento", e depois se enforcou. Nos Atos dos Apóstolos, por outro lado, lemos que Judas "caiu de cabeça e seu corpo se abriu, de modo que suas entranhas se espalharam". Os dois não podiam estar certos, não é mesmo? E se uma versão estava errada, será que a outra também não estaria? Quem tinha autoridade para julgar essa questão? Owen viu o desenrolar das coisas como mais um lembrete de que não devemos esquecer os recentes pronunciamentos católicos segundo os quais os fiéis "não devem esperar uma precisão total da Bíblia".

A história da reabilitação foi levada de volta à Grã-Bretanha, onde o padre Allen Morris, secretário da Vida e Adoração Cristã para os bispos católicos da Inglaterra e do País de Gales, foi incumbido de fazer uma reflexão sobre as implicações da história. Ele teria dito: "Se Jesus morreu por todos – é também possível que Judas tenha sido igualmente redimido pelo Mestre por ele traído?".

Relações entre Judeus e Cristãos

Ao que parece, a consideração do resgate de Judas da condenação tem algo a ver com os esforços do papa em melhorar as relações entre judeus e cristãos – uma prioridade em seu pontificado. Essa questão parece ser a raiz genuína da história.

A figura de Judas Iscariotes tem aborrecido os judeus. O nome "Judas" significa "louvado". Como o filho de Jacó, Judá, deu seu nome ao local conhecido pelos romanos como Judeia, o nome "Judas" (o mesmo que Judá) praticamente se tornou sinônimo de orgulho por ser judeu. Jesus tinha um irmão chamado Judas. Judas também foi o nome do grande herói judeu que lutou contra o exército greco-sírio pela posse do Monte do Templo em Jerusalém no século II a.C. E era um nome popular para meninos judeus no século I d.C. O historiador judeu Josephus, contemporâneo de São Paulo, faz referência a um guerreiro judeu chamado Judas que fundou uma seita religiosa e que foi derrotado pelo exército romano no século VI d.C.

A culpa pela traição de Jesus por Judas Iscariotes, que algumas vezes foi representado com um pronunciado nariz adunco, foi de alguma maneira ligada a uma suposta culpa compartilhada por todos os judeus que não aceitaram Jesus como o messias.

Os teólogos há muito tempo perceberam que, apesar do fato de os Evangelhos afirmarem que Jesus foi executado por ordem de um procurador romano, e com um método especificamente romano, a narrativa simplificou a situação. A Igreja cristã queria se distanciar dos patriotas judeus rebeldes (zelotes) para acalmar as autoridades romanas. Os zelotes lutaram violentamente contra o governo romano durante o século I d.C., e Judas Iscariotes pode ter sido um deles. Os cristãos em Roma e em outras partes do Império Romano não queriam ser responsabilizados pelas hostilidades contra Roma que aconteciam na Judeia (em especial depois do ano 66, quando a Revolta Judaica contra Roma eclodiu). Alguns acadêmicos judeus defendiam o ponto de vista de que a imagem de Judas Iscariotes fora seriamente manchada em nome da propaganda antizelotes ou antijudaica.

Assim, a história do julgamento de Jesus pode ser reduzida à visão de que os judeus crucificaram o messias: um judeu o traiu. A leitura cristã tradicional, que agora a Igreja repudia, era a de que Jesus fora traído por "um dos seus", e "os seus" (os judeus) ficaram manchados com a culpa. A culpa pela crucificação não é do governo romano, mas dos judeus que se recusaram a reconhecer Jesus.

A Igreja Católica Romana, sob o comando do falecido papa João Paulo II, exonerou o povo judeu dessa acusação de culpa na morte do messias de Deus. Por pura coincidência, essa história de tentativa de reconciliação religiosa por parte do Vaticano se misturou ao sensacionalismo da iminente publicação do Evangelho de Judas.

O Vaticano não apoiaria, de maneira alguma, a promulgação do "suposto Evangelho de Judas". Em mais um esforço para esclarecer as coisas, o monsenhor Brandmuller declarou: "Não há nenhuma campanha, nenhum movimento, pela reabilitação do traidor de Jesus".

Se a mensagem não estava clara e definida o suficiente, então em 15 de abril de 2006 o jornal *The Guardian*, na Grã-Bretanha, disse que o próprio papa Bento XVI estava determinado a combater os esforços de reabilitar o mais odiado vilão do Cristianismo depois da "recém-descoberta de um evangelho segundo Judas". No primeiro sermão da Páscoa, na Basílica de São Pedro, o homem anteriormente conhecido como Joseph Ratzinger, chefe da Congregação para a Doutrina da Fé, declarou ao mundo que o discípulo traidor conhecido como Judas Iscariotes era um mentiroso ganancioso. Segundo Sua Santidade, o papa: "Ele [Judas] avaliava Jesus em termos de poder e sucesso. Para ele, apenas o poder e o sucesso eram reais. O amor não tinha importância". O papa fez com que Judas se parecesse com um *yuppie* segundo um estereótipo socialista.

A tarefa da Congregação para a Doutrina da Fé era impedir ensinamentos ou doutrinas não autorizados na Igreja Católica, portanto, teria sido algo extremo se o papa tivesse se desviado da visão tradicional do pecado mortal de Judas. Não foi o pecado da raça de Judas – isso ficou entendido –, mas a escolha pessoal de Judas em pecar. Esperava-se que Deus soubesse disso, pois Deus sabe tudo.

Judas era culpado, e a culpa foi inteiramente dele; não era representativa. Mas houve amor ou perdão para Judas? A pergunta continua pairando no ar.

Enquanto isso, o Evangelho de Judas continuava a ser associado ao lançamento iminente de *O Código Da Vinci*. A ligação era direta. *O Código Da Vinci* apoiava-se em interpretações dos escritos gnósticos para a sua história – de que Jesus tinha um relacionamento especial com Maria Madalena; relacionamento esse que os discípulos não aprovavam. O Evangelho de Judas também era hostil aos discípulos e, portanto, hostil aos ensinamentos ortodoxos da Igreja que os discípulos supostamente fundaram. O poder das duas obras de capturar a imaginação de milhões foi visto como uma ameaça à fé tradicional e à ordem da Igreja.

Judas Encontra *O Código Da Vinci*

Em 17 de maio de 2006, o Serviço de Notícias Católico anunciou – com uma alegria mal suprimida – a fraca recepção crítica oferecida ao lançamento do filme *O Código Da Vinci* em Cannes no dia anterior. Quase no fim do filme, o personagem principal, Robert Langdon, diz à sua companheira de investigação, Sophie Neveu: "Você é a última descendente viva de Jesus Cristo". A fala, o clímax da história, provocou risadas nos críticos. Os católicos podiam respirar com alívio.

As críticas católicas ao livro de alguma forma encontraram eco nas reações de críticos seculares. Entendeu-se que a visão da Igreja fora vindicada – mesmo por aqueles que estavam fora de sua influência teológica.

O diretor do filme, Ron Howard, foi citado como dando um gentil conselho àqueles que poderiam ficar ofendidos: "Meu conselho é que você não assista ao filme se acredita que ficará aborrecido. Espere. Converse com alguém que o tenha visto. Discuta o assunto. E depois forme uma opinião". Até o diretor parecia estar aconselhando às pessoas devotas que se afastassem do filme! Howard desmentiu qualquer pretensão a um significado religioso no filme: "Isso é entretenimento. Não é Teologia e eu não acho que deva ser entendido como tal".

Não seria tão fácil dizer a mesma coisa a respeito do Evangelho de Judas – nem de outros extratos de escritos gnósticos que foram a base da narrativa de *O Código Da Vinci*. Talvez o Serviço de Notícias Católico gostaria de ter dito as seguintes palavras acerca do Evangelho de Judas: "O filme não tem nenhuma exatidão de nenhum tipo – artística, histórica, religiosa, ou bíblica".

E nem poderia ter. O Evangelho de Judas não afirma ser historicamente exato, mas afirma que declara a verdade espiritual. A verdade espiritual pode não ser o que as coisas *parecem ser*. Como o próprio São Paulo escreveu: "As coisas espirituais são discernidas espiritualmente".

O dramaturgo radical Bertold Brecht apresentou um argumento interessante e análogo, pela importância da experiência teatral, quando disse: "O realismo não consiste em reproduzir a realidade, mas em mostrar como as coisas realmente são". Uma ficção pode conter mais "verdade" em si do que uma repetição de simples fatos ou observações externas. Ou seja, uma ficção pode ter um profundo significado. Talvez as pessoas devam perguntar: "Que *significado* as pessoas obtêm com essas obras, *O Código Da Vinci*, ou mesmo *O Evangelho de Judas*?".

A notícia católica a respeito do lançamento de *O Código Da Vinci* em Cannes nos conta como a Irmã Carmelita Mary Michael, de Lincoln, Inglaterra, se ajoelhou e rezou o terço aos pés da entrada principal horas antes da *première*. Segundo o relato, ela disse aos jornalistas: "Estou rezando por todos os artistas, por Dan Brown e por todos eles", acrescentando, "eles não são pessoas más. Eu também estou rezando pela reparação do que é, na verdade, uma história ruim; uma antiga heresia na Igreja que está sendo usada de novo".

O padre canadense Bernard Heffernan estava perto dela, distribuindo folhetos que se opunham ao que ele via como a mensagem do filme: "O que mais me incomoda é que ele reflete a falta de verdade no mundo hoje em dia. Parece que não é mais importante o que é verdade e o que não é". Do ponto de vista católico, as "heresias" simplesmente não são verdadeiras. Como podemos saber o que é uma heresia? Uma heresia é aquilo que a Igreja acredita não ser verdadeiro. O que é a verdade? A verdade é o que a Igreja acredita. O Evangelho de Judas é obra de hereges condenados. Portanto, não é verdadeiro.

Verdadeiro ou não, chegamos agora à outra questão levantada com a publicação do Evangelho de Judas. Ou seja, a Igreja Católica deliberadamente suprimiu todo um corpo de literatura não aceitável, enquanto retinha cópias para seus próprios registros. As autoridades da Igreja podiam ler a literatura condenada e proibir que outros membros da Igreja a lessem?

Mais uma vez ouvimos as palavras do porta-voz do Vaticano monsenhor Walter Brandmuller, presidente do Comitê do Vaticano para as Ciências Históricas. Ele afirma que a Igreja não deseja suprimir o Evangelho de Judas. Pelo contrário: "Nós acolhemos [o manuscrito] como acolhemos o estudo crítico de qualquer texto de literatura antiga". Mas o Evangelho de Judas era "qualquer texto de literatura antiga?".

A declaração de Brandmuller foi feita com referência a uma anterior do presidente da Maecenas Foundation, Mario Roberty, que sugerira que o *Codex Tchacos* talvez não fosse a única cópia existente do Evangelho. Roberty acreditava ser possível que o Vaticano tivesse outra cópia escondida em algum lugar. Essa declaração criou um forte clima de conspiração aos procedimentos promocionais. Quase podemos ver a cena em que o herói de Dan Brown, Robert Langdon, entra sorrateiramente nos mais secretos arquivos do Vaticano, com uma lanterna na mão, para encontrar cópias imaculadas dos Evangelhos Gnósticos – e sabe lá o que mais! Tudo ficção, é claro!

Roberty fez a alegação: "Na época a Igreja decidiu, por razões políticas, incluir os Evangelhos de Mateus, Marcos, Lucas e João na Bíblia. Os outros evangelhos foram banidos. É muito lógico que a Igreja Católica tenha guardado uma cópia dos Evangelhos proibidos. Infelizmente, o Vaticano não deseja dar mais esclarecimentos. A política da Igreja tem sido a mesma durante anos – sem comentários".

Na verdade, pelo menos uma parte da biblioteca do Vaticano foi catalogada para uso acadêmico. Por outro lado, o resto da biblioteca não tem catálogo disponível para o público. Você pode fazer pesquisas lá, mas apenas se informar o texto que procura. É difícil saber o que pedir se você não sabe o que está lá. Talvez Roberty devesse ir até lá e pedir o Evangelho de Judas (versão original, é claro) e ver o que acontece.

Há pouco tempo, os jornalistas perguntaram ao padre Thomas D. Williams, reitor de Teologia na Universidade *Regina Apostolorum* em Roma, se era verdade que a Igreja Católica tentou acobertar o Evangelho de Judas e outros textos. Segundo o padre Williams, "esses são mitos espalhados por Dan Brown e outros teóricos da conspiração. Você pode ir a qualquer livraria católica e adquirir um exemplar dos Evangelhos Gnósticos. Os cristãos podem não acreditar que eles são verdadeiros, mas não há nenhuma tentativa de os esconder".

Mas como poderia a Igreja nos dias de hoje impedir a publicação de qualquer livro, a não ser que representasse uma violação da lei civil, e não canônica? O mundo mudou. A Congregação para a Doutrina da Fé era conhecida no passado como a "Santa Inquisição". Todavia, é verdade que os textos apócrifos foram condenados à destruição sob pena de excomunhão, no século IV d.C.; e depois, quando a heresia se tornou um crime contra o Estado, sob pena de morte.

Existe outro meio pelo qual uma literatura indesejada pode ser suprimida. Pode ser até mais eficaz que banir as obras, que, como sabemos, faz com que o fruto proibido se torne ainda mais atraente. Esse outro meio envolve a introdução da culpa. Se ler uma obra indesejada tem o caráter de pecado ou desobediência espiritual, então, como um fiel católico, a pessoa pode decidir não continuar a leitura.

Prazeres Culpados

Em um sermão na Sexta-feira Santa de 14 de abril de 2006, na Basílica de São Pedro, o padre Raniero Cantalamessa, pregador da casa pontífica desde 1980, disse ao papa Bento XVI e aos oficiais da Cúria do Vaticano que a "literatura pseudo-histórica" manipulava fortemente a fé de milhões.

O padre Cantalamessa comparou a venda de tais obras – como *O Código Da Vinci* e o Evangelho de Judas – à traição sofrida por Jesus, por parte de Judas, por dinheiro. Não é uma grave acusação espiritual? Bem, o padre Cantalamessa acredita que o pecado é uma coisa grave. Ele associa as duas obras como exemplos de "ansiar por alguma coisa nova", que "está sendo feita de um modo novo e impressionante nos dias de hoje".

O capuchinho de 71 anos de idade disse que a publicação dos livros era de fato uma sedução. Uma escrita inteligente promovia lendas antigas com o propósito de negar a paixão e a morte do Salvador. "Há muita conversa acerca da traição de Judas", ele afirmou, "sem que se perceba que ela está se repetindo. Cristo está sendo vendido novamente, não mais aos líderes do Sinédrio por 30 *denarii*, mas a editores e vendedores de livros por bilhões de *denarii*".

"Não podemos permitir que o silêncio dos fiéis seja entendido erroneamente como vergonha e que a fé de milhões de pessoas seja manipulada ostensivamente pela mídia, sem levantar um grito de protesto, não apenas em nome da fé, mas também do senso comum e de uma razão saudável... Ninguém será bem-sucedido em deter essa onda especulativa que, pelo contrário, se espalhará com o iminente lançamento de um certo filme", ele afirmou. "Os Evangelhos Apócrifos, nos quais essas obras se baseiam, são textos que sempre foram conhecidos, no todo ou em parte, mas dos quais nem mesmo os historiadores mais críticos e hostis ao Cristianismo acreditaram que se podia fazer história".

O que tudo isso nos diz? perguntou o padre Cantalamessa. A explicação para o fenômeno de tais obras como o Evangelho de Judas e *O Código Da Vinci* foi que "estamos na era da mídia, e a mídia está mais interessada nas novidades do que na verdade". A mídia era culpada. As pessoas que vendem os livros são culpadas. As pessoas que os leem são... seduzidas. A Igreja não pode impedir que a mídia procures novidades, mas pode dar um sermão poderoso.

Em 5 de maio de 2006, o arcebispo Angelo Amato falou em uma conferência católica em Roma. Ele era o secretário da Congregação para a Doutrina da Fé, do Vaticano, e como tal tinha o dever de proteger a Igreja das doutrinas doentias. Ele chamou *O Código Da Vinci* (que vendeu mais de 40 milhões de exemplares) "escandalosamente anticristão... repleto da calúnias, ofensas e erros históricos e teológicos em relação a Jesus, aos Evangelhos e à Igreja". Amato acrescentou: "Eu espero que todos boicotem o filme".

Amato atribuiu uma grande parte do sucesso do livro à "extrema pobreza cultural por parte de um grande número de fiéis cristãos". Ele disse que os cristãos deveriam estar mais dispostos a "rejeitar mentiras e difamações gratuitas", acrescentando que "se essas mentiras e esses erros tivessem sido direcionados ao Alcorão ou ao Holocausto, eles teriam provocado, com justiça, uma revolta mundial".

Provocado *com justiça* uma revolta mundial?

Amato continuou: "Em vez disso, se elas [as mentiras] são dirigidas contra a Igreja e os cristãos, elas não são punidas".

Não são punidas? O que ele tinha em mente? Ao que parece, o arcebispo estava se referindo ao passado com certo grau de nostalgia. Admitamos, essa declaração foi direcionada a um livro e a um filme que apresentaram a organização católica *Opus Dei* como uma fonte de intrigas e até psicopatia. Mas, no pronunciamento católico, o livro foi associado ao Evangelho de Judas. Ficamos nos perguntando se foi uma declaração responsável.

É um alívio saber que ainda existe uma voz menos estridente falando pelos católicos na mídia. O jornal egípcio *Al-Ahram* anunciou que o padre Senior, presidente da União Teológica Católica em Chicago e membro da Pontifícia Comissão Bíblica que aconselha o papa, informou ao *The New York Times* que o Vaticano não considerava o Evangelho de Judas uma ameaça.

Ele disse que a resposta da Igreja Católica Romana seria provavelmente "afirmar os textos canônicos" no Novo Testamento, em vez de refutar cada nova descoberta. "Se o Evangelho de Judas, de repente, se tornasse algo que centenas de milhares de cristãos afirmassem ser sua revelação e escritura, talvez a Igreja proferisse alguma declaração. Mas eu acredito que ele nem apareça na tela do radar", afirmou o padre Senior, acrescentando: "Estou feliz que a obra não tenha sido encontrada em um cofre no Vaticano".

Na quarta-feira, 17 de maio de 2006, o arcebispo Angelo Amato, com 67 anos de idade, voltava às barricadas teológicas. Os leitores devem se lembrar de que, quando o arcebispo se pronuncia sobre questões de Teologia, esta deve, por definição, defender os interesses da Igreja como instituição, porque – por definição – a Igreja é o cálice da verdade do qual os fiéis bebem. Os interesses da Igreja e os interesses da verdade são os mesmos. A Igreja recebe sua comissão somente de Jesus e de nenhum poder terreno. Essa é a teoria.

Nas faculdades, nas escolas e nas universidades do mundo, os teólogos se esforçam para explorar questões teológicas em busca da verdade objetiva, independentemente de defender ou não uma instituição. As convicções pessoais não devem interferir nos resultados em que novas evidências mostram que essas convicções são questionáveis ou obsoletas. Esse alto padrão da verdade é, em geral, mais fácil de ser mantido do ponto de vista do Agnosticismo ou Ateísmo do que da crença.

A política da Congregação para a Doutrina da Fé é a de que um teólogo que tem uma posição apoiada pela Igreja em uma universidade deve defender os interesses da instituição da Igreja, independentemente da consciência pessoal, se deseja permanecer na posição de professor da Igreja.

As doutrinas da Igreja sobre a salvação espiritual defendem a preciosa santidade da consciência individual. A consciência é respeitada como o local onde a vontade de Deus será manifesta ao indivíduo. Essa proteção da alma, todavia, não necessariamente dá direito ao fiel de ganhar seu sustento como professor oficial da Teologia Cristã. As autoridades doutrinais da Igreja também estão sujeitas à manifestação do desejo de Deus; os fiéis devem aceitar essas autoridades como uma questão de fé e ordem e como condição para manter o emprego.

Essa concepção explica por que alguns teólogos católicos perderam sua cadeira de Teologia e por que é improvável que um teólogo católico terá algo de positivo a dizer sobre o conteúdo do Evangelho de Judas.

O problema dessa posição para seu crítico é simplesmente que ela envolve a crença de que a Congregação para a Doutrina da Fé tem acesso infalível à verdade. Isso significa que a "consciência da Igreja" faz sua morada apenas nas mentes de uma pequena fração de seus membros. Para um crítico da teoria, isso parece limitar a liberdade de Deus de fazer sua vontade conhecida a quem ele quiser. Ou seja, como podemos saber se Deus respeita a posição da Congregação para a Doutrina da Fé?

Como deixa claro o comentário do arcebispo, o motivo da posição da Igreja Católica é a proteção da alma do fiel. As necessidades da Igreja devem habitar a consciência dos fiéis católicos.

O secretário da Congregação para a Doutrina da Fé disse pela Rádio do Vaticano que obras como *O Código Da Vinci* e o Evangelho de Judas estavam sendo usadas para difamar a Igreja, porque ela é a única instituição que explicitamente defende questões que são fundamentais para o homem. Portanto, apoiar essas obras de qualquer maneira significa agir contra o desejo de Deus. Se a consciência está sujeita à vontade de Deus, o leitor ou o espectador que apreciar essas obras deve se sentir culpado. Isso só pode significar uma coisa: apreciar *O Código Da Vinci* e o Evangelho de Judas é um pecado.

"É um fato", afirmou o arcebispo, "que hoje se pode falar mal do papa impunemente, como está acontecendo na Alemanha com alguns desenhos". Ele observou ainda que "também é possível falsificar à vontade a história do Cristianismo sem o menor respeito – eu não digo pelas pessoas religiosas – mas pela ética histórica elementar".

O que estava em risco era a Verdade.

As obras em questão não tinham "fundamento real", declarou o arcebispo. Elas só apareceram nessa época porque "a Igreja é hoje a única instituição que de modo claro e explícito protege a vida humana do início até a morte; que protege a família; que dá com clareza a sua opinião a respeito de tópicos que envolvem a ética sexual e a bioética; que propõe os valores dos Dez Mandamentos".

Ele ressaltou erros factuais na obra de Dan Brown que, em sua opinião, consistiam em "uma distorção vil da verdade". Quando a ficção é verdade?

Amato afirmou que a divindade de Jesus não foi inventada pelo Concílio de Niceia em 325 d.C., como diz o livro. Ela foi afirmada, insistiu Amato, em um hino contido na Carta de São Paulo aos Filipenses, escrita "por volta dos anos de 40 d.C".

Ele usou o interesse popular gerado por essas obras para justificar as atividades da Congregação para a Doutrina da Fé, cuja tarefa era se unir ao *magisterium* do papa e dos bispos a fim de defender a Verdade e "proteger o povo cristão também por meio da correção de teorias teológicas erradas". Na opinião do arcebispo, é dever das comunidades cristãs "falar com veemência", "proferir a verdade dos telhados das casas, como diz o Evangelho; parar as mentiras que, infelizmente, usam todas as armas de persuasão da mídia para alcançar o consenso da massa".

A impressão deixada foi a de que o mundo moderno é um lugar perigoso para os cristãos, mas, desde que nos apeguemos ao trabalho da Igreja e observemos seus pronunciamentos, ela fará o melhor possível para nos defender desse mundo vil – do nascimento até a morte.

Acredito que seja correto concluir que as mais altas autoridades da Igreja Católica Romana não ligam para o Evangelho de Judas. Também é correto concluir que o autor, ou autores, do Evangelho de Judas não ligam para as altas autoridades da Igreja Católica Romana. Parece que a naftalina do antigo conflito foi retirada, e ele está presente de novo, desta vez com um elenco diferente.

Enquanto isso, em Canterbury

Talvez o dr. Rowan Williams, lorde arcebispo de Canterbury e clérigo sênior da Igreja Anglicana (com 77 milhões de membros), tenha ouvido o chamado para que os cristãos protestassem contra *O Código Da Vinci* e o Evangelho de Judas. Curiosamente, as duas obras foram associadas na Inglaterra, como aconteceu em Roma. Poderíamos até acreditar que as duas emergiram do mesmo programa de publicação.

O arcebispo de Canterbury usou seus sermões da Páscoa (16 de abril de 2006) especificamente para atacar tanto o Evangelho de Judas quanto *O Código Da Vinci*. Ele declarou que o interesse público por histórias de conspiração estava enfraquecendo a manutenção da verdade. O fato de o líder da Igreja Anglicana escolher essa época para se concentrar em um antigo manuscrito e em um filme de ficção, quando ameaças à religião e à paz mundial vinham de um violento fundamentalismo religioso, pareceu estranho para muitos observadores.

Podemos concluir que o arcebispo estava evitando as questões graves e espinhosas da época, ou que essas obras de fato representam uma ameaça à fé cristã. Se for este o caso, então precisamos saber se há alguma verdade nelas.

Segundo o dr. Williams, tratava-se, na verdade, de uma questão de sensacionalismo sazonal. Para começar, ele tentou esclarecer essa explosão de desvio doutrinário: "Um dos meios pelos quais celebramos hoje os grandes festivais cristãos na sociedade é por uma pequena comoção por meio de artigos de jornais e programas de televisão, abordando controvérsias sobre as bases históricas da fé".

Se esse foi o caso, por que acrescentar a suposta publicidade desorientada? Williams estava preocupado com o efeito das teorias da conspiração na mente das pessoas – uma questão que vai além da natureza sazonal do exagero. De fato, a crença em conspirações é uma questão também abordada pelo governo americano em suas tentativas de convencer as pessoas da correção de suas políticas nos Oriente Médio. Williams disse que "a cobertura excessiva do livro *O Código Da Vinci*" e a recente redescoberta do antigo Evangelho de Judas eram parte de um desejo amplo de acreditar na conspiração e não na autoridade.

Preste atenção a esta palavra: *autoridade*. O arcebispo nunca ouviu falar do Iluminismo? Um princípio do debate do Iluminismo é que a autoridade deve responder por si mesma, racionalmente. Caso contrário, logo estaremos vivendo sob um regime ditatorial. Talvez ele seja muito jovem para se lembrar da guerra!

"Qualquer coisa que se pareça com a versão oficial é automaticamente suspeita", disse Williams aos fiéis presentes na Catedral de Canterbury; como se isso fosse novidade.

Jesus não Era um Guru

O arcebispo de Canterbury também expôs suas preocupações acerca do Evangelho de Judas em um jornal conservador do Reino Unido, *The Mail on Sunday*. Ele contrastou a pessoa e a mensagem radicais de Jesus aos "cultos de mistério" elitistas. O principal clérigo do Anglicanismo mundial descartou o Evangelho de Judas. A obra veio dos extremos do movimento cristão, ele disse. É errado transformar Jesus em um "homem de mistério, um guru".

O dr. Williams considerava que as pessoas que originalmente gostaram (e presumivelmente ainda gostam) do Evangelho de Judas tinham medo de "descer à terra e enfrentar o que há de errado conosco.

É surpreendente que algumas pessoas considerem isso muito direto para aceitar? Sem dúvida elas preferiam discorrer sobre os nomes dos anjos e os segredos de como o mundo começou".

O dr. Williams, ele mesmo um respeitado acadêmico bíblico, acredita que os cristãos gnósticos não foram capazes de entender o poder moral dos Evangelhos principais: "As pessoas que não estavam satisfeitas com o tipo de coisa que o Novo Testamento tinha a dizer gastaram muita energia tentando produzir algo que lhes servisse melhor". Segundo o dr. Williams, "eles [os cristãos gnósticos] queriam que os ensinamentos cristãos fossem um tipo de informação exótica e mística, compartilhado por apenas um pequeno grupo. Por isso, muitos desses livros imaginam Jesus tendo longas conversas com muitas pessoas cujos nomes estão na Bíblia, mas sobre quem não temos muitas informações. Eles alegam que essa é a realidade – e não o conteúdo enfadonho dos livros oficiais. *Não acredite na versão oficial*, eles afirmam. A verdade foi escondida de você por conspirações sinistras de bispos e outros vilões parecidos. Mas agora ela pode ser contada".

O Evangelho de Judas seria apenas usado para promover as histórias de conspiração: "Estamos familiarizados com um mundo de histórias encobertas; estamos em um terreno seguro com o cinismo e a sabedoria terrena deles; eles são menos desafiadores e não nos forçam a confrontar as realidades difíceis. E, como todos os tipos de cinismo, ele nos impede de ouvir qualquer coisa genuinamente nova ou surpreendente. Precisamos parar e nos perguntar de vez em quando por que a versão cínica é a que mais nos atrai; será apenas por que podemos lidar com mais facilidade com a imagem de um mundo que sempre opera por meio de manipulação e engano? Não queremos ver alguma coisa mais desafiadora? Somos muito preguiçosos para reconhecer algo realmente novo, algo que indica um mundo maior e melhor?

As pessoas que escreveram o Evangelho de Judas estavam tentando persuadir seus leitores de que todos antes delas tinham uma ideia errada a respeito de Jesus e que as pessoas que administram as Igrejas o fazem apenas em interesse próprio (não importa que esses líderes e seus seguidores regularmente enfrentaram a morte pelo que eles acreditavam, assim como alguns fiéis ainda o fazem, como fomos lembrados nas últimas semanas). A história em si foi uma opção fácil; algo que jamais poderia ser totalmente provado em contrário, mas que criaria um clima de desconfiança".

Para o dr. Williams, o verdadeiro Jesus promoveu uma dominante religião moral, absolutamente preocupada com os defeitos morais dos seres humanos neste mundo, e como superá-los com perdão, autossacrifício e amor.

Este mundo não é um lugar de onde devemos escapar, mas sim onde encontramos Deus por meio de Seu amor. "Quando o Jesus dos Evangelhos ressurge dos mortos", escreveu o dr. Williams, "ele não ataca e destrói seus inimigos. Ele encontra seus amigos e ordena que eles saiam de onde estão e falem sobre ele – sobre o que sua vida e morte tornou possível; sobre perdão; promover a paz; ser honesto consigo mesmo; vencer a tentação de julgar e condenar; destruir seu egoísmo na raiz; rezar de modo simples e com confiança.

"Isso é carne e sangue. Não se trata de mistérios exóticos. Trata-se de como Deus torna possível para nós ter uma vida que não seja paralisada pela culpa, pela agressão e pelo orgulho."

Com certeza, o arcebispo considerou o Evangelho de Judas destrutivo da natureza moral da religião de Jesus. Ele supôs que era mais fácil lidar com a ideia das conspirações, porque acreditar nelas tiraria de nossos ombros qualquer responsabilidade que pudéssemos ter pelo estado das relações humanas no mundo. Era uma mensagem de desespero, não de esperança. Não havia nenhuma "boa nova" no Evangelho de Judas.

O desafio da obra para nós não era nada comparado ao desafio de enfrentar a realidade, segundo o dr. Williams. "Esta é a pergunta que precisamos nos fazer na Páscoa", afirmou o dr. Williams, "e se esse personagem surpreendente no Novo Testamento não for apenas outro professor, outro guru, mas alguém que realmente pode mudar o mundo? Tudo pode ser diferente por causa da história real de Jesus, o Filho de Deus".

"Bem, essa é a reportagem real da primeira página; maior que qualquer história sobre a descoberta de um documento perdido; e mais excitante que quaisquer teorias da conspiração. E talvez seja por isso que a história da Bíblia ainda é contada 2 mil anos depois, por pessoas que descobriram que o mundo e suas vidas de fato mudaram."

O arcebispo estava indignado com a mídia que excitou o público com histórias exóticas de conspirações, dando menos atenção a histórias que deveriam de fato importar aos cristãos. Ele citou o exemplo de Abdul Rahman, no Afeganistão, que estava ameaçado de sofrer a pena de morte porque se convertera ao Cristianismo. A Igreja de fato – diferentemente da Igreja da ficção – está verdadeiramente preocupada com questões como essa: questões *deste mundo* real; e não com um "encobrimento para o benefício dos poderosos".

O dr. Williams sugere que o Evangelho de Judas, vindo "dos extremos mais excêntricos" da Igreja antiga, seria mais apreciado pelos excêntricos extremistas de hoje. A corrente principal não deve deixar sua atenção ser desviada por esse exotismo, e sim se envolver de novo com o mundo real no qual os cristãos são chamados a testemunhar o profundo envolvimento de Deus conosco. Em contrário às convicções dos hereges, o Deus supremo não está distante do mundo, mas se manifesta em cada ato verdadeiramente cristão. Não se deve nunca deixar que o cinismo incapacite a vida e a esperança cristã, argumentou o dr. Williams com veemência.

O dr. Williams tinha conhecimento das razões pelas quais o cenário da conspiração era atraente. Ele reconhecia a influência da história, os erros do passado. "Não confiamos no poder", afirmou, "e como historicamente a Igreja foi parte de um ou outro tipo de *establishment,* e com frequência ficou muito próxima do poder político, não podemos esperar estar isentos dessa suspeição geral".

Ele afirmou que a Igreja Anglicana de hoje estava consciente de alguns aspectos negativos de sua história. Ela agora deve ser voltar totalmente para os fatos da vida, e não para ilusões fictícias de poder no mundo. A Palavra de Deus era o poder no mundo em que a Igreja existe para a promover.

Como o Evangelho de Judas negava o envolvimento de Deus com o mundo como ele é, a obra não tinha lugar entre as genuínas testemunhas cristãs. Desconsiderado como heresia, ele ainda era inútil para a Igreja de hoje.

A avaliação do arcebispo de Canterbury acerca do valor do Evangelho de Judas encontrou eco no padre reverendo Abraam Sleman, da Igreja Ortodoxa Copta: "A descoberta do Evangelho de Judas não foi uma surpresa para os acadêmicos. Ele era conhecido como uma obra herege no século II. O Evangelho de Judas é visto como uma tentativa de perverter o Evangelho de Cristo. São Paulo fez uma advertência sobre esse tipo de ensinamento, dizendo: 'Admira-me que estejais passando tão depressa daquele que vos chamou na graça de Cristo para outro evangelho, o qual não é outro, senão que a alguns que vos perturbam e querem perverter o Evangelho de Cristo. Mas, ainda que nós ou mesmo um anjo vindo do céu vos pregue um evangelho que vá além do que vos temos pregado, seja anátema. Assim, como já dissemos e agora repito, se alguém vos prega um evangelho que vá além daquele que recebemos, seja anátema'"(Gálatas 1, 6-9).

Esses falsos professores que introduziram heresias destrutivas, trazem destruição para si e seus seguidores. São Pedro disse: 'Assim como no meio do povo surgem falsos profetas, assim também haverá entre vós falsos mestres, os quais introduzirão, dissimuladamente, heresias destruidoras, até o ponto de renegarem o Soberano Senhor que os resgatou, trazendo sobre si mesmos repentina destruição. E muitos seguirão suas práticas libertinas, e por causa deles será infamado o caminho da verdade.'" (II Pedro 2, 1-2).

Enquanto isso, o *Al-Ahram* no Egito relatou como o bispo ortodoxo copta Basanti, de Helwan e Massara, informou ao jornal que os Evangelho do Novo Testamento, de Mateus, Marcos, Lucas e João, eram os únicos Evangelhos aceitos pelo Concílio de Niceia no ano 325 d.C, e reconhecidos pelas Igrejas oriental e ocidental. "Quaisquer outros evangelhos não são autenticados nem aceitos", declarou o bispo Basanti.

Fiéis e não Fiéis

Houve uma ampla reação ao Evangelho de Judas por parte de diferentes igrejas. Como se poderia esperar, os cristãos, cujas tradições seguem a Bíblia como o único guia escrito com autoridade divina, foram contra o Evangelho de Judas.

À luz do que o arcebispo de Canterbury disse a respeito do perigo de se apegar a histórias de conspiração, é supreendente como muitos cristãos suspeitam que o surgimento do Evangelho de Judas seja parte de uma conspiração anticristã.

Darrel Bock, professor de pesquisa dos Estudos do Novo Testamento, no Dallas Theological Seminary, afirmou que os "cristãos que vieram do movimento original cristão naturalmente teriam reagido contra o gnosticismo por causa de sua visão da criação". Escrevendo para a revista *Christianity Today*, Bock deu voz a alguns medos cristãos de que o documentário "O Evangelho de Judas", do National Geographic Channel, fosse parte de uma série de tentativas de arruinar a autoridade dos dogmas centrais do Cristianismo. "O que está acontecendo agora – o que tivemos mais recentemente – é um tipo de renascimento dos gnósticos", escreveu Bock, acrescentando: "o Gnosticismo se voltou para o povo da Nova Era, mas os conceitos estão cada vez mais fortes". Assim como as autoridades das Igrejas

Católica e Anglicana, ele associou o lançamento do Evangelho de Judas aos escritos gnósticos nos quais foi baseada a trama central de *O Código Da Vinci*.

Para aqueles que desejam acessar os inúmeros *sites* cristãos, há muito mais a ser encontrado a respeito dessa ideia. Um internauta resume, ou profetiza, suas preocupações da seguinte maneira: "*O código Da Vinci; Jesus Dynasty, The Jesus Papers* [um livro de Michael Baigent], o *Evangelho de Judas* e, provavelmente, mais textos que estão para aparecer provam que o Reino das Trevas está agora desferindo um ataque completo contra os cristãos e seus seguidores. Por isso, sabemos que o tempo está se esgotando, graças às circunstâncias que vemos acontecer".

Não temos como saber se essas visões representam as de milhões de cristãos por todo o mundo. Contudo, uma opinião não precisa representar ninguém mais do que a pessoa que a proferiu. Vozes individuais nos dizem algo sobre essas pessoas, e, por conseguinte, algo acerca da humanidade.

O fato interessante a respeito dos debates na Internet é a percepção de que, para cada indivíduo que acredita em alguma coisa, sempre há alguém que acredita no oposto ou que tem mais informações. Parece ser um meio muito saudável de discutir questões. Como toda forma de debate, ele tem limites, mas há um debate real e honesto; uma expressão direta que é encontrada na mídia raramente.

Em muitos aspectos, seria possível argumentar que o Evangelho de Judas pertence mais à geração da Internet do que aos órgãos oficiais de comunicação. Ele faz um convite a uma liberdade de pensamento e variedade de interpretação.

Um *blogger*, que se autodenomina Joshua, escreve: "Nos últimos dias, parece que todos chegaram a um claro consenso quanto à importância que o Evangelho de Judas tem para os cristãos ortodoxos; ou seja, *nada*. Admitamos, essa era um conclusão fácil de chegar por causa evidente caráter gnóstico do texto. Quero dizer, quantas pessoas fechariam o livro imediatamente quando Jesus começa a falar sobre Nebro, as Eras e outras coisas semelhantes? Isso me recorda de algo que gostei no especial de TV da National Geographic: nas dramatizações do Judas e do Evangelho de Judas canônicos temos uma impressão clara do caráter do manuscrito gnóstico. As representações de Marcos, Mateus e João são relatos reconhecíveis e plausíveis – embora diferentes – da traição. Então chegamos ao Evangelho de Judas, onde Jesus aparece como Haley Joel Osment; dá gargalhadas estrondosas; e diz a Judas que siga sua estrela. E eles nem mesmo abordaram a versão de Cliff Notes sobre o mito gnóstico da criação. Diferentemente de algumas pessoas, eu dou crédito aos seguidores ortodoxos e acredito que eles saberão de imediato que isso é algo completamente estranho à sua fé e praticamente não histórico".

Temos aqui uma reação comum: "Quando toda a agitação passar, restará apenas mais uma evidência de um interessante movimento de separação no início do Cristianismo, que começou no século II d.C. e foi tolerado por dois séculos pela Igreja, até que seus pais e mães se saturaram desses contos de fadas. Em resumo, isso nos ajuda a entender melhor a história pós-apostólica da Igreja nicena; mas não nos diz nada quanto às origens do Cristianismo ou do Jesus histórico."

E outra: "Minha maior preocupação é a história revisionista que está sendo explorada por Elaine Pagels, Karen King, Bart Ehrman, Marvin Meyer e outros, com base nesses documentos gnósticos, com o objetivo de sugerir que, de alguma forma, esses documentos refletem o Cristianismo em seu ponto de origem – o século I d.C.".

Para alguns *bloggers*, "as perversões" (como eles as veem) do Evangelho são consideradas sinais para que as pessoas se mantenham firmes na fé enquanto o mundo se aproxima do fim: "Sempre haverá perversões dos Evangelhos por aqueles que proclamam outro evangelho e outro caminho para a salvação exceto por meio da porta de estreia da morte e ressurreição de Jesus. É por isso que temos de ficar unidos. Heresias são como vírus. Elas nunca vão embora de verdade. Elas apenas ficam incubadas, esperando um momento oportuno para atacar de novo com vingança, junto com todos os outros modos que as pessoas inventaram para negar que Jesus é o Cristo, o Filho de Deus, e escandalizar os fracos de fé. Não tenham medo. Jesus venceu o mundo e sua religião. E isso não é nenhum segredo".

Às vezes, o *blogger* dá voz a uma autoridade religiosa, como esta contribuição de um católico na Índia: "O arcebispo Arguer observou que o conteúdo do 'evangelho de Judas é conhecido por pelo menos 1.800 anos' e o texto já foi considerado parte dos escritos apócrifos de 'uma seita gnóstica em que as verdades cristãs, as doutrinas filosóficas e os mistérios orientais foram todos misturados, e a Igreja condenou isso de imediato'".

Algumas vezes o colaborador busca esclarecimento com acadêmicos e logo passa adiante as informações. Um *blogger* descobriu o seguinte artigo no *The Times*, atribuído ao especialista nos Pergaminhos do Mar Morto, Geza Vermes: "Na Judeia antirromana tal ato era considerado traição, e seu perpetrador era um colaborador desprezível. Quando Lucas (6, 6) se refere a Judas como um *prodotês* ou "traidor", em vez de usar a expressão mais sutil "aquele que o entregou" (Mateus 10, 4; Marcos 3, 19), ele simplesmente chama uma espada de espada. Trata-se de uma distração para afirmar que "traição" é uma interpretação errada. Na história de Judas, 'entregar' sempre traz um tom pejorativo".

Essa correção feita pelo professor Geza Vermes veio em resposta à visão expressa de que os Evangelhos canônicos já continham alguma dúvida quanto à verdadeira culpa de Judas Iscariotes. Ou seja, uma história originalmente sobre Judas "entregando" Jesus (sem a alcunha de "traidor") se tornou a ainda mais condenada *"traição"* de Jesus. Essa interpretação foi divulgada em algumas publicações da National Geographic sobre o Evangelho de Judas.

A publicação do Evangelho de Judas sem dúvida criou oportunidades para um exame amplo e profundo das crenças cristãs, assim como as bases experimentais e evidenciais para essas crenças.

Também houve um amplo comentário a respeito do valor do Evangelho de Judas. Pheme Perkins, professora de estudos do Novo Testamento do Boston College em Chestnut Hill, Massachusetts, e autora de *Gnosticism and the New Testament*,[14] escreveu um relato detalhado do Evangelho para a revista *America* (20 de maio de 2006). Intitulado *Is 'Judas' gospel genuine and does it belong to the Bible?*[O Evangelho de 'Judas' é genuíno e pertence à Bíblia?], nele a professora Perkins afirma que a publicação do Evangelho de Judas ignorou os outros escritos gnósticos contidos no códice. Esses escritos (a Carta de Pedro a Felipe e o Apocalipse de Tiago) teriam dado uma ideia completa de que a Teologia do códice era hostil à história ortodoxa da Paixão de Cristo.

Por ter sido lançado na Páscoa, a professora Perkins acreditava que os compradores da tradução poderiam ser levados erroneamente a pensar que estavam adquirindo uma narrativa da Paixão. Perkins escreve sobre como "a ampla publicidade envolvendo a publicação do Evangelho de Judas sugeriu que a lembrança da Sexta Feira Santa da paixão de Jesus seria reescrita. Veríamos uma face mais humana de Judas em uma história a ser contada a partir de seu ponto de vista. Não é o caso".

---

14. Pheme Perkins, *Gnosticism and the New Testament*, Augsburg Fortress Publishers (USA), 1993.

Ela afirma que o Evangelho de Judas não pertence à Bíblia: "Essa obra é um ensinamento 'oculto', não um texto para proclamação pública. Até onde podemos afirmar, nem o Evangelho de Judas nem qualquer outro diálogo gnóstico de revelação teve a intenção de substituir os textos canônicos na veneração pública e na vida da Igreja". O Cristo sem a paixão é considerado pela professora Perkins uma rejeição aos cristãos que ela conhece, e sua importância final para a fé e prática cristãs, ao contrário do exagero que o envolve, "permanece à margem".

Contrária a essa opinião, a jornalista Nevine El-Aref, escrevendo para um jornal egípcio acerca de modo como o papiro logo seria devolvido ao Museu Copta do Cairo, cita a professora Elaine Pagels, da Universidade de Princeton, acadêmica mundialmente famosa como conhecedora dos Evangelhos Gnósticos: "Essas descobertas estão explodindo o mito de uma religião monolítica e demonstrando o quão diverso – e fascinante – era de fato o movimento do início do Cristianismo".

A articulista do *New York Post*, Angela Montefinise, escreveu um artigo interessante sobre um debate ocorrido nos Estados Unidos, no qual Elaine Pagels tomou parte.[15] O reverendo Jean-Pierre Ruiz, professor associado de Teologia na Universidade St. John, abriu o debate afirmando que não acreditava que o golpe publicitário desafiador das narrativas tradicionais a respeito de Jesus "deva ser acreditado". O reverendo desprezou o texto. Sua importância religiosa era "basicamente zero".

Essa declaração não foi surpresa para Pagels: "Eu acredito que a Igreja irá rejeitá-lo. Ela o rejeitou no ano 180 d.C., e eu não acredito que alguma coisa irá mudar. Mas ela deveria olhar para ele e falar sobre ele".

A dra. Mary Callaway, chefe do departamento de Teologia da Universidade Fordham, tinha dúvidas quanto ao efeito ondular que a publicação do Evangelho teria: "Já temos dúzias desses evangelhos. Isso não é de modo algum uma novidade. Temos um Evangelho de Maria Madalena; um Evangelho de Pôncio Pilatos. Eles já são conhecidos. O Evangelho de Judas é apenas mais um".

Elaine Pagels percebeu que o desprezo pelo Evangelho de Judas estava fortemente ligado à atitude dos gnósticos para com a religião organizada, hierárquica e dogmática: "Os gnósticos acreditam que

---

15. *New York Post*, Angela Montefinise, "Canon Fodder: Judging Judas Gospel", 9 de abril de 2006.

não precisamos de rituais nem de oficiais da Igreja para ter acesso a Deus. Isso foi visto por alguns como uma ameaça à instituição". Ela também disse que os críticos dos escritos gnósticos às vezes não conseguiam entender o lugar que esses escritos ocupavam no entendimento cristão daqueles que os valorizavam. As obras não tinham a intenção de substituir os Evangelhos tradicionais. Tinham o objetivo de ser avançados instrumentos de interpretação. "Os Evangelhos tradicionais são escritos de uma maneira que todos possam entendê-los. É por isso que são a fundação básica. Por isso são o cânone. Esses outros textos continham um nível mais alto de aprendizado."

Robert Neal, professor da Associação da Antropologia Gnóstica em Nova York e gnóstico praticante, expressou sua crença no Evangelho de Judas. Ele disse que algumas pessoas não tinham o tipo de percepção que permitia entender o sentido da obra: "As pessoas têm um entendimento muito superficial do bem e do mal. A dualidade sempre existe no mundo. Sempre há dois lados. Uma visão muito superficial desses personagens [incluindo Judas] como sendo totalmente maus não permite que o indivíduo penetre na natureza dos mistérios que essas histórias estão tentando retratar".

Angela Montefinise relatou como Neal viu cada vez mais pessoas se voltarem para os princípios gnósticos, não como atos pecaminosos culpados, mas como um caminho sincero para Deus. "Eu acredito que elas estão procurando uma alternativa ao dogma cristão, e isso é... Nós acreditamos que esses evangelhos sejam verdadeiros e esperamos que as pessoas os leiam para ver que há mais no Cristianismo do que os olhos podem ver".

Escrevendo para o *The New Yorker*,[16] Adam Gopnik não descobriu nada na publicação do Evangelho de Judas que justificasse toda a publicidade. "A descoberta do novo Evangelho", ele escreveu, "embora com certeza notável como história textual, não desafia as bases da fé da Igreja mais do que a descoberta de um documento do século XIX escrito em Ohio afirmando que o rei George era um desafio às bases da democracia americana. Não há novas crenças; novos argumentos; e com certeza nenhuma evidência nova nos papiros que faça com que alguém que não duvidava antes duvide agora".

O direto e controverso Christopher Hitchens criticou Gopnik por sua baixa avaliação do significado do Evangelho de Judas.[17] Hitchens

---

16. Adam Gopnik, "Jesus Laughed", *The New Yorker,* 10 de abril de 2006.
17. Christopher Hitchens, *"*Why the Gospel of Judas makes sense*",* *Slate Magazine*, 13 de abril, 2006.

vê a importância dele no efeito que causaria sobre o fenômeno do antissemitismo: "O Evangelho de Judas faria uma enorme diferença se fosse aceito. Ele dissiparia os séculos da paranoia antissemita que estava entre os principais acompanhamentos da celebração da Páscoa até aproximadamente 30 anos depois de 1945, quando o Vaticano por fim absolveu os judeus da acusação da morte de Cristo. Mas, se Jesus estivesse agindo consistentemente e buscando um companheiro de confiança que pudesse facilitar seu martírio necessário, então todo o lixo mental e moral acerca da traição judaica contra o Redentor seria visto com outros olhos".

Uma crítica muito profunda e bem pesquisada da tradução inglesa do Evangelho de Judas, apresentada pela National Geographic, apareceu na *New York Review of Books* sob o título "The Betrayer's Gospel" [O Evangelho do Traidor],[18] escrita por Eduard Iricinschi, Lance Jenott e Philippa Townsend. O artigo examina em detalhes o pensamento por trás do Evangelho de Judas e sua importância histórica. Os autores têm certeza de que "o Evangelho de Judas, apresentado ao público pela primeira vez em abril, é uma das contribuições mais importantes para as nossas fontes do início do Cristianismo, desde a descoberta do códice com 13 papiros perto da cidade egípcia de Nag Hammadi, em 1945".

Contrariando os que afirmam que o material não tem nenhuma importância para a fé e a prática cristãs, os autores observam que "independentemente do apelo sensacionalista", escritos gnósticos publicados há pouco tempo "forneceram aos acadêmicos uma oportunidade sem precedentes de expandir nosso entendimento das controvérsias do início do Cristianismo sobre questões acerca de gênero, heresia e liderança da Igreja". Os autores reconhecem que, como o Evangelho de Judas foi escrito "décadas depois" dos Evangelhos canônicos (talvez por volta do ano 140 d.C.), ele não pode oferecer uma base histórica para reavaliar Judas. Eles acreditam que o Evangelho não contém novas informações históricas nem biográficas sobre Judas Iscariotes.

Diferentemente de outras reações ao Evangelho, no entanto, eles fazem desse fato a base de uma pergunta fascinante: "Por que um cristão do século II... estaria interessado em reabilitar o arqui-inimigo de Jesus? O que inspiraria um autor a produzir essa resposta em particular ao enigma da traição, transformando o infame traidor de Jesus em seu discípulo mais leal e reescrevendo a história cristã em seu nome?".

---

18. Eduard Iricinschi; Lance Jenott; Philippa Towsend, *New York Review of Books,* "The Betrayer's Gospel", 8 de junho de 2006.

Os autores expressam a possibilidade de que a comunidade cristã que deu valor ao texto se sentiu insultada e incompreendida por causa de sua percepção diferente e, por conseguinte, interpretação diferente, das tradições que envolvem a crucificação de Jesus. Incompreendidos, esses cristãos se identificaram com Judas, o solitário que deixou o círculo fechado e, portanto, a proteção da irmandade.

Eles também observaram que no início da Igreja havia discordâncias sobre muitos assuntos – principalmente sobre o martírio; se era ou não necessário "se atirar aos leões" para imitar a própria entrega de Jesus à morte. Curiosamente, os autores chamam a atenção para o fato de que alguns cristãos gnósticos não dão nenhum valor a sacrificar a vida. O compromisso com a vida espiritual não exige atos de extrema autonegação física (*isso traz à tona a pergunta: quando o martírio é suicídio?*).

Se, como foi afirmado sobre os cristãos gnósticos, eles estavam apenas interessados em deixar o corpo e este mundo, então com certeza o martírio nas arenas públicas teria fornecido uma perfeita oportunidade para um tipo de suicídio virtual.

Esses autores não estão em estado de negação; eles estão preparados para examinar o texto e não apenas aceitá-lo ou rejeitá-lo. Sua reação ao surgimento dele é rara; sua raridade dá a ela seu valor.

Contrariamente ao que o arcebispo de Canterbury tinha a dizer a respeito de um mundo que está arruinado apenas por causa do fracasso do ser humano em fazer boas obras nele, os autores chamam a atenção para um fato desconcertante. Eles afirmam que "o tema de que poderes angelicais rebeldes regem o mundo não é exclusivo da assim chamada Teologia gnóstica".

"O Evangelho de João, por exemplo, descreve o Diabo como 'o Príncipe deste mundo'; e a Carta aos Efésios proclama que 'nossa luta não é contra os inimigos de carne e osso, mas contra os regentes, contra as autoridades, contra os poderes cósmicos destas trevas presentes" (6, 12). Como Satanás, a quem, segundo o Evangelho de Lucas, Jesus viu "cair do céu como um raio" (10, 18), as figuras de Nebro e Saklas dão ao autor do Evangelho de Judas um modo de explicar o mal no mundo como algo ao mesmo tempo independente e sujeito a um Deus perfeito".

Os autores observam que, no fim do Evangelho de Judas, o leitor se depara bruscamente com a entrega de Judas e o recebimento de "algum dinheiro". Eles sugerem que, em vez de não estar interessado nos eventos da Paixão, como acusaram alguns críticos da obra, seu autor não desejou acrescentar nem contradizer relatos conhecidos. O autor do Evangelho estava interessado no *significado por trás* dos acontecimentos. A obra, então, pode ser vista como uma meditação piedosa; não como um ataque descuidado, cínico e conspiratório às inocentes convicções cristãs.

A conclusão da crítica é que ninguém que tenha examinado profundamente o Evangelho condenado voltará a ler o relato tradicional da mesma forma. Embora isso não seja de modo algum a mesma coisa que dizer que o Cristianismo foi virado de cabeça para baixo, como o material promocional sugeria, ainda é uma declaração significativa feita no mundo moderno por uma coletânea muito antiga de papiros coptas.

Ainda que o cenário "outrora familiar" seja mudado, o Evangelho de Judas não destruirá os relatos tradicionais dos eventos da Paixão. Não obstante, ele com certeza oferece "uma meditação sofisticada sobre o relacionamento entre Deus e o mal – que talvez tenha sido inspirado tanto por uma experiência pessoal quanto por uma curiosidade filosófica".

A crítica, que não é contra nem a favor do Evangelho, demonstra não apenas a virtude, mas também a vantagem, de um raciocínio desapegado.

Queiram se Levantar Todos os que São a Favor

Por tudo o que vimos, parece que a resposta à publicação do Evangelho de Judas foi quase uniformemente hostil. Embora isso seja verdade como um reflexo das visões dos corpos religiosos organizados, ainda não vimos o outro lado da história.

Uma grande quantidade de pessoas ficou excitada e estimulada pelas várias questões levantadas desde o surgimento do novo evangelho – ainda que seus oponentes afirmem que a palavra "evangelho" (boa nova) tenha sido empregada de modo errado. Na realidade, é fácil de observar que, onde houve um pensamento e uma reflexão mais profundos sobre o conteúdo do antigo evangelho, também houve um nível maior de aprovação. Isso não quer dizer que os opositores do evangelho não tenham pensado com profundidade sobre o motivo pelo qual foram contra sua publicação, mas que as objeções levantadas são fundamentalmente *reacionárias*, fundadas em preconceitos estabelecidos e não em novos estudos à luz de uma nova obra.

Por exemplo, o arcebispo de Canterbury é um homem culto com um histórico de excelência acadêmica. Seria normal esperar que ele tivesse uma visão mais imparcial e objetiva do fenômeno. Ele, entre todas as pessoas, deveria saber que uma obra nova para o mundo acadêmico, como é o caso do Evangelho de Judas, requer um estudo cuidadoso, até especializado. Em vez disso, ele parece ter tratado esse extraordinário sobrevivente de uma era passada como um panfleto político jogado na entrada de nossas casas, que é lido de modo superficial antes de ser descartado.

Seus comentários deixam a impressão de que ele "já sabia tudo sobre o assunto". Ele chegou a dizer que o Evangelho era uma entre "dúzias" de obras semelhantes. Na verdade, o Evangelho de Judas tem elementos muito próprios que o tornam singular no corpo sobrevivente da assim chamada literatura gnóstica. Será que o arcebispo reconheceu esse fato?

Se o Evangelho solitário não tem nada a dizer aos cristãos, então ele não pode ser uma obra cristã. Mas o autor ou autores do Evangelho acreditavam ser *completamente* cristãos, devotados ao espírito de Jesus. Nem por um segundo eles se consideraram hereges. Observaram a Igreja mudando ao seu redor. Escreveram acerca das mudanças; sofreram com o resultado delas.

Além do mais, o arcebispo de Canterbury associou o Evangelho a um anseio público e suspeito (em sua opinião) por histórias de conspiração. Ele sugeriu que qualquer pessoa interessada em histórias de conspiração não seria capaz de enfrentar o mundo real. Aqui, ele simplesmente deixou de lado todo o seu treinamento acadêmico, no qual um elemento importante deve ser a discriminação de gêneros. Um evangelho antigo não pode ser comparado a um romance comercial moderno, ainda que você acredite que o evangelho é pura (ou impura) ficção. Se alguém quisesse falar sobre uma história de conspiração na Páscoa, não precisaria ir além da própria história tradicional dela!

Nessa história temos um traidor – na verdade, um espião – possuído por Satanás, trabalhando para "o outro lado". Judas (possivelmente um terrorista, ou simpatizante do terrorismo) deixou o grupo e conspirou com os sacerdotes para afastar – em segredo e sob a escuridão da noite – um homem de seus companheiros. Há uma cena clandestina em que o dinheiro troca de mãos. Há um sinal secreto (um beijo) e uma luta violenta na qual um dos discípulos ataca um guarda com uma espada e quase o mata. As circunstâncias são bem misteriosas; os motivos, obscuros. E durante tudo isso, o homem traído *já sabia* da trama. Ele não detém seu traidor mesmo quando podia impedi-lo de arruinar a própria vida; em vez disso, encoraja-o: "Faça-o logo", ele diz ao espião.

Mesmo na história tradicional, a entrega de Jesus por Judas Iscariotes é um conto clássico de conspiração e vingança – que deixa muitas questões em aberto. Há motivos secretos em operação; nem tudo é o que parece (como veremos no capítulo seguinte). A verdade simples é que ninguém em nenhuma Igreja, em lugar nenhum, pode dizer com certeza absoluta, demonstrável e incontestável o que aconteceu na época. O júri da história, se não o da fé, não está presente.

Sua Santidade o papa afirmou que Judas era um "mentiroso ganancioso". Em um tribunal, essa declaração seria considerada apenas uma afirmação em benefício da promotoria. É improvável que, em um julgamento *post-mortem* em um país civilizado, Judas seria condenado, pela evidência limitada e contraditória contra ele. Sabemos que a Igreja o condenou, mas deve ter havido outras razões envolvidas. Há razões para duvidar; a dúvida honesta é legítima, não pecaminosa.

É importante observar que o Evangelho de Judas não foi a primeira obra a destacar a presença de uma conspiração em tudo isso. O dr. Williams sabe muito bem que muitos livros escritos por respeitáveis teólogos e historiadores da religião questionaram o que realmente estava por trás do julgamento de Jesus. Até o supremo caçador de heresias, o bispo Irineu de Lião, escreveu sobre o "mistério da traição" – uma frase misteriosa, com certeza.

O arcebispo parece ter uma ideia simplista acerca dos eventos que envolveram a crucificação, dificilmente justificado pelos relatos. A interpretação dele quanto aos acontecimentos é sem dúvida poderosa e, para a corrente principal dos cristãos confessos, muito transformadora. A objeção feita pelo arcebispo e seus colegas cristãos ao Evangelho de Judas é quanto ao *significado* dado ao cenário oriental. Aos olhos dele, o significado dado aos acontecimentos no Evangelho de Judas está *errado*. Portanto, ele pode ser desconsiderado. Os membros do público que desejem investigar esse significado condenado são informados de que a raiz de seu desejo não é sancionada pelo Cristianismo *real*. A conspiração está escondendo a verdade!

Essa observação pode fazer com que suspeitemos de que algumas pessoas concluirão com rapidez que a *própria* publicação do Evangelho de Judas é parte de uma conspiração *contra a verdade*. As palavras do dr. Williams podem, a longo prazo, ser vistas como um estímulo, e não um desprezo, à centelha da conspiração.

Em resumo, o Evangelho de Judas foi condenado como irreal e, portanto, desmerecedor da atenção de qualquer pessoa além dos acadêmicos especialistas. As Igrejas principais, no todo, não querem que o público fique agitado pelo conteúdo da obra porque ele está errado. Interpretação errada. Significado errado. Texto errado. Aqueles que não concordam estão errados.

A Igreja *já sabe* e não tem nada mais a aprender sobre o assunto. Essa posição pode não estar de acordo com a de muitas pessoas sérias no mundo de hoje, ainda que elas estejam erradas.

Explodindo o Mito

Uma das pessoas que defende o valor de considerar a interpretação "errada" é o professora gnóstica Elaine Pagels. Suas palavras acerca do Evangelho de Judas foram citadas em todo o mundo: "Essas descobertas estão explodindo o mito de uma religião monolítica e demonstrando o quão diverso – e fascinante – era de fato o movimento do início do Cristianismo".

O que ela quer dizer com o "mito de uma religião monolítica?". É a ideia de que existe uma simples linha de ensinamento de Jesus aos discípulos, aos judeus, a Paulo e, depois, aos gentios – um tipo de Era Dourada teológica. O mito exige a existência de um corpo de doutrina ensinada por Jesus e continuada por Pedro e Paulo ao mundo. Jesus deu a Pedro as "chaves do reino", uma frase fascinante com frequência empregada para sugerir que Jesus deu a Pedro as chaves da porta da frente de sua Igreja una e única. Pedro deveria ser, por assim dizer, o Leão de Chácara Chefe do Clube Jesus.

Junto com essa imagem de um movimento mais ou menos harmonioso, e algumas vezes miraculoso, está a ideia de que praticamente desde o começo havia quatro Evangelhos. Havia apenas quatro Evangelhos, e todos eles apoiam o corpo da doutrina pura remontando ao Próprio Mestre. E eles não eram apenas uma coletânea inspirada de escritos; eram a "Palavra de Deus", como se o próprio Jesus as tivesse escrito. Segundo essa teoria, os apóstolos não podiam criar nada; apenas *transmitir.*

Qualquer coisa que parecesse manifestamente diferente ou contraditória àqueles escritos que deveriam ser observados para sempre é heresia. Heresia é algo errado. Sempre.

Mas tudo isso não pede uma pergunta? Se havia um movimento divino de crescimento da Igreja, um corpo de doutrina cristã, quem eram esses hereges? De onde eles vieram? Quem os ensinou? Mesmo em Atos dos Apóstolos vemos que o próprio Paulo era considerado um herege perigoso pelos cristãos judeus, que acreditavam que os gentios deveriam aceitar a lei judaica e ser circuncidados. O que Jesus ensinara quanto a essa questão? De acordo com a ideia da Igreja monolítica, Pedro e Paulo deveriam saber a resposta e segui-la.

Surge então a pergunta – por que Jesus não deixou instruções precisas sobre o modo como "sua Igreja" deveria se desenvolver? Ele esperava o surgimento da Igreja? Houve uma brecha significativa entre o aparecimento de Jesus, seus ensinamentos e o desenvolvimento de uma Igreja? A resposta tradicional a essas perguntas se resume em afirmar que Jesus prometeu que o Espírito Santo viria depois dele e guiaria os apóstolos no caminho da verdade.

Depois da partida de Jesus, o Espírito Santo instruiria os discípulos. Mas sabemos que Pedro e Paulo discutiram a respeito disso. Por que eles não receberam a mesma mensagem da orientação do Espírito Santo? De acordo com os Atos dos Apóstolos, Pedro e Paulo acabaram chegando a certa concordância quanto à questão – e concordaram em se separar. Curiosamente, afirma-se que o motivo pelo qual Pedro mudou de ideia foi uma experiência visionária pela qual ele passou (no início da Igreja não havia problemas com as visões). A visão deu a Pedro convicção e autoridade. No entanto, apesar dela e do trabalho harmonioso do Espírito Santo, foi sugerido que Paulo deixasse a Judeia e fosse para outras regiões.

Paulo aceitou a proposta (ou ordem) como uma licença para pregar sua versão da salvação (ele sempre acreditou que era a versão de Cristo) aos gentios. Pedro parece ter aceitado a ideia. Contudo, muitos dos primeiros seguidores de Jesus que também "receberam" o Espírito Santo não confiavam em Paulo. Eles não o viam como um "pregador" da mensagem de Jesus, mas como um inovador, um espírito perigosamente criativo. Eles não queriam criatividade; eles queriam a lei e a ordem.

Também sabemos, a partir das cartas de Paulo, que, quando a ideia de que o "Espírito Santo" era o árbitro da conduta certa se tornou dominante nas primeiras reuniões cristãs, surgiram problemas com disciplina pessoal. Esses problemas logo saíram de controle. É possível ler a respeito deles nas cartas de Paulo aos Coríntios. Estes viviam em uma região portuária conhecidamente promíscua.

Teria Jesus deixado instruções sobre como lidar com problemas surgidos por causa da presença do Espírito Santo? Ou Paulo teve de improvisar da melhor maneira possível? Paulo era bom em improvisação. Ele era criativo. E para um autodenominado apóstolo, sua flexibilidade era de surpreender; ele conseguia *mudar de ideia*. Espantoso.Paulo foi chamado "o primeiro teólogo cristão" (assim como o primeiro místico cristão), porque *interpretava* as tradições que chegavam até ele. E como pensava que fazia isso de acordo com o Espírito de Cristo que, acreditava, estava dentro dele e dos que estavam próximos a ele, estava convencido de que seus escritos eram verdadeiros.

Essa mesma justificação se tornaria a principal de muitas pessoas que as autoridades da Igreja mais tarde condenariam como hereges, incluindo, é claro, os responsáveis pelo Evangelho de Judas. Muitos dos chamados gnósticos viam em Paulo sua inspiração apostólica escolhida. Por fim, a fé no Espírito Santo como o único guia passou a ser qualificada por regentes, e a ordem cristã foi controlada por diáconos, sacerdotes e bispos autorizados. O que queremos dizer com "autorizados"? Para ter autoridade, sua autoridade de ensino deve remontar a um apóstolo.

É simplesmente fascinante que as pessoas que encontraram significado no Evangelho de Judas escolheram a ele como sua autoridade apostólica – ele, que fizera parte e que saíra do círculo (Paulo, é claro, nunca esteve nele.). Será que essas pessoas eram apenas encrenqueiras, anarquistas, espertalhonas, rebeldes automáticas, loucas? Elas não tinham nada a nos dizer?

O Espírito criou desenvolvimentos inesperados, desenvolvimentos que não agradaram a todos. O surgimento de pessoas que descobriram significado na história de Judas pode ser descrito como um desses desenvolvimentos inesperados.

Aqui não é o lugar para contar a história das primeiras comunidades cristãs; uma grande parte dela seria especulativa ou discutível, pois muitas evidências são questionadas por comentaristas responsáveis. O ponto é, como afirma Elaine Pagels, que havia uma diversidade de interpretação nas primeiras comunidades cristãs. O nível de diversidade dependia de quem era o professor, e do que ele sabia, ou do quanto acreditava conhecer a mensagem de Jesus.

Ao que parece, não havia entre os fiéis da época o amor caridoso e o sentimento de irmandade que vemos hoje. Quando um comentarista romano fez a famosa declaração: "Veja como esses cristãos amam uns aos outros!", ele provavelmente não assistiu a um debate sinódico. "Amai-vos uns aos outros", disse Jesus, e por quase 2 mil anos seus seguidores discutem o que isso significa. Quando "paz e amor" se tornou o grito dos jovens críticos sociais na década de 1960, a reação da Igreja foi, no mínimo, nervosa.

A Igreja teve de negar muitos de seus entusiasmos iniciais em nome de uma ordem moral. Um desses entusiasmos iniciais foi o que deveria ser chamado "profecia"; alguns aspectos dela são hoje chamados "misticismo" – a experiência direta da mente divina. Sabemos que aconteciam muitas profecias nas primeiras comunidades cristãs; hoje, isso não acontece muito, pelo menos na Europa.

Certa vez, o então reitor de Lichfield disse que a Igreja na verdade não gosta dos profetas; eles sempre foram um problema. A experiência mostrou que é difícil saber na hora se estamos ou não na presença de um bom profeta ou de um falso profeta. É muito mais fácil colocá-los todos no mesmo saco e dizer: "Olhem, temos um profeta chamado Jesus. E já temos problemas suficientes tentando viver como ele ensinou; não precisamos de outros!".

Se a frase de Jesus "um profeta é honrado – exceto em sua própria cidade", valer para todos os tempos, então podemos, por definição, esperar que um profeta seja mais bem ouvido *fora* da Igreja do que dentro dela. Esse pode ou não ser o caso com o Evangelho de Judas – porque com certeza ele fala a certas pessoas. Não é, ao que parece, uma letra morta, um mero sobrevivente subliterário de uma antiguidade desaparecida. Há pessoas que encontraram real significado não apenas em suas páginas, mas no efeito previsível que ele teve sobre as autoridades religiosas.

Apresentamos aqui um resumo de alguns pontos interessantes levantados por muitas pessoas diferentes que *não* rejeitaram o Evangelho de Judas.

Alguns observadores registraram como a reação geral ao Evangelho de Judas traz à tona a questão se de fato houve algum progresso espiritual ou psicológico no ser humano nos últimos 2 mil anos. *Muito pouco,* parece ser a conclusão.

Embora o Evangelho de Judas traga luz às trevas de nosso entendimento, a Igreja, mais uma vez, se esforça por marginalizá-lo. As autoridades permanecem em estado de negação e pretendem impedir que consideremos a obra em seus próprios termos. A série usual de palavras condenatórias vem à tona: a obra é chamada "gnóstica" (como se isso explicasse tudo), "setiana", "cainita", "oriental" –

exótica. Sua data de origem é aparentemente muito tardia para que a levemos a sério. Ela não foi apreciada pelos "santos pais da Igreja" que nos salvou de sua desonrada presença. O autor dela odeia nosso mundo real e nossos corpos reais. A obra apoia o trabalho de Satanás (porque Judas estava pleno de Satanás).

Mas, quando se junta o Evangelho à "heresia gnóstica", ou com o termo "gnosticismo" empregado pelos acadêmicos, a obra é pré-julgada e pré-condenada. A implicação é que ela não tem nada a ver "conosco". Nós a julgamos com muita rapidez – associamos a ela ideias que provavelmente não foram compartilhadas por seu autor ou autores. O Evangelho foi condenado, acima de tudo, por aqueles que foram ensinados a odiar tudo o que seja parecido com ele.

Ele não foi objeto de um estudo livre e objetivo. Foi apresentado como sensacional, ou vil, ou ambos. Se for vil, é desprezado como irrelevante. Se for sensacional, é desprezado por não ser merecedor de uma atenção mais profunda. Se for como *O Código Da Vinci,* então é ficção. Se não for ficção, então é fantasia.

Na verdade, foi observado corretamente que toda a história do conhecimento bíblico mostra que, repetidas vezes, uma ideia outrora apreciada foi substituída ou radicalmente reavaliada com o passar do tempo. Faz menos de duzentos anos que muitos homens cultos acreditavam que o mundo fora criado em 4004 a.C. e que Adão e Eva eram os nomes dos primeiros membros da espécie e viviam como um casal em um "jardim". Até bem pouco tempo, os Evangelhos eram considerados biografias ou "escritos automáticos", cujos autores tiveram as mãos positivamente carregadas com a vontade de Deus de se expressar.

Novos conhecimentos trazem mudanças que são desconcertantes para muitos – mas em especial para aqueles em posição de autoridade. Nossa imagem do movimento do início do Cristianismo está mudando. Em vez de vermos crenças apelidadas de "gnósticas" ou "gnosticismo" como algo fora da Igreja, elas parecem ter estado presentes de uma forma ou de outra todo o tempo. De que forma e precisamente onde são perguntas que manterão os acadêmicos ocupados por muitos anos ainda. Mas eles encontrarão respostas e um melhor entendimento se fizerem bem seu trabalho; se tiverem a *permissão* de fazer seu trabalho bem o suficiente. A liberdade não é inevitável.

A mente de Jesus ainda está cobrando um entendimento por parte de nossas melhores mentes. O próprio Jesus compartilhou ideias que mais tarde seriam consideradas hereges. Será que Jesus teria sobrevivido às investigações da Santa Inquisição – ou mesmo da Congregação para a Doutrina da Fé?

A descrição "gnóstica" foi usada para definir os limites do poder dominante da Igreja. Esta definiu a si mesma, comparando-se ao que ela não é. Qualquer pessoa que já tenha rezado o Credo na igreja e saiba um pouco da história da Igreja pode sentir a presença de um concílio após o outro discutindo com ferocidade se Jesus era Deus ou não; e se era, como. O que significa ser "consubstancial ao Pai", por exemplo? Quer dizer que ele era "feito de Deus"? E por que a oração diz que Jesus está sentado "à direita" de Deus, quando os fiéis afirmam que ele está ativo no mundo real?

Qualquer pessoa que examinar com profundidade algumas das ideias contidas nos escritos rejeitados poderá ver que são compatíveis com os Evangelhos e com frequência esclarecem seu significado. Mas esse significado é alcançado independentemente da autoridade da Igreja. E é essa questão da autoridade, da lei, da estrutura e do poder que emerge repetidas vezes como o fator-chave tanto no entendimento de por que o material foi rejeitado (e o é mais uma vez) quanto na questão de saber se ele contém algum valor espiritual, psicológico ou histórico para nós no presente.

Também devemos ter em mente que esses escritos, encontrados no Egito, podem representar um estágio do desenvolvimento no movimento do pensamento cristão. Agora, como antes, eles estão congelados no tempo. Mas, se deixassem que se desenvolvessem, essas ideias teriam encontrado meios mais refinados de expressão à medida que as gerações posteriores ganharam experiência, como resultado do diálogo e do envolvimento criativo com as outras.

Se aqueles que amaram as obras não tivessem sido ameaçados de excomunhão, teria havido uma interação mutuamente benéfica entre as escolas de pensamento. Alguns dos conceitos mais difíceis poderiam ter sido simplificados, e teríamos visto um tipo de "conselho de místicos" para aqueles que examinassem mais profundamente suas tradições herdadas.

Nada neste mundo é perfeito, mas será que as pessoas não poderiam ter feito um trabalho melhor lidando com as diferenças, muitas das quais resultantes apenas de meros acidentes de nascimento? O Cristianismo ortodoxo não é um Deus a ser venerado; assim como a "Santa Igreja" não é um ídolo milagroso diante do qual devemos nos acovardar. O Cristianismo ortodoxo é uma interpretação de acontecimentos remotos. Havia apenas uma única interpretação dos acontecimentos no início da Igreja? Quem tem o direito de os interpretar?

Um colaborador de um *blog* na Internet fez referência à ideia do psicanalista Wilfred Bion do que ele chama "fato selecionado": "O 'fato selecionado' é aquele que não pode ser selecionado porque resultará em uma mudança catastrófica para a psique ou o grupo. O fato selecionado é aquele que não pode ser integrado à hipótese definidora atual ou ao sistema básico de crenças, porque isso causará a destruição do receptáculo – a hipótese definidora atual mantida por presunções míticas."

"O fato selecionado no sistema atual de crenças do conhecimento bíblico – e da corrente principal do Cristianismo – é a probabilidade de que as 'influências gnósticas' alcancem a pré-história tanto do Cristianismo ortodoxo quanto do Judaísmo normativo."

O colaborador chama a atenção para o fato de que Jesus ensinou em muitos níveis para "alcançar os diferentes níveis de desenvolvimento psicoespiritual de seu público". Aqueles com ouvidos para ouvir os "mistérios do reino de Deus" (uma frase do Novo Testamento) receberam um nível mais alto de percepção que pode ter se desenvolvido em uma ampla variedade de ensinamentos *gnósticos*.

Por que essa ideia é tão difícil de ser aceita por algumas pessoas? Por que é "elitista"? Não temos níveis de educação? Será que todas as pessoas são capazes de ser professores ou físicos subatômicos? Todos conseguem aprender 12 línguas? Por que, então, se sugere que todos podem entender todos os níveis da verdade espiritual? Nós progredimos – se é que o fazemos – passo a passo. A fé é um começo, e não um fim em si mesma. Uma posição clerical não dá ao indivíduo uma vantagem no entendimento espiritual; Jesus afirmava que as crianças estavam mais perto do céu que os discípulos.

Não há justiça na ideia de que você "colhe aquilo que semeou"?

Dizem que os "gnósticos" acreditavam que apenas os espiritualmente conscientes seriam salvos. Todavia, é com certeza notável o pensamento, contido no Evangelho de Judas, de que ele [Judas], que na maior parte do Evangelho está fora "dos 12" (e, portanto, impedido de se juntar à "grande e sagrada geração") e é o homem mais condenado da Terra, seja por fim elevado à grande e sagrada geração, principalmente talvez porque *ele assim o deseje*.

Isso quer dizer que Judas desejava mudar seu modo de pensar. Ele estava disposto a ficar diante de Jesus, embora ainda não fosse capaz de olhá-lo diretamente nos olhos; ou seja, de entender sua mente, ou suportar a presença espiritual essencial. O Evangelho de Judas não sugere que somos nós mesmos que barramos nosso caminho? Ele não mostra um caminho para todos que desejam o seguir?

De qualquer modo, a doutrina da Igreja Católica nunca disse que todos serão salvos, não importa o que fizerem. Para os vis, não existe nenhuma passagem direta para o céu no momento da morte. Além do mais, sempre existiu uma "comunhão dos santos". Se essa comunhão não é uma elite, então por que colocamos os santos em pedestais e dirigimos preces a eles?

Não é possível considerar, diz um colaborador na Internet, "que o plano de Deus incluiu um componente para a educação e evolução em longo prazo da consciência humana (considerando seu estado patético atual)". Não poderia esse evangelho ser a semente de um novo passo, após anos de erro espiritual, na direção de algo para o qual a raça humana, ou pelo menos parte dela, esteja preparada? Será que não foi o próprio Deus que enviou essa estranha obra de volta ao nosso mundo para mostrar o que fomos, o que nos tornamos, e o que ainda poderemos ser?

É o início da elevação de Judas? E se for, será também o da nossa?

Notavelmente, essa ideia de que a figura de Judas tem a capacidade de levar as pessoas a uma percepção mais alta da autorrealização espiritual surgiu anos antes da publicação do Evangelho de Judas.

Samael Aun Weor (1917-1977), nascido Victor Manuel Gómez Rodríguez, em Bogotá, Colômbia, foi um escritor prolífico e professor de Ocultismo. Em 1973, ele escreveu sobre como "o Drama Cósmico de Cristo seria impossível de ser representado sem o papel de Judas; esse apóstolo é assim o Adepto mais exaltado; o mais elevado entre todos os apóstolos de Jesus Cristo".

Em uma obra intitulada *Gnosis – The Practical Gnosticism of Samael Aun Weor*, o autor mais uma vez considerou o significado espiritual do "mentiroso ganancioso": "Judas simboliza um aspecto muito específico da consciência. Para compreender Judas em sua total profundidade simbólica é preciso meditar. O intelecto é simplesmente muito raso e redundante para captar o total impacto de qualquer verdade espiritual; e Judas, que na superfície parece diabólico, não é fácil de definir".

A surpreendente visão de Judas como um adepto exaltado dos mistérios espirituais parece profetizar a figura que emerge do Evangelho de Judas. Porém, é mais provável que o autor dessas palavras intrigantes tenha meditado sobre *Beelzebub's Tales to his Grandson*, de Gurdjieff (Weor escreveu uma obra intitulada *The Revolution of Beelzebub*, em 1950).

Uma contribuição fascinante – e nem um pouco oculta – à defesa do Evangelho de Judas veio do tradutor da obra, Rodolphe Kasser, que até onde eu sei não tem nenhum interesse específico no misticismo ou na Nova Era. Em uma entrevista ao *Swissinfo*, perguntaram a Kasser como ele reagiu à insistência do papa Bento XVI em afirmar que Judas era um traidor. Kasser replicou: "Foi uma reação um tanto tola dizer que esse novo texto confirma a ideia de que Judas traiu Jesus por amor ao dinheiro e ao poder. Isso não é verdade de modo algum. Judas é apresentado [nesse evangelho] como alguém que quer saber mais. Isso é o gnosticismo: é o conhecimento que traz a salvação; e são as crenças falsas que impedem o homem de se desenvolver. A Bíblia não se opõe a isso".

O *Swissinfo* então perguntou se a reação da Igreja foi motivada pelo medo. A resposta de Kasser foi direta: "É motivada pela preguiça intelectual. As pessoas não querem mudar aquilo no que sempre acreditaram. Observei essa reação entre as pessoas na cidade de Yverdon, onde eu moro. Uma pessoa que conheço bem me disse que elas eram contra essa nova descoberta porque não gostavam da ideia de Jesus e Judas fazendo planos juntos".

Em outros lugares, algumas reações apresentaram interpretações bem incomuns das passagens do Evangelho de Judas. Em vez de interpretar a frase *"Você sacrificará o homem que me veste"*, como faz Bart Ehrman, sugerindo um dualismo gnóstico entre o espírito e a carne, um *blogger* com interesse em ioga afirma que o Evangelho se mistura ao pensamento evolucionário do guru iogue Sri Aurobindo e Patrizia Norelli-Bachlet: "Jesus estava falando sobre o *Homem* – como em *nós* – como *nesta* fase temporária da Humanidade". Segundo essa interpretação interessante, o "homem" que "veste" Jesus é o mundo humano que esconde ou obscurece o verdadeiro ser ou natureza de Jesus. A interpretação afirma que "Jesus [por meio do autor do texto] basicamente nos diz que está fazendo uma piada divina com a humanidade. Ele diz a Judas com clareza que, representando sua crucificação, intencionalmente plantaria a semente da dissolução no Homem (Homem Mental), para abrir o caminho para *aquela* Geração, ou a Raça Supramental referida por Sri Aurobindo, que Jesus sabia estar vindo em uma era futura". O autor dessas palavras descreve a si mesmo como um aficcionado da "Ioga Integral".

É importante observar que as práticas iogues não eram desconhecidas do Egito greco-romano do período no qual se supõe que o Evangelho de Judas tenha sido composto – se é que ele foi composto no Egito em primeiro lugar. Para ser sincero, não sabemos onde ele foi composto e não podemos ter certeza absoluta de que havia um original grego, embora pareça provável.

Contra essa alegoria iogue, o professor Rodolphe Kasser, da Universidade de Genebra, prefere a mesma interpretação básica do texto defendida por Bart Ehrman. Segundo Kasser, "Jesus diz que é necessário que alguém o liberte por fim de seu corpo humano, e ele prefere que essa libertação seja feita por um amigo em vez de um inimigo. Por isso, ele pede a Judas, que é um amigo, que o traia por dinheiro. Para o público em geral, trata-se de uma traição, mas entre Jesus e Judas não é".

Apoiando essa visão, Elaine Pagels acredita que a assim chamada traição pode ter sido um "mistério secreto" entre Judas e Jesus. Em uma entrevista concedida à ABC News (6 de abril de 2006), Pagels acrescentou como ele esperava que as pessoas entendessem a "excitação dessa descoberta e reconhecessem que não há problemas em fazer os tipos de perguntas que às vezes elas têm medo de fazer e dizer: o que mais não sabemos sobre os primórdios do movimento cristão? Judas, por exemplo, poderia ser perdoado?". E quando as pessoas começarem a fazer essa pergunta, elas perceberão que isso não destrói a fé, mas de fato pode fortalecê-la. Mas é um tipo diferente de fé; ela é informada pelo que entendemos acerca de nosso passado".

Os Gnósticos Hoje

Em toda essa conversa sobre heresias antigas e documentos antigos, ficamos inclinados a esquecer que um número crescente de pessoas hoje tem uma forte identificação com a tradição gnóstica. Para elas, a busca pela *gnose* não é algo que desapareceu sob as pedras do Egito com o Evangelho de Judas no século IV d.C. Pelo contrário, é algo que sempre esteve presente em algum lugar no mundo, aparecendo de tempos em tempos como a catedral tragada pelos mares no famoso *Prelúdio* de Debussy.

O gnóstico de hoje gosta da imagem de um rio subterrâneo, ou córrego sagrado, que ocasionalmente emerge como uma nascente refrescante em locais e momentos improváveis. Algumas dessas pessoas escolheram se associar às Igrejas ou sociedades que permitem que suas ideias se expandam de sua própria maneira e a seu próprio tempo.

A articulista do *Los Angeles Times,* Arin Gencer, publicou um artigo em 22 de abril de 2006 sobre reações (*neo*) gnósticas ao Evangelho de Judas, "Gnostics Find Affirmation in Gospel of Judas". Gencer disse que, embora o lançamento da *National Geographic* tivesse prometido "desafiar algumas de nossas crenças mais arraigadas", isso não aconteceu com os gnósticos de hoje. Para eles, a "assim chamada revelação foi apenas uma confirmação de que havia algo mais na história de Judas e da crucificação do que os Evangelhos de Mateus, Marcos, Lucas e João sugerem". Gencer citou o bispo Stephan Hoeller, líder de uma congregação gnóstica, a *Ecclesia Gnostica*, fundada em 1956: "Os gnósticos já seguem nessa direção há muito, muito tempo. A noção de que Judas foi esse vilão terrível... isso nunca foi de fato aceito no gnosticismo", afirmou Hoeller.

Autor de *The Gnostic Jung*, Stephan Hoeller também aparece em uma edição da revista *New Dawn* (edição especial nº 2, 2006), uma publicação australiana que relata com regularidade e inteligência assuntos gnósticos para o leitor não especializado. Nesse artigo, Hoeller apresenta um ponto interessante. Ele supõe que nos dois primeiros séculos da Igreja não havia uma ortodoxia; por isso, não havia heresia. Com base nessa suposição, o Evangelho de Judas é apenas uma obra do início do Cristianismo – não tão antiga quanto os Evangelhos tradicionais, mas, mesmo assim, um exemplo genuíno do pensamento da época.

Em relação a isso, é interessante o fato de que Ehrman usa a expressão "proto-ortodoxia" para descrever a posição de alguém como Irineu, que escreveu "contra a *gnose* falsamente assim chamada" por volta do ano 180 d.C. Os leitores podem julgar a utilidade de termos compostos como "proto-ortodoxia". Talvez faça mais sentido se as ênfases diferentes do início do Cristianismo simplesmente recebessem o nome daqueles que as ensinaram. Por exemplo, "Cristianismo Paulino" (de Paulo); "Cristianismo Joanino" (de João); "Cristianismo Valentino" (de Valentino)"; e assim por diante. O problema está em tentar encontrar o "Cristianismo de Jesus" definitivo que todas as ramificações de crenças acreditam ser.

Quanto ao Evangelho de Judas, não sabemos o nome da pessoa responsável por suas visões especiais. Podemos ter certeza de que não foi alguém chamado Judas Iscariotes. A obra não é escrita na primeira pessoa, e Judas é um personagem em uma obra que, até onde podemos afirmar, é um reflexão criativa de relatos tradicionais.

A revista *New Dawn* foi claramente muito estimulada pelo surgimento do Evangelho de Judas. Para cumprir as exigências de seus leitores, a edição especial mencionada anteriormente também contém artigos abordando *O Código Da Vinci*, Maria Madalena, o Santo Graal, a Biblioteca de Nag Hammadi, os cátaros medievais, a Nova Era, assim como um artigo cuidadosamente elaborado e não comprometedor acerca do Evangelho de Judas.

Dois Deuses?

O artigo sobre Judas na revista *New Dawn* ("Judas: The Greatest Disciple?") foi escrito pelo especialista em assuntos esotéricos, Richard Smoley. Ele faz considerações interessantes acerca das possíveis origens judaicas da ideia do "Deus superior" e do "Deus inferior", que é uma característica marcante do Evangelho de Judas. Smoley examina a obra da estudiosa do Antigo Testamento Margaret Barker. Ela apresenta a hipótese de que, durante o período do "Primeiro Templo" (por volta de 940-586 a.C.) da história judaica antiga, os judeus adoravam um tipo de trio divino: *El*, o Deus supremo; *Yahweh*, o Deus nacional; e *Asherah*, uma consorte.

Segundo essa hipótese, Asherah foi descartada durante as reformas sacerdotais promovidas pelo rei Josias (por volta de 640-609 a.C.), e ordenou-se que El e Yahweh fossem vistos não como uma entidade separada, mas como um Deus único. Barker acredita que esse período marcou a mudança do henoteísmo (um deus supremo entre um círculo de deuses) para o monoteísmo (só existe um Deus; não há nenhum outro além dele). De acordo com a hipótese de Barker, essa estrutura reformada de adoração dupla dominaria as Escrituras hebraicas depois do século VII a.C.

Segundo essa ideia, Yahweh poderia ser visto como um usurpador, que "ficou acima de seu nível" e se igualou a "El" (o termo genérico para Deus e o Deus supremo de alguns cananitas). Originalmente um "deus nacional" (toda nação teve um), Yahweh tornou-se a divindade absoluta nos interesses da unidade divina, contra o politeísmo dos vizinhos dos judeus, os cananitas (e outros). Ou seja, "El" estava muito perto para dar conforto e teve de ser "transformado em Yahweh". Isso é uma teoria.

No que se refere à origem das divindades superiores e inferiores do "gnosticismo", uma teoria sugere que houve um tipo de "movimento de continuidade" das ideias judaicas mais antigas, apoiada por aqueles que se apegaram à estrutura dualista de uma divindade suprema e uma divindade secundária, nacional. Eles chegaram a considerar a lei judaica inferior ao modo gnóstico como um meio de alcançar o Deus supremo. Assim, a crítica posterior de Paulo à lei judaica reflete o contato com essa tradição de continuidade, ou o conhecimento dela. Como os assim chamados gnósticos seguiram Paulo em seu conceito das limitações da lei judaica, a distinção gnóstica das divindades superior e inferior também reflete uma evolução dos conflitos sacerdotais e proféticos do antigo reino judaico.

A hipótese é plausível, mas será difícil convencer àqueles que recordam as narrativas patriarcais concernentes a Abraão e sua crença quintessencial em um Deus (*mas qual?*). Contudo, a questão sobre o quão verdadeiramente monoteístas eram os ancestrais dos judeus é assunto de um debate considerável entre os acadêmicos – em especial porque a questão se aproxima muito das crenças e dos desejos sinceros de muitas pessoas religiosas.

Sem uma máquina do tempo – e mesmo com todo o progresso feito pela Arqueologia – não temos conhecimento absoluto das complexidades das crenças experienciadas no Oriente Médio 1.500 anos, ou mais, antes de Cristo. Sabemos no que as pessoas passaram a acreditar, mas temos pouco conhecimento sobre como elas passaram a acreditar nisso. Todos os relatos favorecem os interesses dominantes daqueles cujas versões dos acontecimentos e crenças foram escritas. Isso vale tanto para o Antigo Testamento quanto para o Novo.

Isso não torna a vida mais fácil para as pessoas não especialistas – ou seja, a grande maioria dos fiéis do Judaísmo e do Cristianismo – nem para os ateus, agnósticos interessados, ou seguidores de outras religiões. Como eu espero que você possa ver agora, não há respostas fáceis para nenhuma das grandes perguntas! É por isso que elas ainda são Grandes Perguntas! E uma das maiores perguntas pertinentes à crença gnóstica é toda essa questão de uma entidade superior e inferior.

O ataque de Irineu aos seguidores dos professores cristãos especulativos de sua época – aqueles para quem a palavra *gnose* era especialmente importante – estava centrado em sua convicção de que eles insultaram profundamente não apenas o Deus da fé judaica, mas também o Deus criador reconhecido por muitos filósofos pagãos. Filósofos que reverenciavam o "divino Platão" também acusaram os *gnostikoi* (um apelido) de odiar o criador do Universo. Porém, esses filósofos não se importavam com nenhum tipo de Cristianismo, até onde sabemos.

Mas, ao que parece, Irineu queria que as crenças cristãs tivessem respeitabilidade intelectual – pelo menos no que se referia à imagem "realista" do universo *natural*. Irineu acusa constantemente seus alvos de serem irracionais, autocontraditórios e absurdos. Mas no mundo em que Irineu vivia, e no qual o Evangelho de Judas foi escrito, não poderia haver crença mais irracional do que "A Palavra (*Logos*) se fez carne".

Os seguidores da filosofia de Platão reconheciam a majestade do Universo, mas jamais pensaram por um segundo que a carne poderia carregar o "peso" total ou qualidade da mente divina. A carne, vindo de uma ordem inferior de existência, não podia herdar o espiritual. Como os leitores do Evangelho de Judas, os admiradores de Platão acreditavam que o espírito teria de chegar a níveis mais altos para perceber a morada verdadeira da realidade espiritual.

Assim, essa distinção entre divindades superior e inferior (e a deficiência moral da carne e do mundo) sempre foi o aspecto mais controverso das crenças específicas associadas à palavra "gnóstico".

Apenas para complicar ainda mais as coisas, a distinção entre a verdadeira (ainda que remota) divindade e a divindade inferior (antiespiritual) também está sujeita à grande variação de interpretações e questionamentos. Por exemplo, o "Deus inferior" dos gnósticos é mau, ou apenas deficiente? Ele é apenas inadequado para lidar com a natureza problemática do homem? O "Deus inferior" é de fato apenas representativo de *nossas* ideias inadequadas a respeito de "Deus" – nossa tendência de criar deuses segundo nossa própria imagem?

Não seria correto dizer que não é o "deus deste mundo" que é o "Tolo" (*Saklas*), mas sim que *nós* somos tolos por imaginar o Deus superior de um modo tão inferior?

Essas versões condenadas do Cristianismo *de fato* afirmam que este mundo era inteiramente mau e que toda a vida material era escura e espiritualmente insuportável? Ou, pelo contrário, estariam elas usando um mito chocante como um meio de despertar as pessoas e fazê-las pensar acerca da natureza mais profunda da realidade? Afinal de contas, nos escritos gnósticos, não somos encorajados a *acreditar* na divindade inferior; somos encorajados a *transcendê-la*.

Parece que os professores condenados estavam tentando desenvolver a faculdade da percepção espiritual. Para desenvolver essa faculdade, eles tinham de encontrar meios de romper o invólucro familiar da percepção materialista. Portanto, transformaram o corpo e o mundo que o sustenta em algo "tolo". Essa noção é uma das mais importantes na filosofia hindu brâmane até hoje.

Se retornarmos à narrativa no Evangelho de Judas, Jesus diz a ele que os discípulos precisam tirar o falso deus de seu sistema; mas eles não conseguem. Estão fisicamente ligados a ele. No entanto, Judas pode fazê-lo. Sem dúvida, a intenção dessa passagem é encorajar o leitor. *Se Judas pode fazer, eu também posso!*

Na percepção do mundo inferior, Jesus é o "rei-messias esperado", o salvador do povo. Essa é uma ideia política. Mas no mundo superior, na percepção espiritual, Jesus e sua "grande e sagrada geração" mostram a dimensão verdadeira e original do potencial humano. Judas é apresentado à grande e sagrada geração: homem, como *deveria ser* – ou seja, um ser espiritual; uma reflexão do Pai e Sua Sabedoria.

Talvez a pessoa que cuidou o Evangelho de Judas, quando a obra era recente, tivesse dito ao arcebispo de Canterbury: "Você assiste a muitos noticiários de TV violentos e lê muitos jornais e documentos secretos. Você está muito envolvido com a imagem dos problemas deste mundo. Você pensa que está enfrentando a realidade, mas não chega à raiz do problema. Fazer doações à caridade, fazer boas obras são coisas boas, mas você pode fazer isso para sempre e os problemas continuarão, enquanto você olhar para o mundo a partir do ponto de vista de uma pessoa no mundo. Há mais coisas nessa revelação de Jesus do que a religião moral e a vida de fé que lhe são tão caras. Essa é a boa nova. Por que você a rejeita? Por que Jesus disse 'meu reino não é deste mundo'? Ele não era um escapista; ele *enxergara através* do mundo. Você pensa que pode fazer o mesmo enquanto continuar a acreditar que sabe 'tudo'?".

Quando pensamos a esse respeito, é de fato surpreendente que todo esse debate e questionamento tenha sido o resultado da publicação do Evangelho de Judas e de sua rápida injeção no mundo da cultua popular. Se a obra for um lixo, com certeza é um lixo poderoso. Parece não haver dúvida de que as ondas causadas por essa imensa reação ao surgimento de algo que é um pouco mais do que alguns fragmentos de um papiro antigo ainda continuarão por um longo tempo.

Podemos aprender uma coisa. Existe realmente um grande público para questões de religião e espírito, se o material aparecer na "forma certa". Essa forma pode ser a errada para alguns acadêmicos, e as Igrejas talvez se ressintam amargamente delas, mas parece ser a forma adequada a nosso mundo. Todos podem aprender alguma coisa nesse processo. Isso é bom ou não?

Capítulo 4

Judas – Anjo ou Demônio?

"Aqueles que aceitam a humanidade de Jesus como um dogma... não a compreendem como um fato histórico."
(G. B. Caird, teólogo de Oxford)

Foi provavelmente em algum momento do século IX d.C. que um monge, escrevendo em latim irlandês, relatou a história do santo irlandês São Brandão. Segundo a história, São Brandão deixa sua terra natal na Irlanda e parte em uma perigosa viagem pelo mar. No curso da viagem, a mente de Brandão pondera sobre a mítica Ilha dos Abençoados, separada em partes acessíveis e inacessíveis. Ela será acessível para ele?

Antes de conseguir encontrá-la, Brandão deve passar pela boca do Inferno. Tanto a ilha quanto a boca do Inferno parecem estar localizadas no Oceano Atlântico. A boca do Inferno era provavelmente um vulcão, localizado na Islândia. São Brandão não se arrisca a descer nele. Entretanto, em uma rocha próxima, ele encontra Judas Iscariotes, atingido constantemente por fortes ondas, como Prometeu acorrentado.

Brandão fica intrigado. O que Judas Iscariotes está fazendo preso a uma rocha, tão perto da boca do Inferno? Ele não deveria estar dentro dela? Judas explica a Brandão que seu tormento costumeiro é, na verdade, queimar como um pedaço de chumbo em um crisol, noite e dia, no fundo da cratera. Todavia, seu infortúnio tem interrupções. Judas tem a permissão de passar alguns períodos no mar frio, não apenas nos dias santos (das primeiras às segundas vésperas todos os domingos), mas também do Natal até a Epifania, da Páscoa até Pentecostes, e em dois festivais da Virgem.

No que diz respeito a esses períodos, eles também consistiam em tortura (mesmo para os padrões do século IX). Entre uma série de deduções que o leitor pode tirar dessa, digamos, charmosa história, uma se destaca. Parece haver uma ambivalência curiosa no que se refere à qualificação de Judas para a condenação eterna. Embora fosse uma tortura saber que no fim de cada período na rocha ele retornaria ao calor do Inferno, pelo menos esse Judas mítico sabia que voltaria à rocha em intervalos regulares com a chance de encontrar um santo de passagem.

Os santos e os condenados deveriam ficar estritamente separados: um não seria indiferente ao destino do outro. Além do mais, a vida de Judas ainda era governada por uma ordem divina. Ele estava condenado para todo o sempre – ou apenas no período entre os dias santos?

Embora o leitor possa especular se Judas tinha direito a alguns períodos de repouso refrescantes, dificilmente podemos dizer que ele foi totalmente abandonado. Talvez, um dia, na misericórdia de Deus, *seu* barco também chegasse, pois deixá-lo sem nenhuma esperança seria de fato uma condenação.

Poderíamos supor que é muito mais fácil ser teologicamente criativo quando lidamos com um Judas mitológico do que com um real e histórico.

Havia com certeza mais simpatia por Judas na vida do santo irlandês, escrita há mais de mil anos, do que na reação do papa ao Evangelho de Judas em 2006. E assim chegamos ao ponto central deste capítulo. Como podemos separar o mito de Judas do fato de Judas? O Judas Iscariotes do Evangelho de Judas é uma criação mítica – um pouco de criatividade teológica? Ou o Judas dos Evangelhos tradicionais é o produto de criação de um mito ou um exercício de propaganda?

O verdadeiro Judas – se é que existe um Judas verdadeiro – *queira se levantar, por favor.*

Fácil falar. Quando tentamos descobrir quem foi "o verdadeiro Judas", estamos em um território muito semelhante àquele encontrado quando tentamos descobrir quem foi "o verdadeiro Jesus".

O Jesus Histórico e o Judas histórico

Por mais de 150 anos, os estudiosos da Bíblia tentaram localizar o "Jesus histórico". Muitos se desesperaram ante a possibilidade de encontrar esse personagem. Afaste a mitologia e a teologia que cercam a figura de Jesus, afirmam os estudiosos, e existe muito pouca coisa para se focar. Os acadêmicos céticos argumentaram que é simplesmente impossível separar aquilo que se acredita sobre Jesus de qualquer figura autêntica "subjacente".

Todos os que se depararam com histórias de Jesus o "vestiram" de um modo ou de outro. Segundo os relatos do Evangelho, os soldados romanos vestiram seu corpo surrado com um manto vermelho ou roxo, ridicularizando-o como um derrotado e humilhado "Rei dos Judeus". Paulo o vestiu de teologia.

O que está por baixo disso? Nem o Evangelho de Judas parece estar interessado no "homem" que veste o Jesus *real*: o salvador espiritual; o Grande Set. De acordo com o Evangelho de Judas, Jesus mal podia esperar para tirar "o homem" de suas costas.

Teria Jesus começado como a "Palavra" e depois se tornado carne, ou será que começou como carne e depois passou a ser visto como a "Palavra"? Se Jesus era, como acreditam os fiéis, totalmente Deus e totalmente humano, então essa humanidade deve ter sido envolvida por inteiro na história humana.

Os Evangelhos não são biografias. Há muito pouca evidência não cristã contemporânea pela qual seja possível fixar Jesus no tempo como uma personalidade histórica. Sabemos que Pôncio Pilatos era um procurador na Judeia com poderes de vida e morte, mas não temos nenhum de seus documentos administrativos; o mesmo vale para as outras autoridades da região. A fama de Jesus, os Evangelhos nos dizem, foi espalhada durante sua vida, da Síria, ao norte, até a Judeia, ao sul; mas não temos nenhum registro contemporâneo do período que apoie essa afirmação. E mesmo assim, temos uma série de relatos de outros homens dessa época que também causaram problemas para as autoridades na Judeia e na Galileia; alguns dos quais, a propósito, chamados Judas. Mas esses homens jamais trouxeram alguém de volta à vida, como Jesus fez com Lázaro, segundo o Evangelho de João. Seria de se esperar que tal acontecimento não passasse despercebido em um mundo onde o clorofórmio não existia.

Jesus foi "excluído" da história antes de ser "incluído" nela? Tudo o que temos, tudo o que podemos ler acerca de Jesus, foi escrito após sua ausência física do cenário histórico; e foi escrito por pessoas já convencidas do significado e da importância da vida dele. De acordo com os Evangelhos tradicionais, Jesus falou aos discípulos sobre o significado desta vida e o que ela deveria significar – mesmo antes de tê-la completado. Jesus, segundo aprendemos (depois dos acontecimentos), estava vivendo um padrão pré-arranjado, um plano. Tudo o que aconteceu – incluindo a traição de Judas – fora escrito de antemão. Tudo fora profetizado. Isso é muito estranho.

Até onde sabemos, não existiu nenhum comitê objetivo de inquirição estabelecido para descobrir "o que realmente aconteceu". Quase toda a "evidência" material imediata vem daqueles que afirmam ser seguidores de Jesus, e o material é repetidamente de natureza miraculosa. A tentativa de reconciliar o conhecimento histórico às exigências do "Jesus da fé" sobrecarregou ao limite mentes excelentes. As Igrejas são preparadas para aceitar contribuições históricas desde que elas não infrinjam o território da religião.

De fato, a pesquisa histórica com frequência traz resultados positivos para os fiéis. Novas informações históricas foram empregadas para sustentar a fé das pessoas na religião. São os fiéis religiosos que pagam por uma grande parte das pesquisas arqueológicas desenvolvidas em Israel nos dias de hoje.

Artefatos não ferem a religião – é a *interpretação* indesejada que se constitui em ameaça. É provável que, se o Evangelho de Judas tivesse dito apenas que Judas e Jesus tinham um entendimento mútuo para cumprir as profecias, então a Igreja talvez tivesse acolhido a obra como um "interessante evangelho apócrifo" que requer estudo. A ameaça está na interpretação da crucificação de Jesus contida no Evangelho de Judas e no julgamento negativo do testemunho dos apóstolos. Há alguma coisa nesse "novo" cenário sugerindo que nosso conhecimento histórico é inadequado?

Temos muito mais conhecimento das realidades políticas, sociais e econômicas da vida na Judeia do século I do que muitos de nossos antepassados tiveram. Como resultado, quando vemos filmes ou documentários a respeito do início da Igreja ou da vida de Jesus, a pletora de detalhes nos dá a ilusão de ter visto algo como "o cenário completo". É sem dúvida *como* um cenário completo, mas considerá-lo como tal é uma ilusão. Se você assistir a *Jesus de Nazaré,* de Franco Zeffirelli, por exemplo, talvez pense que conhecemos tudo o que há para saber acerca da vida naquela época. O cenário é tão rico; a sensação de autenticidade é tão forte! Só precisamos de um bom ator com qualidades enigmáticas, beleza e presença, e logo a Palavra se torna carne mais uma vez.

A história do Evangelho parece se encaixar muito bem em toda a pesquisa de fundo. As mesmas observações aplicam-se ao filme de

Mel Gibson sobre a Paixão de Cristo;* a autenticidade ainda é maior porque os atores falam em aramaico. Quando a história parece (e soa) correta, é apenas um curto passo para começar a injetar o significado e a interpretação. Que intensidade de "fé" é necessária para que fiquemos emocionados com uma imagem de Jesus belamente filmada, sendo colocado em um túmulo, seguida pela descoberta, por atrizes talentosas, do sepulcro vazio? Acrescente uma boa trilha sonora, e pronto! – você "viu tudo" com seus próprios olhos. Os detalhes históricos parecem cada vez mais confirmar a experiência da fé.

A Igreja Cristã, até onde podemos dizer, sempre defendeu a visão de que o Cristianismo é uma "religião histórica". Isso significa que sua mensagem central nasce diretamente de suas afirmações de que certas coisas de fato aconteceram no "mundo real", como o conhecemos. Como disse São Paulo, a respeito da ressurreição em corpo de Jesus: se isso não aconteceu, então Cristo morreu por nada e "nossa fé" é vazia.

No entanto, por alguma razão, essas coisas que supostamente aconteceram no mudo real são com frequência aceitas "na fé". Se elas aconteceram na história, então a história deve ser registrada. Se os Evangelhos são os registros dessa história, por que tais acontecimentos devem ser aceitos na fé? Por que não podemos ter simplesmente uma confiança razoável no registro histórico? A resposta a essa pergunta, talvez ímpia, é que os eventos de grande importância são, nos termos de nosso conhecimento geral de história e vida humana, incríveis. Eles não podem ser acreditados – sem a vontade da fé. Será que eles então pertencem de verdade à história humana?

A história, ainda que contada sem precisão, ainda que o evento descrito, sugerido, ou reconstruído seja tendencioso, não exige fé para ser aceita. Existe a "boa história" e a "história ruim", dependendo das habilidades do historiador e da precisão de seus recursos. A plausibilidade é um árbitro geral da credibilidade.

Mas os Evangelhos não são história, são Evangelhos: escritos com um propósito. Como o Evangelho de São João declara quase no fim: "Essas coisas foram escritas para que creiais que Jesus é o Cristo, o filho de Deus, e para que, crendo, tinham vida em seu nome". Se eu fizer uma declaração semelhante no fim da biografia de Romano Prodi, você saberá que eu não sou um historiador.

---

*N.E.: Sugerimos a leitura de *A Paixão de Cristo – Mel Gibson e a Filosofia*, coletânea de Jorge J. E. Gracia, Madras Editora.

A Igreja requer que nosso conhecimento de história inclua o extraordinário e o milagroso. Uma vez que isso for aceito, as demonstrações racionais de probabilidades históricas racionais não importam. O Jesus da fé deve triunfar sobre o Jesus da história; a salvação está em jogo. Reportagem factual não o levará para o céu. Os autores do Evangelho não estavam tentando ganhar prêmios jornalísticos nem honras acadêmicas. Foi isso que o professor Cair quis dizer na citação no início deste capítulo: "aqueles que aceitam a humanidade de Jesus como um dogma... não a compreendem como um fato histórico". Aceitar a humanidade de Jesus como um dogma, ou doutrina fixa, não faz com que os fiéis vejam sua implicação no reino do fato histórico.

Como é possível entender um ser que é plenamente Deus e plenamente humano, quando sabemos por experiência própria que *ser plenamente humano* significa que somos incapazes de sermos plenamente Deus? O espírito pode desejar, mas a carne é fraca. Ela não pode ser plenamente humana para acrescentar, adquirir ou se fundir sem deixar marcas, com um nível muito superior ou um ser totalmente miraculoso. Ser plenamente Deus exigiria mudar o que significa ser plenamente humano. Não obstante, essa foi a visão ratificada e selada pelas Igrejas ocidental e oriental em Calcedônia, no ano 451 d.C. A humanidade e a divindade plenas de Jesus tornaram-se um dogma da Igreja tanto no Ocidente quanto no Oriente.

O dogma apenas opera dentro do conceito de "história da salvação": um conceito metafísico. Isso é uma boa notícia para os fiéis, mas não nos ajuda a encontrar o "Jesus da história". Jesus teria de ser *mais que humano* para se qualificar à definição do dogma. Em outras palavras, o dogma nos deixaria muito próximos da heresia que ele teve o objetivo, em parte, de anular. Os assim chamados "gnósticos" afirmaram que Jesus *era* mais que "humano" e que, portanto, sua aparente, ou física, humanidade era um manto. No pensamento gnóstico "humanidade" é um arquétipo espiritual, não um fenômeno psicobiológico. A partir dessa perspectiva, *nós* é que não somos "plenamente humanos".

Eu repito minha afirmação anterior: *ser plenamente Deus exigiria mudar o que significa ser plenamente humano.* Para os gnósticos, Jesus demonstrou a expansão necessária de nossa concepção e consciência da humanidade, envolta pela ilusão das percepções dos sentidos, coberta pela carne. Como diz a antiga canção de Natal: "encoberta pela carne, a Divindade vê". Poderíamos entreter um cardeal com a visão de que o dogma da humanidade e da divindade plenas de Cristo pressupõe uma heresia lógica, mas ele não acreditaria.

Se o fato deve vir depois da fé no dogma da Igreja, então a humanidade de Jesus deve vir depois da fé em sua divindade. Fatos contrários ao dogma podem ser descartados como considerações secundárias ou mesmo irrelevantes.

Mas não podemos provar *historicamente* que a salvação aconteceu. Trata-se de uma questão de fé e crença, asseverada na teoria pela autoridade da Igreja. Se a autoridade da Igreja for questionada, então, segundo sua própria teoria, a salvação está em perigo. A dúvida pode ser um negócio arriscado. Historicamente, ela levou à tortura e à morte.

Isso posto, a Igreja ainda tem a visão de que o Cristianismo é uma religião histórica, construída sobre eventos que de fato aconteceram. Não obstante, a dependência de acontecimentos históricos deixou a fé vulnerável a críticas daqueles que insistem em uma base evidencial histórica para levar a religião a sério. Isso não era tão importante na Idade Média, quando o método histórico não era muito bem desenvolvido e as pessoas acreditavam que a Igreja tinha todos os fatos relevantes. Crença e conhecimento pareciam caminhar juntos. Milagres percebidos eram o sinal óbvio da presença de Deus.

No entanto, conhecer a história correta era importante nos primeiros anos de existência da Igreja, porque seus inimigos, como o crítico pagão Celso, atacaram os Evangelhos por causa das discrepâncias históricas e falta de lógica. Celso apresentou suas ideias por volta do ano 175 d.C., na obra *True Logos*. Nela, ele argumentou que, como Jesus sabia o que iria lhe acontecer, ele, portanto, *voluntariamente*, provocou as autoridades a lidar com ele. Jesus planejou sua própria queda. O fato era, de acordo com Celso, que o homem adorado por seus seguidores como um deus fora condenado à morte pelas autoridades romanas, por crimes contra o Estado. Infelizmente, conhecemos apenas essas partes da teoria de Celso, preservadas pelo escritor cristão Orígenes, que argumentou contra Celso e selecionou evidências para apoiar seus próprios argumentos.

Desde a ampla disseminação de livros impressos e da educação, muitos questionaram as bases históricas da fé cristã. Contudo, os argumentos a favor ou contra a fé (baseados em evidências) apenas vão para a frente e para trás, pois a área de debate é quase sempre a própria Bíblia. Tanto os críticos do Cristianismo quanto seus defensores usam o mesmo material para atacar e defender, respectivamente, a fé.

Como os críticos tendem a questionar a validez dos Evangelhos em primeiro lugar, as tentativas de encontrar discrepâncias com frequência parecerão uma questão de escolha arbitrária. Qualquer pessoa pode encontrar um texto que apoie seu argumento. Se você duvida dos Evangelhos, por que os usar como evidência para dúvida?

Os próprios registros são escritos a partir do ponto de vista de certezas religiosas. Para desacreditar os Evangelhos permanentemente, seria necessário encontrar registros alternativos, mas, até agora, não há nenhum que date do mesmo período.

Assim, podemos ver que a descoberta dos assim chamados evangelhos "alternativos" permite que eles sejam usados para criticar as visões tradicionais da fé – de modo especial se o novo material lançar uma luz ou uma sombra sobre o registro estabelecido. Na opinião da maioria dos acadêmicos, utilizar o material novo para tais propósitos é algo injustificável. Os acadêmicos não querem entrar em debates acirrados com os fiéis. De modo geral, eles só desejam aumentar o valor de interesse do assunto que escolheram.

Todavia, quando uma obra como o Evangelho de Judas entra no mundo do pensamento popular de um modo tão sensacionalista, ela logo pede sua virgindade acadêmica e se torna uma vara usada tanto pelos defensores da religião tradicional quanto por seus críticos. Como vimos no capítulo anterior, isso foi exatamente o que aconteceu.

Portanto, é imperativo que investiguemos se o Evangelho de Judas tem implicações para o nosso conhecimento das evidências escritas concernentes aos primórdios da Igreja cristã.

Será que o Evangelho de Judas nos conta coisas que os Evangelhos tradicionais não o fazem ou não podem fazê-lo?

O Evangelho de Judas tem uma fonte mais precisa do que a história tradicional?

Judas Iscariotes era um "mentiroso ambicioso"? Judas foi na verdade um bom homem, que cumpriu a vontade de Deus?

A imagem que temos de Judas Iscariotes é errada?

Judas Iscariotes existiu de fato? Ou foi inventado em nome de uma história?

Nosso entendimento da religião cristã depende de conhecermos a verdade sobre Judas Iscariotes?

Em resumo, Judas Iscariotes foi um "Anjo" ou um "Demônio"?

Procurando Judas

Se tentar localizar o "Jesus da história" é uma tarefa extremamente difícil, a tentativa de localizar o Judas Iscariotes histórico é quase impossível. Para chegar a qualquer lugar com esse problema, simplesmente temos de atribuir alguma medida de verdade histórica aos relatos sobre Judas nos Evangelhos tradicionais e nos Atos dos Apóstolos. Isso acontece por uma simples razão. Não há absolutamente mais nada no século I que nos diga qualquer coisa acerca de um discípulo de Jesus chamado Judas Iscariotes. Se Judas foi inventado, os Evangelhos não nos revelarão nada a respeito dele, porque ele não existiu.

Não podemos provar que ele existiu, mas podemos trabalhar com a hipótese, como no caso de Jesus, de que ele provavelmente existiu. Por outro lado, se descobrirmos que Judas provavelmente não existiu, então poderemos, pelo menos, tentar entender por que o personagem foi inventado e – mais importante para nossos propósitos – por que o autor do Evangelho de Judas o considerou tão significativo.

O Evangelho de Judas e os Quatro Evangelhos

Imagine se o Evangelho de Judas tivesse sido encontrado, mas nós nunca tivéssemos ouvido falar dos quatro Evangelhos tradicionais: de Mateus, Marcos, Lucas e João. Não ficaríamos chocados, acredito, pelo retrato de Judas apresentado no "novo" evangelho. Nem ficaríamos comovidos pelo modo como ele é separado dos outros discípulos. Quem eram esses "outros discípulos", afinal de contas? Com base no relato que consta no Evangelho de Judas, eles pareceriam ser um grupo bem ruim.

Quanto ao entendimento religioso por trás do relato, como o entenderíamos?

Se os Evangelhos nunca tivessem sido escritos, mas o Cristianismo tivesse se desenvolvido sem eles, é possível que ele fosse um tanto parecido com o Hinduísmo, consistindo em muitos cultos diferentes, com características morais e espirituais em comum – incluindo personagens míticos ou semimíticos. Todos teriam ouvido falar acerca de Jesus, é claro, mas é provável que ele, depois de 2 mil anos, tivesse muitas faces diferentes. Existiriam muitas declarações e histórias, e algumas delas provavelmente teriam ocorrido em diferentes partes do mundo. Teríamos histórias locais, que não foram ouvidas em nenhum outro lugar, nas quais se acreditaria que Jesus e personagens das histórias dele teriam sido vistos por perto. Talvez se esperasse que eles fossem vistos de novo. Provavelmente não haveria distinções entre os personagens das histórias de Jesus (como o filho pródigo ou o bom samaritano) e as pessoas reais que viveram tantos anos atrás. Pôncio Pilatos poderia ser um santo e São Pedro poderia ser mais uma montanha do que uma pessoa.

As pessoas não teriam certeza sobre quando alguns eventos ocorreram, ou se eles aconteceram neste mundo ou em outro. Alguns veriam Judas como Set (ou Seth) na religião egípcia – como o traidor de seu irmão Osíris – e talvez existissem até estranhos centros de culto para aqueles que acreditassem que Judas era um anjo. Talvez algumas pessoas acreditassem que esse anjo apenas *parecesse* ser um traidor, mas na verdade era o melhor amigo de Jesus. Os "judasitas" teriam interesse na obra recém-descoberta (embora se perguntassem o que era um "evangelho"), mas, além deles, poucos estariam curiosos.

O Evangelho de Judas seria simplesmente aceito como outra pequena parte do grande mosaico. Talvez chegasse a ser visto como uma informação histórica útil, contando a um mundo que esquecera o cenário histórico original como tudo começou – não que o relato no Evangelho tivesse muito a dizer sobre isso – os escritos gnósticos nunca foram ricos em detalhes topográficos!

Em outra hipótese, tente imaginar o Evangelho de Judas aparecendo em um mundo onde o Cristianismo não tenha se desenvolvido: um mundo onde a fé infante fora derrotada mesmo antes do fim do Império Romano – derrotada e esquecida. Os acadêmicos do presente (se existisse algum) olhariam para o Evangelho de Judas e considerariam a história um mito, como os contados por brâmanes ou budistas. Talvez houvesse alguma especulação se Jesus era um tanto parecido com Buda, ou mais com o Krishna hindu; ou mesmo algum tipo de profeta judeu distante. Talvez o Evangelho de Judas fosse reconhecido como uma obra "gnóstica", se um pequeno culto com esse nome tivesse, por hipótese, sobrevivido em lugares remotos e obscuros no Oriente Médio.

Uma coisa é certa: a publicação do Evangelho de Judas só teria sido notada por alguns jornais e periódicos escolares mais sérios.

O que podemos deduzir desses dois cenários imaginários, e estranhamente desanimadores? Só isto: todo o poder e a importância do Evangelho de Judas dependem da existência dos quatro Evangelhos tradicionais.

É a relação do texto de Judas com os quatro Evangelhos de Mateus, Marcos, Lucas e João que origina toda a centelha criativa do drama que estamos investigando. Algo semelhante é apontado pelo bispo Irineu de Lião. No Livro 3, capítulo II, seção 7 de sua obra, *Contra as Heresias,* Irineu escreve: "O solo onde esses Evangelhos se apoiam é tão firme que os próprios hereges dão testemunho deles, e, a partir deles, todos tentam estabelecer sua própria doutrina particular".

Fortalecendo essa convicção está o fato de que o Evangelho de Judas realmente não faz muito sentido, a menos que seja visto em relação aos Evangelhos tradicionais. Isso acontece porque a figura de Judas é apresentada no Evangelho de Judas em contraste deliberado àquela apresentada nos Evangelhos tradicionais. O objetivo é *surpreender o leitor* com o surgimento desse "relato secreto". Talvez a intenção tenha sido chocar o leitor – e conseguiram!

O objetivo do Evangelho é derrubar presunções sobre "o que estava realmente acontecendo" na época da Crucificação. A interpretação especial que ele dá a esses acontecimentos surge quase que inteiramente da meditação sobre os eventos descritos nos Evangelhos. Isso foi indicado no Capítulo 2 e será demonstrado com mais força neste capítulo.

A questão do relacionamento da obra com os Evangelhos deve afetar nossa visão da autenticidade histórica do relato de Jesus e Judas apresentado no Evangelho de Judas. Trata-se de um relato histórico do que aconteceu entre Judas e Jesus? Se não for, isso importa?

Podemos ter certeza de uma coisa: *os quatro Evangelhos vieram antes*. Não havia um grande saco de evangelhos no século I, de onde os quatro Evangelhos foram tirados apenas porque as autoridades da Igreja, em anos posteriores, gostaram mais deles ou os consideraram mais adequados a seus propósitos. É importante perceber isso porque algumas pessoas pensarão que o Evangelho de Judas, assim como os ouros "evangelhos gnósticos", eram apenas evangelhos "alternativos" que a Igreja rejeitou. Eles foram rejeitados, mas muito tempo depois que os outros quatro Evangelhos já tinham sido aceitos de modo geral e usados amplamente.

Como sabemos isso?

Datando os Evangelhos

Datar os quatro Evangelhos tradicionais é uma tarefa extremamente difícil. Isso acontece em parte porque só tempos cópias produzidas muito tempo depois. As mais antigas cópias do Novo Testamento completo, o *Codex Vaticanus* e o *Codex Sinaiticus*, foram escritas por volta de 300 d.C., na Síria ou no Egito. Antes dessa época, temos fragmentos do Novo Testamento e muitas citações, em latim e grego, dos Evangelhos em obras de comentários, apologéticas e polêmicas.

Jamais podemos estar inteiramente certos de que os Evangelhos, em suas primeiras versões completas conhecidas, eram substancialmente idênticos àqueles que carregaram seus nomes duzentos anos antes, mas não temos evidências convincentes para pensar de modo contrário. Os Evangelhos foram usados em cultos semanais por todo o Império, e inovações não teriam passado despercebidas. Existem, é claro, pequenas variações, omissões, erros de escrita, adições estranhas e dizeres impossíveis de ser atribuídos a uma pessoa específica nos antigos manuscritos. A John Rylands Library, em Manchester, possui um fragmento de papiro do que parece ser o Evangelho de João, datado de cerca do ano 100 d.C., embora seja mais provável que ele seja posterior do que anterior a esse ano.

Da comparação interna dos Evangelhos, podemos ter certeza de que o de Marcos é o primeiro, pois Lucas e Mateus o usaram. O Evangelho de Marcos é geralmente datado por volta do ano 65 d.C., um ano depois da perseguição aos cristãos perpetrada pelo imperador Nero, durante a qual a suposta fonte principal de Marcos, São Pedro, foi martirizado.

De acordo com um antigo líder da Igreja, Pápias (aproximadamente 60 -130 d.C.), Marcos escreveu com fidelidade tudo o que conseguiu coletar do apóstolo Pedro. Pápias fora um amigo íntimo de Policarpo, bispo de Esmirna (nascido por volta de 65 d.C.), que foi martirizado em 155 d.C.

Policarpo já era um homem velho quando o jovem Irineu (depois bispo de Lião) sentava a seus pés e ouvia – como Pápias fizera antes – como Policarpo ouvira as memórias de João, discípulo de Jesus, falando em Éfeso. Essa lembrança foi registrada por Irineu em *Epistle to Florinus*. Ainda há controvérsias se esse João foi o mesmo que fez parte do circulo interno de Jesus, mencionado nos Evangelhos, ou outro dos discípulos de Jesus. O autor dos Atos dos Apóstolos menciona pelo menos 120 discípulos se reunindo no momento em que se discutia a substituição de Judas – um fato com frequência omitido na imaginação das pessoas. João era um nome comum na época, como é agora.

De acordo com Irineu, Policarpo ouvira os fatos não apenas de João, discípulo de Jesus, mas também de outros que viram Jesus. Policarpo escreveu uma carta aos cristãos que viviam em Filipos, na Macedônia. Nela, ele cita Mateus, Lucas e a Primeira Carta de João, entre outras obras que agora estão incluídos no Novo Testamento. Essas obras aparentemente se tornaram familiares por volta do ano 150 d.C.

Ao que parece, Irineu aceitou o Evangelho de João como sendo a obra daquele a quem seu antigo professor e mártir Policarpo havia ouvido. Caso contrário, podemos perguntar se Irineu não teria indagado por que Policarpo não sugerira que o Evangelho que trazia o nome de seu professor era uma impostura. No Livro 3, capítulo II, de *Contra as Heresias,* Irineu, sem nenhuma dúvida, atribui o Evangelho de João a João, "o discípulo do Senhor".

Existe, entretanto, um pequeno problema aqui. Temos parte dos escritos de Pápias, amigo de Policarpo, datados de cerca de 120 d.C. Escrevendo sobre como ele registrou os relatos daqueles que viram Jesus, Pápias, no mesmo parágrafo, faz referência a João (em relação aos 12), e ao "João mais velho", também chamado um dos "discípulos do Senhor". Os dois são discípulos do Senhor, mas um é chamado "João mais velho", e o outro, que por inferência já não está vivo, era quase com certeza um dos 12 apóstolos.

Ninguém resolveu satisfatoriamente a questão de como surgiu essa tradição dos dois discípulos de nome João. Só podemos estar certos em pensar que Irineu tinha certeza de que um deles escreveu, ou foi de alguma forma responsável, pelo Evangelho que leva o nome de João. Acredita-se que o Evangelho de João foi escrito por volta de 120 e 150 d.C., em parte por causa de sua cristologia (discursos sobre a natureza de Cristo e sua relação com o Pai) desenvolvida, e em parte graças às diferenças fundamentais entre ele e os outros três Evangelhos.

Versões mais longas das cartas do bispo Inácio de Antioquia contêm citações desse Evangelho (como também as tem a suposta epístola de Inácio aos tarsianos). Inácio foi martirizado por volta do ano 114 d.C., mas as cartas mais longas podem ter sido aumentadas por outra pessoa que não Inácio. Elas são de uma data posterior.

Existe uma concordância em se afirmar que o Evangelho de João foi provavelmente escrito por volta do ano 90 d.C., mas levou tempo para ser aceito ou divulgado pela Igreja, talvez por ser diferente e sua origem, portanto, duvidosa. Supõe-se que os Evangelhos de Lucas e Mateus foram escritos depois do de Marcos, entre 70 e 85 d.C.

Outra razão para o Evangelho de João ter data posterior é que a linguagem parece refletir um período depois do auge da Igreja Cristã judaica em Jerusalém. Em João, referências aos "judeus" quase como um povo separado ou estrangeiro sugerem uma época em que os elos entre a Igreja, a Galileia e a Judeia rebeldes se tornaram perigosamente vergonhosos. Esse fator também pode ser importante no tratamento dado por João à figura de Judas Iscariotes.

Parece razoável supor que os quatro Evangelhos já estavam em circulação quando Irineu se sentava aos pés de Policarpo aproximadamente no ano 150 d.C., enquanto os relatos de Mateus, Marcos e Lucas já eram conhecidos havia mais de cinquenta anos.

Mas o que podemos dizer acerca do Evangelho de Judas? Quando ele foi escrito?

No Livro I, capítulo 31, de *Contra as Heresias*, Irineu faz a primeira referência ao Evangelho de Judas:

> dizem que Caim nasceu de uma Potestade superior, e se professam irmãos de Esaú, Coré, dos sodomitas e de todos os seus semelhantes. Por isso, o Criador os atacou, mas a nenhum deles se pôde fazer mal. Pois a Sabedoria tomava para si mesma o que deles havia nascido dela. E dizem que Judas, o traidor, foi o único que conheceu todas estas coisas exatamente, porque somente ele entre todos conheceu a verdade para levar em frente o mistério da traição; por ele todas as coisas, terrenas e celestiais, tornaram-se confusas. Para isso, mostram um livro de sua invenção, que chamam o "Evangelho de Judas".

A primeira pergunta é: esse "Evangelho de Judas" é a mesma obra que conhecemos em um dialeto egípcio de copta saídico? É importante dizer que o Evangelho de Judas que vimos publicado em 2006 não diz nada a respeito dos sodomitas, Esaú, Coré ou do papel da Sabedoria na salvação de Caim e de todos os outros. No entanto, Irineu não diz que esses tópicos são mencionados no livro; apenas que se trata de uma história "desse tipo".

Contudo, Judas é apresentado como aquele que conhecia a "verdade"; e os outros não; e o modo como ele "levou em frente o mistério da traição" poderia ser o subtítulo da obra que agora possuímos. Irineu não disse que leu o livro ao qual se refere. Além disso, sempre existe a possibilidade de que alguém tenha lido a declaração de Irineu contra essa heresia e decidido escrever sua própria versão do Evangelho de Judas.

Também é possível que aquilo a que Ireneu se referiu por volta do ano 180 d.C. tenha passado por uma revisão substancial entre essa época e a escrita dele no Egito, mais ou menos no ano 300 d.C. Quem pode dizer que não havia evangelhos apócrifos que também eram *apócrifos*?

Todavia, essa é a única referência que temos dessa época e, embora não possamos afirmar com certeza absoluta que estamos nos referindo à mesma obra, há elementos importantes de consistência. A questão sobre Judas ser curiosamente responsável por confundir as coisas terrenas e celestiais com seu ato nos faz lembrar das partes finais do Evangelho.

Se a obra for a mesma, ou substancialmente a mesma, tudo o que podemos dizer de sua data é que ela existia por volta do ano 180 d.C., mas não temos nenhuma cópia – nem mesmo citações – anteriores a 300 d.C. A obra é consistente com as formas de pensamento conhecidas no século II, mas não há referência conhecida a Barbelo na literatura sobrevivente do século I.

Podemos concluir que um Evangelho de Judas não estava disponível aos autores dos Evangelhos tradicionais. Se isso tivesse acontecido, teria provocado uma consternação, pois o texto deixa bem claro que os discípulos de Jesus não tinham conhecimento do plano secreto pelo qual Jesus derrotaria o senhor deste mundo – e, de fato, eram incapazes de compreender tal plano.

Podemos ter certeza de que o autor do Evangelho de Judas conhecia pelo menos alguns relatos dos quatro Evangelhos tradicionais – e escreveu com consciência contra, ou melhor, *acima* deles. Mas será que havia elementos nos quatro Evangelhos que poderiam justificar a virada extraordinária, maravilhosa e até assustadora que o autor do Evangelho de Judas provoca na tradição? Será possível construir uma teologia estranha do Evangelho de Judas a partir dos quatro Evangelhos?

Para descobrir isso, temos de examinar mais de perto o Judas dos Evangelhos – o Judas que pensamos que conhecemos.

Judas nos Evangelhos

Alguns acadêmicos adotaram a visão de que deve haver mais de uma imagem de Judas Iscariotes do que aquela derivada dos Evangelhos tradicionais. O processo acadêmico pela inocência, ou inocência relativa, de Judas foi bem resumido no livro de James M. Robinson *The Secrets of Judas,* de 2006.

Robinson reconhece que a imagem de Judas mantida pela Igreja é uma interpretação muito dura dos possíveis motivos dele. Os autores dos Evangelhos, em especial depois de Marcos, podem ter deixado de lado algumas nuanças importantes da tradição referente a Judas.

Dá-se muita ênfase ao verbo grego *paradidōmai*. Esse verbo é em geral traduzido como "eu entrego", ou "eu juro", ou "eu transmito", ou "eu traio". Argumentou-se que "entregar Jesus" não necessariamente implica traição. Essa linha de análise recebe peso maior por outras observações concernentes ao verdadeiro papel de Judas no resultado do ministério de Jesus, como narrado nos Evangelhos tradicionais.

Um dos tradutores do Evangelho de Judas e líder acadêmico nos estudos da Biblioteca de Nag Hammadi, Marvin Meyer, afirmou que o tratamento dado a Judas se torna cada vez mais crítico e condenatório com o período de formação dos Evangelhos. Essa visão também é destacada no livro de Hyam Maccoby, *Judas Iscariot and the Myth of Jewish Evil*.[19]

Ou seja, se Marcos é o primeiro Evangelho, e João o último, a diferença entre os dois no tratamento a Judas e seu suposto crime é surpreendente. Entre os dois, Lucas e Mateus também parecem mais enfáticos do que sua fonte comum, Marcos, a respeito da culpa de Judas. Lucas é ainda mais hostil a Judas do que Mateus, se é que isso é possível.

Mayer depois apresenta uma linha do tempo do ano 65 d.C. até 100 d.C. Parece que Judas é "incriminado" cada vez mais com o passar dos anos. É como a cobertura de um assassinato pelos jornais. A acusação original pode ser baseada em uma suspeita, mas, depois de ser contada e recontada, os elementos mais lúridos são enfatizados. Como resultado, a memória das testemunhas é influenciada por adornos adicionais que surgem de suspeitas infladas; e na hora do julgamento final, o júri pode ter muita dificuldade em separar o fato da ficção.

Nosso sistema legal deve proteger os jurados da influência de fofocas e da imprensa. Aqueles que escreveram e falaram a respeito de Judas Iscariotes no século I não estavam protegidos das fofocas. Na verdade, como mostram os registros de Pápias e Irineu, os autores

---

19. Hyam Maccoby, *Judas Iscariot and the Myth of Jewish Evil,* Free Press (USA), 1992.

dos Evangelhos e seu público tinham suas ideias principais ouvindo a conversa das pessoas.

Talvez você faça a seguinte pergunta: quem entre as comunidades cristãs, digamos, no ano 120 d.C., ousaria dizer que Judas fora erroneamente julgado? Tal visão seria considerada uma grande impiedade. Quando os Evangelhos foram escritos, esperava-se que a especulação chegasse ao fim. Apenas pessoas sem nenhum grande interesse em acompanhar o pensamento dominante nas comunidades cristãs, teriam se sentido à vontade para especular, ou até, como no caso do Evangelho de Judas, "destruir" a história aceita. Mas para destruir a história de Judas seria necessário derrubar toda a estrutura da Igreja que a suportava; esse Evangelho de Judas de fato faz isso. Nele, os líderes da Igreja são apresentados como homens pervertidos e cegos, produto da falta de contato com a "raça imóvel", a "grande e sagrada geração" de Set.

Mesmo assim, há uma grande diferença entre dizer que o crime de um homem condenado foi exagerado e afirmar que ele é inocente! A questão é se o julgamento foi justo. Meyer e outros acadêmicos acreditam que Judas sofreu um processo injusto no julgamento da história, e o surgimento do Evangelho de Judas nos dá a oportunidade de reabrir o caso.

Então, vamos reabrir o caso.

Em primeiro lugar, precisamos conhecer as evidências. As únicas evidências que temos são os relatos dos Evangelhos. Discute-se até que ponto eles refletem as informações dadas por testemunhas oculares. Isso posto, o Evangelho de Judas não se importa com as testemunhas oculares; ele está interessado nas testemunhas *da mente*. Ou seja, não importa o que os discípulos *viram*, mas sim o que eles *deixaram de ver*. As pistas para descobrir o que eles deixaram de ver *já* estavam ocultas nos relatos dos Evangelhos, se o leitor tiver olhos para ver. Isso parece ter sido um ponto de vista do autor ou autores do Evangelho de Judas.

O Evangelho de Marcos

Até onde podemos afirmar, a primeira menção escrita ao nome de Judas Iscariotes aparece em Marcos, capítulo 3, versículo 19, no fim de uma lista com os nomes dos 12 discípulos escolhidos por Jesus para pregar, curar e expulsar demônios:

E Judas Iscariotes, que também o traiu. (em grego: *kai Ioudan Iskariōth, hos kai paredōken auton.*)

As primeiras versões gregas (século IV) concordam com essa frase, embora a grafia do "sobrenome" seja registrada como *Iskariōten* (Iskarian) no *Codex Alexandrinus*, do século V, e *Skariōth* no manuscrito *Bezae*, dos séculos V e VI.

Aqui está o nome do acusado: Judas Iscariotes. Ele é distinguido dos outros discípulos, pois recebe um sobrenome. Isso pode ter sido feito para diferenciar esse Judas do irmão de Jesus, também chamado Judas, em Marcos 6, 3.

Como vimos no Capítulo 2 (Relações entre judeus e cristãos), "Judas" significa "louvado" (hebraico: *Yehudah*) e tem a mesma raiz do nome do antigo reino do Sul, Judá, que os romanos chamaram de Judeia. "Judaeans" foi traduzido para o inglês como "judeus" [*jews*].

Judah, Judá, Jude e Judas são todos o mesmo nome. Judas era um nome muito comum e é significativo que o autor do Evangelho de Marcos queira distinguir esse Judas em particular. Ele o distinguiu com um sobrenome e uma reputação. Judas é aquele que traiu Jesus. É quase como afirmar: *você se lembra!?! Judas Iscariotes é aquele que traiu Jesus.* Essa história já foi contada antes e é importante para o resto dela (que as pessoas ouviram) que elas se lembrem desse personagem e o marquem.

A história de Judas praticando um ato específico está contida na tradição desde o início. Não importa se ele "entregou Jesus" ou "traiu Jesus"; esse Judas fez algo memorável. O autor só precisa dizer essas poucas palavras e espera-se que aqueles que ouvem o Evangelho saibam do que ele está falando – ou, se não ouviram a história antes, que se lembrem dela para sempre.

Judas tem uma reputação. Os leitores podem julgar o que pode promover esse tipo de linguagem. Judas, de um jeito ou de outro, é um homem marcado. Será que ele já havia se tornado um bicho-papão para os cristãos antes do Evangelho de Marcos ser compilado? A culpa de Judas era parte da mensagem original do Evangelho pregado pelos 12 e os outros discípulos?

Mas o que significa Iscariotes? O nome é importante ou é apenas seu sobrenome, acrescentado para distingui-lo de outro Judas?

"Iskariōth" (em Marcos) é apenas um nome próprio. A interpretação de "Iskarian", ou possivelmente "de Iskariot", no *Codex Alexandrinus,* sugere o nome de um lugar. O lugar sugerido como "Cariote", na Judeia, com base no fato de que a expressão hebraica *Ish-Qriyoth* significaria "homem de Cariote". Não há nenhuma menção a Cariote no Novo Testamento. Um lugar chamado Cariote é mencionado em Josué 15, 25 em uma lista de cidades. A etimologia também pode ser derivada do plural de "cidade pequena", possivelmente indicando algum tipo de ambiente suburbano.

Outra forte possibilidade é que o nome derive do latim *sicarius*, ou homem do punhal. Os *sicarii* eram os assassinos que trabalhavam junto com os zelotes contra os romanos. Eles penetravam as multidões, misturavam-se aos colaboradores de Roma e os matavam com o uso do punhal, fugindo rapidamente.

Como outro discípulo de Jesus, Simão, "o cananita" (em grego: *ton Kananaion)* era, temos quase certeza, um membro do movimento zelote, essa designação se encaixaria com a aparente hesitação de Marcos em revelar quem foram alguns discípulos de Jesus. A palavra transliterada do grego como "Kananaean" vem do aramaico *Qanna'im*, que significa zelote. É possível que dois discípulos de Jesus fossem o que os romanos consideravam, nos termos de hoje, terroristas, ou pelo menos insurgentes. De qualquer forma, os zelotes eram crucificados quando capturados em sua luta armada contra Roma.

O acadêmico S.G.F. Brandon escreveu um ensaio sobre os zelotes em seu interessante livro *Religion in Ancient History*.[20] O professor Brandon declara ser provável que Marcos não traduziu a palavra aramaica que significa "zelote" para o grego porque o Evangelho foi composto logo depois, ou mesmo durante, a revolta judaica que começou em 66 d.C.

Os zelotes judeus eram tão populares em Roma quanto Osama bin Laden é hoje em Washington. Marcos, portanto, escondeu o nome transliterando-o e não traduzindo. A ideia de que Jesus poderia ser descrito com facilidade como parte do movimento de resistência judaico era muito perigosa para ser contemplada. Ela assustaria os novos cristãos e afastaria potenciais membros gentios. De qualquer modo, Nero perseguiria os cristãos. No que dizia respeito aos romanos hostis, "todo o bando" de cristãos era parte de um movimento contra os valores romanos.

Se Marcos estava preparado para esconder o nome de Simão, o zelote, então "Iscariotes" seria um meio de obscurecer também o

---

20. S.G.F. Brandon, escreveu um ensaio sobre os zelotes em seu interessante livro de coletânias de textos *Religion in Ancient History, Studies in Ideas, Men and Events,* George Allen & Unwin Ltd, London, 1973.

negócio oculto de Judas. O que parece convincente em um caso, contudo, nem sempre convence no outro. Talvez a atividade de Judas já tivesse sido escondida no passado. "Iscariotes" pode ter sido um apelido de Judas usado pelos outros discípulos, cujo significado é hoje perdido para nós.

Além do mais, como veremos, o Evangelho de João não faz objeção a manchar a reputação de Judas – mesmo antes do "ato de traição". Que melhor maneira poderia ser encontrada para manchá-la ainda mais do que dizer "Bem, afinal de contas, Judas *sempre* foi o homem do punhal" – aquele pronto a esfaquear seu conterrâneo pelas costas!

Por outro lado, João assume a visão de que, embora Judas tivesse um potencial para a desonestidade, foi Satanás quem entrou por uma brecha em sua alma e o inspirou a praticar o ato obscuro. Na bem pesquisada versão para TV da vida de Jesus, dirigida por Zeffirelli, essa ideia de Judas ser motivado por interesses nacionalistas e violentos, e seu desejo, superior ao dos outros discípulos, de levar mais adiante o jogo contra as autoridades, parece ser inspirada na ideia de Judas como zelote.

O Judas zelote é o Judas que carrega o punhal; um homem que tinha a habilidade para praticar o ato com frieza e profissionalismo – por uma remuneração, se necessário: um matador contratado. Com o passar do tempo, essa imagem de Judas se tornou muito comum. Ela foi moldada para se encaixar em nosso conhecimento mais detalhado da crise prolongada entre os judeus e os romanos no século I e início do II. Em relação a isso, Judas o *sicarius* parece ter muito a seu favor: contatos audaciosos, crueldade, uma possível causa.

Quando o arqueólogo israelense Yigael Yadin escavou a fortaleza e o palácio de Massada, o mundo todo descobriu que no ano 74 d.C. zelotes devotos, em sua determinação de manter sua religião livre da contaminação romana, estavam prontos a cometer suicídio em massa em vez de se render aos soldados romanos. "Nunca novamente!" Talvez Judas tenha se enforcado para não se entregar aos soldados romanos. O cenário político mais detalhado que surgiu dessa pesquisa arqueológica deu outra direção à ideia do suicídio de Judas. Ele era um homem preso entre as emoções do amor, do ódio e do medo: amor por seu país; amor por Jesus; ódio a Roma; medo do fracasso – e medo de si mesmo. Judas fugiu da imagem tradicional da Igreja que o mostra preso a um sincero conflito moral e espiritual – o "mentiroso ganancioso".

Não obstante, apesar de todas as características modernas ásperas e sangrentas, essa imagem árida ainda tem seus lados mais românticos. Judas é um homem desapontado com a falta de desejo de Jesus de agarrar uma oportunidade política; mas é torturado pelo modo como Jesus parece conhecê-lo melhor do que ele mesmo. Jesus está "no caso dele", e isso leva Judas a cometer atos terríveis. Judas é um homem assombrado. Ele parece saber muito, porém não sabe nada. O que seu Mestre está realmente fazendo?

Judas, "o Confuso", no cenário moral de hoje, coloca-o em par com Tomé, "o Cético". Há mais nisso do que podemos ver.

Deve ser dito, no entanto, que, embora a evidência de um Judas zelote não seja conclusiva, não podemos descartá-la. Ao que parece, ela nada significou para o autor do Evangelho de Judas – mas, é claro, na época em que ele o escreveu a Judeia já havia desaparecido, como tal, do mapa romano: as ovelhas desgarram-se. A causa zelote estava chegando ao fim absoluto.

Será? Fomos muito longe? Em nossa jornada pelo texto do Evangelho de Judas vimos que existem distintas referências messiânicas nele. Lembra-se da referência à estrela de Judas e do chifre erguido? O Judas do Evangelho de Judas tem as características apocalípticas – e apocalíptica era a interpretação favorita da história do movimento zelote.

O messianismo apocalíptico, e até gnóstico, deve ter mantido a luz zelote brilhando depois do total fracasso terreno do desafio zelote aos poderes deste mundo (o império romano). É possível, então, que o Evangelho de Judas estivesse traduzindo um desapontamento nas esperanças mundanas de estabelecer um reino messiânico no reino puro da salvação espiritual e um messianismo coletivo dos eleitos.

Enquanto um templo romano, dedicado a um deus romano, se erguia no local onde estivera o Templo dos judeus, o verdadeiro Israel ascendera a um mundo superior?

Até agora, isso permanece uma especulação. Uma coisa é certa: o Judas histórico dificilmente foi motivado por coisas das quais nada sabia; ou seja, a catástrofe que recairia sobre o povo judeu depois de sua morte misteriosa.

Estabelecer um motivo para Judas é um dos aspectos mais difíceis de toda essa investigação e levou alguns bons autores a especular com imaginação como um modo de preencher as lacunas do mistério. O problema com os mistérios, no entanto, é que não podemos chegar ao fundo deles, não importa o quanto tentemos. Por isso é que eles são mistérios. Todavia, não precisamos desistir; uma luz fraca é melhor que nenhuma.

Embora com poucos defensores, existe outro modo possível de explicar o nome de Judas. É uma explicação simples, mas isso não a torna inferior às outras.

A Tribo Perdida

Para qualquer pessoa examinando um mapa de Israel antigo, "Iscariot" imediatamente soaria como a décima divisão do reino de Salomão – Issacar. Issacar foi o quinto filho de Jacó, ou Israel. Jacó teve 12 filhos, e eles se tornaram os pais das 12 tribos de Israel.

No Primeiro Livro dos Reis, capítulo 4, versículo 7, no Antigo Testamento, lemos: "Tinha Salomão 12 intendentes sobre todo o Israel, que forneciam mantimentos ao rei e à sua casa; cada um tinha de fornecer durante um mês do ano". Cada intendente estava ligado a uma região tribal do reino. Josafá estava ligado a Issacar, que era a área no lado sudoeste do local que, na época de Jesus, era chamado Mar da Galileia.

Parece possível que, quando Jesus escolheu seus 12, ele tinha em mente as duas tribos de Israel antigo e a designação de Salomão dos intendentes; não sabemos se ele estava pensando nos signos do zodíaco. É possível inferir que cada homem tinha uma função específica. O Evangelho de João nos informa – não sabemos com que justificação histórica – que Judas tomava conta da bolsa (do dinheiro).

Os membros da tribo de Issacar estavam entre os israelitas descritos como "as tribos perdidas de Israel". Isso porque o reino do Norte de Israel foi conquistado pelos assírios em 722 a.C. (o povo hebreu fora dividido entre os reinos de Israel, no Norte, e Judá, no Sul). Depois da conquista pelos assírios, muitos dos homens do reino do Norte se casaram com estrangeiras e alguns deles passaram a ser chamados samaritanos, por causa da região da Samaria, onde viviam. Eles eram desprezados pelos aristocratas e por seus parentes distantes no sul. As antigas tribos do norte de Israel foram de fato perdidas.

Como a famosa Parábola do Bom Samaritano deixa claro, os samaritanos eram considerados inferiores por muitos judeus na época de Jesus. Eles haviam se casado fora da casta israelita. Mas, segundo os registros, Jesus disse que veio buscar as ovelhas perdidas da casa de Israel. Ele veio para pregar aos perdidos, não aos justos. Um bom samaritano era a ideia de Deus do amor pelo vizinho. No cenário político e social da Judeia do século I, essa atitude de Jesus teria sido entendida como um ministério ao povo do Norte que era desprezado pelas orgulhosas autoridades do Sul.

A Galileia estava repleta de descendentes das antigas tribos perdidas de Israel; e nenhum deles era samaritano de modo algum. Havia galileus que não se casaram fora da antiga nação, mas as velhas fronteiras tribais tinham sido efetivamente obliteradas. O grego era uma língua comum na Galileia, e a cultura urbana fora helenizada.

Judas pode muito bem ter sido uma pessoa cuja família se lembrava de sua antiga tribo e se orgulhava disso. Eles eram "de Issacar". Uma redução natural do nome – ou apelido – nos dá a palavra grega *Iskariōten* ou *Iskariōth*.

Alguém que soubesse ter vindo de uma das grandes "tribos perdidas" do passado – da Era Dourada de Salomão – poderia muito bem ter desejado o retorno do reino messiânico: a unidade da antiga nação. Essa pessoa estaria muito interessada em seu *status* no reino, no *status* de sua tribo, seu povo. Ela desejaria saber quando a Estrela de Jacó (Tiago) e seus 12 filhos brilhariam novamente.

Esse homem teria ouvido falar da revolta de Judas, o Galileu, que aconteceu no ato 6 d.C., contra Herodes Antipas, o estrangeiro, o árabe indumeu e amigo de Roma. O historiador judeu do século I, Flavius Josephus, afirma que Judas, o Galileu "era o professor de uma peculiar seita própria, e não era de modo algum como o resto de seus líderes". Josephus* escrevia para um público romano, portanto esse é um momento raro e curioso de uma (possível) aprovação de um homem que liderou uma revolta.

Para nosso aborrecimento, Josephus não nos diz nada mais a respeito dessa seita peculiar de Judas, apenas que ele acreditava que a submissão ao domínio de um homem só deveria acontecer depois que Deus fosse reverenciado apropriadamente; ele lutava contra o tributo romano. Ele não entregaria a César coisas que pertenciam a Deus (os tributos vinham dos frutos da terra de Deus). É possível que a "seita" mencionada por Josephus seguisse a causa defendida por aqueles que conhecemos como zelotes (ou pelo menos uma ramificação do movimento).

Outro homônimo de Iscariotes, vindo de Séforis, a oeste da antiga área tribal de Issacar, é descrito por Josephus como o filho do "grande ladrão" Ezequias. Esse Judas atacou um arsenal de Herodes

---

*N.E.: Sugerimos a leitura de *Seleções de Flavius Josephus – Histórias dos Hebreus*, de Flavius Josephus, Madras Editora.

e armou seus homens para um ataque militar. Parece surpreendente para nós que alguém pudesse crescer na Galileia no século I d.C. e não ver o mundo como um lugar caracterizado mais por contínuas lutas armadas do que pelos lírios do campo, que não semeiam nem colhem, mas são mais gloriosos que Salomão.

"Ladrão" é um termo que o colaborador romano Josephus usou para se referir aos combatentes zelotes. É bem possível que, quando o Evangelho de João (e o papa) se referem a Judas como um ladrão, eles estejam apenas ecoando esse julgamento do *status* moral dos esforços zelotes para se libertar da dominação estrangeira.

Apenas para registro, na época desses dois Judas combatentes (quando o Jesus histórico era um menino), existiu outro galileu que fez uso da espada. Ele coroou a si mesmo, mas depois foi morto pelos soldados de Herodes. Seu nome era Simão. Este era o nome do pai de Judas Iscariotes. Porém, é claro, Simão era um nome comum na época.

Será que Jesus chamou seu discípulo de Judas por causa da tribo de Issacar, como um apelido carinhoso e uma referência à antiga linhagem dele?

O Segundo Livro das Crônicas 12, 32 diz que 200 homens de Issacar procuraram o rei Davi em Hebrom (Davi, como Jesus, era da tribo de Judá). De acordo com o relato, eles eram "homens que tinham o entendimento dos tempos, para saber o que Israel deveria fazer" – essa distinção os destaca dos outros líderes tribais. Será que Jesus (da Casa de Davi) pensava em Judas desse modo – um homem com entendimento que sabia o que Israel deveria fazer? Ele era um homem que conseguia realizar as coisas: o número 1 de Jesus para o trabalho duro?

Há algo mais nessa ideia de "Issacar" do que pensamos a princípio. De acordo com o *Targum* judaico (um comentário sobre as escrituras judaicas), a referência aos homens de Issacar tendo "entendimento dos tempos" significava que eles sabiam como verificar os períodos do Sol e da Lua. Eles também entendiam a intercalação dos meses, as datas dos festivais solenes, e sabiam interpretar os sinais dos tempos.

Esses homens sabiam *quando* agir.

No apócrifo *Testamentos dos 12 Patriarcas*, escrito no fim do século II e início do século I a.C., há algumas associações interessantes com os nomes de Issacar e Judá (Judas). Nessa obra, o *Testamento de Issacar* conta a história bíblica da contratação pela mãe de Issacar, Leia, dos serviços noturnos de Jacó, dando mandrágoras a Raquel. Há uma troca de uma noite por lucro. Há alguma ressonância aqui com a cena da traição, quando um beijo é comprado por dinheiro à noite?

No resto da narrativa, o próprio Issacar é retratado levando uma vida religiosa e simples, cultivando a terra. Esse relato vem da versão grega do Antigo Testamento, o Septuaginto. Na versão hebraica, Issacar é condenado a trabalhos forçados no campo (Gênesis 49, 13-15). Existe alguma ligação com a ideia de Judas Iscariotes ter comprado terras e sofrido nelas (como lemos em *Atos*)?

O Testamento de Judá se dedica-se à coragem, à ganância financeira e à apostasia por fornicação (com não israelitas). Todos esses atributos foram aplicados a Judas Iscariotes.

Caso alguém pense que esses escritos apócrifos estavam muito distantes do pensamento dos autores dos Evangelhos, é importante observar que estudiosos chamaram a atenção para vários paralelos com os Evangelhos. Esses paralelos mostram que partes de *Testamentos dos 12 Patriarcas* foram adaptadas pela escrita cristã, ou a escrita cristã foi influenciada por esses textos.

Há um grande interesse na vinda do messias e em referências que parecem se coadunar aos eventos da vida de Jesus. No *Testamento de Levi*, por exemplo, lemos como:

> Os céus se abrirão, e do templo da glória virão sobre ele santificações, com a voz do Pai como vinda de Abraão e Isaque. E a glória do Supremo virá sobre ele, e o espírito do entendimento e santificação permanecerá nele na água. (Levi 5, 21-22).

Essa passagem pode ser comparada curiosamente com Mateus 3, 16-17:

> Batizado Jesus, saiu logo da água, e eis que se lhe abriram os céus, e viu o Espírito de Deus, descendo como pomba, vindo sobre ele. E eis uma voz dos céus, que dizia: Este é meu filho amado, em quem me comprazo.

Há alguns aspectos astrológicos interessantes ligados a Issacar, especialmente se considerarmos Iscariotes como um tipo de trocadilho para Issacar. Afinal de contas, Judas em seu Evangelho específico é orientado a olhar para a sua estrela. Na tradição astrológica judaica, Issacar é o sexto membro tribal que se reporta a Câncer. Câncer tem quatro estrelas chamadas *Aselli*, que é o termo em latim para asnos. No solstício de verão, o Sol entra em Câncer. Esse é o período em que a luz do dia começa a diminuir. A operação-chave de Judas acontece em um mundo onde a luz está diminuindo, até o ato final que ocorre quando o mundo está adormecido.

Alguns estudiosos de Astrologia perceberam alegorias astrológicas no Novo Testamento. Tradicionalmente, a palavra de Deus está escrita nas estrelas. Foi assim que os Magos chegaram a Belém. A ideia não pareceria estranha ao autor do Evangelho de Judas. A escritura tinha de ser cumprida. Essa é a tônica de todo o tratamento dado a Judas nos Evangelhos. Como lemos em *Atos:*

> Irmãos, convinha que se cumprisse a Escritura que o Espírito Santo proferiu anteriormente pela boca de Davi, acerca de Judas, que foi o guia daqueles que prenderam Jesus. (*Atos* 1, 16).

Parece que conseguimos muitas informações de um versículo do Evangelho de Marcos – a primeira palavra que anuncia a chegada de Judas Iscariotes no palco da literatura. Mas é correto que examinemos seu nome. Acredita-se, há muito tempo, que a identidade verdadeira de uma pessoa está escondida em seu nome. Jesus, por exemplo, recebe um nome, Yeshua, que significa que ele seria o salvador de seu povo. Talvez Iscariotes, entre outras coisas, significasse que esse homem seria um líder do povo a ser salvo.

Mas parece que algo saiu errado.

Traição

A próxima vez que encontramos Judas Iscariotes em Marcos é logo depois de uma cena que ocorreu na casa de Simão, o leproso, em Betânia. Jesus fora ungido por uma mulher, e alguns reclamaram que o óleo poderia ter sido vendido, e a renda revertida aos pobres. Em João, mas não em Marcos, a pessoa que reclama é *Judas*. Esse é um exemplo do que acontecerá depois – ou seja, com o passar do tempo, Judas se torna cada vez mais demonizado?

> Marcos 14, 10, apresenta Judas mais uma vez como "um dos 12":
>
> E Judas Iscariotes, um dos 12, foi ter com os principais sacerdotes, para lhes entregar Jesus.

A expressão "entregar" também pode ser entendida como "trair", mas, seja qual for a tradução escolhida, parece que os sacerdotes principais mal podem conter sua alegria. O senso comum pode nos dizer que isso acontece porque Jesus está sendo traído por um de seus próprios seguidores. Se você consegue entrar no círculo interno de seu oponente, está na metade do caminho para capturá-lo. Na verdade, eles talvez nem tenham de capturá-lo. Judas facilitará as coisas para eles. Talvez eles lhe ofereçam dinheiro para que ele continue a cooperar.

> Eles, ouvindo-o, alegraram-se e lhe prometeram dinheiro; nesse meio-tempo, busca ele uma boa ocasião para o entregar. (Marcos, 14, 11).

O autor do Evangelho parece não ter dúvidas de que Judas está traindo seu mestre. Mas não dá nenhuma razão para isso. A palavra traduzida como "boa" [*boa ocasião*] também pode significar "oportuna" ou "no devido tempo". Por alguma razão, o momento tem de ser certo – mas é Judas quem está tomando a decisão sobre o momento certo. (Essa implicação é ausente no Evangelho de João, em que Jesus está bem à frente do jogo de Judas). Por outro lado, as preparações de Jesus também dão a sensação de um plano pré-arranjado:

> Então, enviou dois de seus discípulos, dizendo-lhes: Ide à cidade, e vos sairá ao encontro um homem trazendo um cântaro de água; segui-o. (Marcos 14, 13).

Esse plano envolve algo ao qual os 12 discípulos parecem ser totalmente estranhos, e, contudo, de algum modo, Jesus parece ter planejado a presença deles em locais e horários predeterminados e pré-arranjados. Isso nos faz lembrar dos personagens em filmes de espionagem, que devem encontrar o homem usando um cravo cor-de-rosa na lapela. Outro colaborador, desconhecido dos discípulos, aparece logo depois. Ao que parece, Jesus "cobriu" toda a cidade com membros de sua equipe. Mais uma vez, os discípulos nada sabem a respeito dessa operação. Eles têm um papel e precisam desempenhá-lo:

> Segui-o e dizei ao dono da casa onde ele entrar que o Mestre pergunta: onde é o meu aposento no qual hei de comer a Páscoa com os meus discípulos? E ele vos mostrará um espaçoso cenáculo mobiliado e pronto; ali fazei os preparativos. (Marcos 14, 14-15).

Judas sabe o que está acontecendo? Ele foi avisado? É parte do plano? O autor do Evangelho de Judas pode ter visto essa série de eventos acontecendo quase diante dos olhos dos discípulos e chegado à sua própria conclusão. Os discípulos não entenderam o que estava acontecendo. Judas, que já ganhara a confiança dos sumos sacerdotes, entendia. É claro que o autor do Evangelho de Marcos também não entende, porque ele obteve seu Evangelho a partir dos discípulos. A cena seguinte reforça a imagem dos discípulos confusos:

> Quando estavam à mesa e comiam, disse Jesus: Em verdade vos digo que um dentre vós, o que come comigo, me trairá. E eles começaram a entristecer-se e a dizer-lhe, um após outro: Porventura, sou eu? Respondeu-lhes: É um dos doze, o que mete comigo a mão no prato. (Marcos 14, 18-20).

O texto grego diz literalmente: "Ele me entregará [ou me trairá]; aquele que está comendo comigo". Quando Jesus diz "um dos 12", o texto em grego enfatiza "*aquele* dos 12". A construção é curiosa. "Aquele" seria o "líder" dos 12? É alguém que pensa estar acima dos outros? Ele está acima dos outros?

Os leitores dos Evangelhos estarão familiarizados com cenas nas quais os discípulos discutem entre si quando cada um deles será entronizado ao lado de Jesus, ou quem tem papéis de liderança no reino messiânico que estão esperando.

Será que aquelas perguntas incrédulas que são traduzidas como "Porventura, sou eu?" poderiam ser traduzidas como "Não eu, com certeza?", implicando que mesmo agora os discípulos estariam imaginando quem era o líder? Eles estão brigando pela honra de entregar Jesus? Muita coisa depende de a palavra ser "trair" ou "entregar".

Os discípulos pensam que Jesus está brincando? Ainda não perceberam a enormidade do que ele disse? Ou será que todos eles estavam preocupados, pois todos tinham sido tentados a traí-lo – e suas negativas são expressões de culpa? Sabemos que Pedro depois afirmará com veemência que ele tem coragem de ficar ao lado de Jesus na hora de necessidade. E sabemos que Pedro nega conhecer Jesus. Ele desiste, o que nos leva a perguntar: Pedro poderia ter feito o que Jesus pediu a Judas que fizesse, segundo a interpretação do Evangelho de Judas? (Fica claro que o autor do Evangelho de Judas conhece a cena, pois ele é impiedoso ao relatar a confusão dos discípulos.)

"Aquele que está comendo" com Jesus pode significar o que está mais próximo dele. Isso pode ser entendido no sentido físico, ou aquele que Jesus considera o líder dos 12.

Talvez signifique que Jesus e um dos 12 "remoem" o mesmo problema.

É possível que eles estejam recebendo o sustento de um cálice diferente. No jardim, Jesus implora ao Pai Celestial que afaste o cálice dele.

O autor do Evangelho de Judas parece ter decidido que Jesus fizera sua escolha de quem seria seu número um. O versículo a seguir é considerado por todos os que conhecem a história uma declaração direta da culpa de Judas. Parece que Jesus condena Judas:

> Pois o Filho do homem vai, como está escrito a seu respeito; mas ai daquele por intermédio de quem o Filho do homem está sendo traído! Melhor lhe fora não haver nascido (Marcos 14, 21).

Bem, o autor do Evangelho de Judas deu a essa previsão sua própria interpretação. Judas alcançará o reino, mas terá de sofrer muito. Muito diferente de ser condenado ao tormento eterno por suas ações, o fato de que ele terá de carregar o peso da culpa – sabendo ser inocente – fará com que ele deseje nunca ter nascido!

Independentemente de o termo ser "entregue" ou "traído", sempre *parecerá* que Judas traiu Jesus. A profecia tem de ser cumprida. Aquele que é esperado tem de ser recebido na casa de seus amigos. A magia do ritual, por assim dizer, o requer. Não é bom tentar explicar isso aos outros discípulos; eles simplesmente não entenderiam. Está além deles. Mas aqueles que virão... aqueles que podem enxergar além do cenário óbvio... eles entenderão. Até que esse dia chegue, haverá aflição para aquele que pratica o ato.

Devemos observar que em nenhum lugar nessa cena Jesus – ou o autor – se refere a Judas pelo nome. A implicação pode ser que o papel de "traidor" seja uma função. O autor do Evangelho de Judas parece entender isso. O homem que pratica o ato sofrerá, mas o *nome* de Judas será vindicado. Os nomes dos justos, como conhecem os costumes judeus, estão escritos no Livro da Vida.

A cena muda para o Jardim de Getsêmani. Talvez exista um elo entre essa cena e aquela descrita *no* Evangelho de Judas, em que os discípulos comentam seus sonhos ruins e Judas sonha que foi apedrejado por eles. Os discípulos estão dormindo. Mas uma vez a fraqueza deles é demonstrada. Judas, nós sabemos, está bem acordado. Ele segue seu caminho.

> E [Jesus] veio pela terceira vez e disse-lhes: Ainda dormis e repousais! Basta! Chegou a hora; o Filho do homem está sendo entregue* às mãos dos pecadores (Marcos 14, 41).

N. T.: O texto bíblico original em inglês usa a palavra betrayed, que significa traído, mas a tradução em português (de João Ferreira de Almeida) faz uso da palavra "entregue".

Acredito que nesse ponto podemos colocar um fim na ambiguidade em relação à palavra "trair" e "entregar". Embora a possível ambiguidade literal *talvez* tenha atraído o autor do Evangelho de Judas, fica bem claro agora, com o incremento da história, que, para o autor do Evangelho de Marcos, Jesus será traído. Ele será traído por Judas Iscariotes.

A única pergunta então é se Judas sabia que seu ato *deveria parecer* uma traição, ou se ele sabia que estava enganando seu professor e seus companheiros.

> Levantai-vos; vamos! Eis que o traidor se aproxima. E logo, falava ele ainda, quando chegou Judas, um dos 12, e com ele, vinda da parte dos principais sacerdotes, escribas e anciãos, uma turba com espadas e porretes. Ora, o traidor tinha-lhes dado esta senha: Aquele a quem eu beijar, é esse; prendei-o e levai-o com segurança. E, logo que chegou, aproximando-se disse-lhe: Mestre! E o beijou (Marcos, 14, 42-45).

Você pode observar que Judas é quem dá as ordens. Será? Ele diz a seu pequeno exército que leve Jesus "com segurança". Isso é interessante. *Com segurança...* Judas está preocupado que eles possam ferir seu Mestre? A palavra grega também pode significar "levai-o *com firmeza*". Mais uma vez, uma ambiguidade incômoda quando teríamos preferido uma clareza perfeita. Não dá para entender.

Talvez os homens armados tivessem outras ordens, pois lemos depois que eles colocaram as mãos sobre Jesus; se usaram ou não de brutalidade, isso não está escrito. De qualquer modo, pelo menos um dos discípulos considera o ato uma provocação e começa um conflito. A orelha de um servo do sumo sacerdote é cortada. O autor nada menciona sobre o fato de ela ter sido curada por Jesus.

Começa uma luta sangrenta que parece só terminar quando Jesus lhes diz que eles têm baixo nível moral, pois foram prendê-lo à noite porque tinham medo de levá-lo quando ele estivesse no meio das pessoas. Os discípulos fogem. Eles estão em menor número? Pensam que também serão presos? Aonde vai Judas?

Não sabemos. Essa é a última vez que ele aparece no Evangelho de Marcos.

O Evangelho de Mateus

É bem conhecido o fato de que o Evangelho segundo Mateus foi direcionado principalmente a um público judeu além da Judeia: mas ovelhas desgarradas da Casa de Israel. Essa suposição se baseia no fato de que o autor perde poucas oportunidades de mostrar que este ou aquele evento ocorreu "para que se cumprissem as Escrituras". Jesus diz que as Escrituras judaicas "são testemunho de mim".

Inevitavelmente, essa busca por meio do Antigo Testamento de ligações entre os acontecimentos e os dizeres da vida de Jesus e antigas declarações afetou a apresentação do relato que o autor faz de Judas Iscariotes.

Na verdade, muitos acadêmicos acreditam que detalhes da história de Jesus não foram apenas mostrados "para que se cumprissem as Escrituras", mas foram tirados das Escrituras e transformados em características da história do Novo Testamento. O autor não pensou que isso era invenção. O hábito de ver a vida de Jesus pré-delineada nas Escrituras era uma característica tão presente no Cristianismo judaico que parecia ser a coisa piedosa a fazer. Segundo o Evangelho de Mateus, Jesus dissera às pessoas que procurassem nas Escrituras indicações de quem ele era.

A história de Judas tem o tratamento do Antigo Testamento. Assim como em Marcos, a primeira vez que observamos Judas fazendo algo é quando ele procura os sumos sacerdotes. Nesse relato, possivelmente baseado em Marcos, a apresentação da visita de Judas é repleta de intensidade. O texto grego parece ter sido mudado para colocar Judas a uma distância do leitor em significado pessoal.

A frase "um dos 12", de Marcos, transforma-se em "aquele chamado Judas *Iskariotes*" (não Judas *Iskarioth*, como em Marcos). Talvez o autor estivesse perturbado pelo texto grego de Marcos que parecia dar a Judas um lugar especial entre os 12. Mateus não fala nada disso:

> Então, um dos 12, chamado Judas Iscariotes, indo ter com os principais sacerdotes, propôs: Que me quereis dar, e eu vo-lo entregarei? E pagaram-lhe 30 moedas de prata. E, desse momento em diante, buscava ele uma boa ocasião para o entregar (Mateus 26, 14-16).

Como em Marcos, essa cena acontece logo depois da curiosa unção de Jesus em Betânia. A unção pode parecer o ato espontâneo de uma mulher encantada com a presença de Jesus, mas há uma ligação com o messianismo (a unção de um rei) – e o mesmo ocorre com a cena de Judas e os sumos sacerdotes.

Como muitas coisas, a ligação pode ser interpretada de várias maneiras. O autor de Mateus apenas seguiu a ordem tradicional estabelecida em Marcos? A entrega de Jesus às autoridades é parte do ritual da realeza? Ou Judas está perturbado pela unção, temendo que as coisas tenham ido longe demais e decidindo que ele forçará a ação, porque quer Jesus preso ou porque deseja que Jesus enfrente seus inimigos e os humilhe com seu poder?

Infelizmente, o motivo nunca fica claro. Bem, em Mateus temos um motivo: dinheiro. São mencionadas 30 moedas de prata. De onde elas vieram? Elas vieram diretamente da profecia de Zacarias:

> Eu lhes disse: se vos parece bem, dai-me meu salário; e, se não, deixa-o. Pesaram, pois, por meu salário 30 moedas de prata (Zacarias 11, 12).

Acredita-se que os capítulos 9 a 14 da profecia de Zacarias tenham sido escritos entre os séculos IV e III a.C., e que eles tratam dos temas messiânicos da redenção depois da divisão do reino (as ovelhas se desgarram). As desprezíveis 30 modas de prata é tudo o que oferecem a Deus por seus serviços a seu povo. Novamente, há duas maneiras de interpretar isso.

Sabemos que Jesus conhecia essas profecias, porque ele entrou em Jerusalém montado em um jumento. Ele preparou tudo com muito cuidado de acordo com a profecia da chegada humilde do messias, encontrada em Zacarias, capítulo 9, versículo 9. Esse é um tipo de ritual de reapresentação (a menos, é claro, que tudo tenha sido inventado pelos autores dos Evangelhos, porque eles seguiam as profecias e inocentemente "as transformaram em história").

Se Jesus conhecia a profecia da entrada em Jerusalém, então também conhecia aquela referente às 30 moedas de prata. É possível, é claro, que Mateus só tenha acrescentado esse detalhe porque parecia a ele existir uma simetria obscura entre o preço oferecido a Deus e o preço pago pela traição de Seu precioso Filho.

Esse é o entendimento comum, e eu não estou dizendo que é uma inferência errada. No entanto, existe outra possibilidade. A passagem em Zacarias mostra que a paciência de Deus com seu povo está se esgotando. Deus vai *romper* a preciosa aliança com seu povo. O profeta usa a imagem de varas sendo quebradas:

> Então, quebrarei a segunda vara, chamada União, para romper a irmandade entre Judá e Israel (Zacarias 11, 14).

Levando isso em consideração, temos uma ressonância extra no uso, por Mateus, da palavra "comprometimento", indo além do arranjo feito entre Judas e os sumos sacerdotes. Vemos um possível motivo para tal ato.

Como já foi sugerido antes, Judas, o homem de Issacar, pode ter sido parte do plano de Jesus de procurar as ovelhas perdidas da Casa de Israel. As ovelhas perdidas eram aqueles que foram separados do reino quando os assírios conquistaram Israel. O plano parece ter envolvido unir de novo em uma bênção divina, para que todas as nações olhassem por fim para Jerusalém com admiração ao Deus Único e Verdadeiro. Mas o centro, o Templo, deve antes ser purificado – talvez até destruído. Nesse contexto, o uso dessas profecias faz um perfeito sentido. Pois lemos em Zacarias, logo depois do rompimento simbólico da "irmandade entre Judá e Israel" (os antigos reinos do Sul e do Norte), a criação por Deus de um falso pastor:

> Porque eis que suscitarei um pastor na Terra, o qual não cuidará das que estão perecendo, não buscará a desgarrada, não curará a que foi ferida nem apascentará a sã; mas comerá a carne das gordas e lhes arrancará até as unhas. Ai do pastor inútil, que abandona o rebanho! A espada lhe cairá sobre o braço e sobre o olho direito; o braço, completamente, se lhe secará, e o olho direito, de todo, se escurecerá. (Zacarias 11, 16-17).

Sabemos, por todos os relatos, que Jesus fez tudo o que esse falso pastor não fez: buscou os "desgarrados" (samaritanos; membros perdidos das tribos; os rejeitados); curou os doentes; teve compaixão pelos famintos; e falou do bom pastor que cuida de seu "rebanho". Quem, então, era esse mau pastor? Tudo aponta para as autoridades religiosas da época de Jesus sendo identificadas como "o mau pastor". *Ai deles!*, diz Jesus tantas vezes no Evangelho de Mateus. Eles falharam. A chegada dos romanos foi um evidente julgamento deles. A putrefação estava dentro deles:

Eis que eu farei de Jerusalém um cálice de tontear para todos os povos em redor e também para Judá, durante o sítio contra Jerusalém (Zacarias 12, 2).

Para cumprir a promessa, Judas *tem* de ser pago pela entrega do Rei. Só assim, depois da destruição do sumo sacerdócio, é que a aliança entre Deus e os justos e os perdidos será restaurada.

Se essa for uma interpretação sensata da situação, a única pergunta é, talvez, se Judas sabia o que ele estava fazendo. Faria sentido, no contexto descrito, que Judas tivesse sido informado do preço que deveria cobrar – isso se ele não tivesse decidido tudo por si mesmo. Por que os discípulos, e, portanto, os compiladores do Evangelho jamais perceberam isso? Eles não foram informados – do mesmo modo que não o foram a respeito da identidade do homem com o cântaro de água, da mulher que ungiu Jesus em Betânia, do dono da casa que organizou a "Santa Ceia" e do homem que forneceu o jumento no qual Jesus entrou montado em Jerusalém. Eles não foram informados, talvez, porque sua tarefa era *pregar* o novo reino, e não entender como ele acontecera. Jesus conhecia as limitações deles; eles teriam de ver por si mesmos, a seu próprio modo.

Talvez jamais saibamos o claro motivo das ações de Judas, além da simples ganância (tão inconvincente), porque os outros discípulos também nunca entenderam seus motivos. Tudo o que eles sabiam era o que seus olhos lhes mostravam naquela noite obscura.

Retornando ao texto de Mateus, há certa confirmação da visão de Martin Meyer e outros, segundo a qual os Evangelhos mostram um crescimento do perfil maléfico de Judas. O relato da Santa Ceia é semelhante ao de Marcos, mas há diferenças. A principal delas é que, em Mateus, depois que Jesus diz aos discípulos que aquele que come do mesmo prato que ele o trairá, não são os discípulos que perguntam "Eu não?", mas apenas Judas. Ele, ao que parece, é o único com a consciência culpada.

Judas diz: "*Eu* não, Mestre?". O texto grego é excepcionalmente enfático. Essa poderia ser uma resposta às palavras de Jesus de que seria melhor para o traidor que ele nunca tivesse nascido. De fato, o dinheiro já foi trocado. No relato do Evangelho, Judas é totalmente culpado.

Além disso, Jesus responde à pergunta de Judas "*Eu* não, Mestre?" com a resposta: "Tu o disseste". Isso não faria sentido se todos os outros discípulos tivessem perguntado a mesma coisa, como está escrito em Marcos. A frase curta, extraordinariamente pesada, tem uma ressonância extra.

"Tu o disseste" pode significar apenas "Bem, é você quem está falando", assim como "Essa pergunta já é uma resposta", ou ainda "Você *já* falou". Onde quer que coloquemos a ênfase, Mateus mostra que as próprias palavras de Judas o apontam como culpado. Como Meyer conclui corretamente, Mateus dá mais força à impressão da responsabilidade pessoal de Judas. A recriação discutível dos fatos não foi uma prioridade no Evangelho de Mateus. Jesus deve ser entregue. Judas é o culpado que garantiu que isso acontecesse.

E esse prolongamento de Marcos acontece novamente com a prisão de Jesus no jardim. Assim como em Marcos, Judas aparece com o grupo armado enviado pelos sumos sacerdotes, tendo explicado a eles o sinal de reconhecimento. "Senhor, Mestre", diz Judas, e beija Jesus. Em Mateus, Jesus responde: "Amigo, para que vieste?". Um tanto enigmático. Essa pergunta deve ter surpreendido o autor do Evangelho de Judas, pois nele Jesus explica de que mundo Judas veio e para que mundo, se conseguir suportar a dor, ele irá.

A ideia de que algo é enigmático é estranha a muitos leitores dos Evangelhos. Porque fomos ensinados que Jesus falava em parábolas para que as pessoas comuns pudessem entendê-lo; costumamos esquecer que Jesus também falava em parábolas para que algumas pessoas não entendessem. O arcebispo de Canterbury criticou a ideia de Jesus ser visto como "um guru, um homem de mistério". Não posso dizer nada quanto a *guru* (termo hindi para "rabino"), mas se Jesus não era um homem de mistério, então eu não sei o que é um "homem de mistério"!

Jesus tinha de explicar as parábolas aos discípulos. Infelizmente, não temos ninguém (pelo menos não uma autoridade contemporânea) para nos explicar exatamente o que estava acontecendo a Judas Iscariotes. Temos de chegar a uma conclusão por nós mesmos. *Amigo, para que vieste?*

Em Mateus (26, 56), lemos que tudo isso aconteceu para que se cumprissem as Escrituras. Lemos também que os discípulos abandonaram Jesus e fugiram. Eles desistiram de Jesus. Isso aconteceu por que eles estavam em menor número? De acordo com Mateus, Jesus diz a todos que poderia rezar por 12 legiões de anjos para ajudá-lo se isso fosse a coisa certa a fazer. Com certeza, os discípulos ficaram confusos. Jesus parecia não precisar deles. Ele diz que tudo isso foi para cumprir a profecia de Zacarias:

> Desperta, ó espada, contra meu pastor e contra o homem que é meu companheiro, diz o Senhor dos Exércitos; fere o pastor, e as ovelhas ficarão dispersas; mas volverei a mão para os pequeninos (Zacarias 13, 7).

A última frase não é mencionada em Mateus, nem a primeira. Mateus parece pensar que o "pastor" que é ferido é Jesus, as ovelhas são os discípulos que fogem. No entanto, vimos em Zacarias, capítulo 11, que é o mau pastor, "o pastor inútil que abandonou o rebanho", quem Deus enviou como forma de julgamento de seu povo. A profecia pode estar dizendo que o mau pastor será derrotado – um sinal de esperança.

Quem é "o homem que é meu companheiro", nesse versículo? Poderia isso explicar o famoso momento em que o servo do sumo sacerdote tem a orelha cortada? A espada é desperta contra o sumo sacerdote, e seu companheiro – é uma interpretação razoável.

A propósito, Mateus não diz que a orelha foi curada. Há sangue e ele não é limpo. Trata-se de um conflito messiânico, mas parece impossível reconstruir o que está acontecendo exatamente.

Mateus acrescenta mais culpa a Judas do que Marcos. Mas Judas também demonstra o que parece ser um profundo remorso. Em Marcos, Judas pratica o ato e ponto final. Mateus relata o resultado. As 30 moedas reaparecem.

> Então, Judas, que o traiu, vendo que Jesus fora condenado, tocado de remorso, devolveu as 30 moedas de prata aos principais sacerdotes e anciãos, dizendo: "Pequei, traindo sangue inocente". Eles, porém, responderam: "Que nos importa? Isso é contigo". [ou seja, "isso é problema seu, não nos envolva".] Então Judas, atirando para o santuário as moedas de prata, retirou-se e foi se enforcar. E os principais sacerdotes, tomando as moedas, disseram: "Não é lícito deitá-las no cofre das ofertas, porque é preço de sangue". E, tendo deliberado, compraram com elas o campo do oleiro, para cemitério de forasteiros. Por isso, aquele campo tem sido chamado, até o dia de hoje, Campo de Sangue. Então, cumpriu-se o que foi dito por intermédio do profeta Jeremias: "Tomaram as 30 moedas de prata, preço em que foi estimado aquele a quem alguns filhos de Israel avaliaram; e as deram pelo campo do oleiro, assim como me ordenou o Senhor". (Mateus 27, 3-10).

Aqui, o autor de Mateus parece ter misturado as profecias. É da profecia de Jeremias (capítulo 32, versículos 6-9) que um homem chamado Hananeel procurará Jeremias para sugerir que ele compre um campo. Jeremias assim o faz – por 17 ciclos de prata. Mas a profecia principal é mais uma vez de Zacarias:

> Então, o Senhor me disse: "Arroja isso ao oleiro, esse magnífico preço em que fui avaliado por eles". Tomei as 30 moedas de prata e as arrojei ao oleiro, na Casa do Senhor (Zacarias 11,13).

Não apenas o pano de fundo profético é confuso aqui, sugerindo que o autor fez sua própria fusão dos textos para se adequar a outro material disponível, como também a história não se ajusta ao destino de Judas relatado em nenhuma outra passagem do Novo Testamento. Segundo a narrativa em Atos dos Apóstolos, Judas não se enforca. Será que algum dos compiladores dos Evangelhos sabia *de fato* o que aconteceu a Judas? Ou estavam apenas supondo?

Só podemos especular se o autor do Evangelho de Judas ficou impressionado com o potencial alegórico do "campo de sangue" e o lugar que se tornou "cemitério de forasteiros". Aqueles com uma mente "gnóstica" foram encorajados a ver a si mesmos como forasteiros no mundo. O *próprio* mundo seria o "cemitério" de forasteiros. Judas tornou-se um "forasteiro", um estranho, um alienígena. Ele é "Allogenes", "de outra raça", no que diz respeito a seu destino no Evangelho de Judas. Quanto ao "campo de sangue", o Evangelho de Judas mostra Jesus explicando a ele que o regente do mundo inferior é Nebro, "cujo aparecimento foi manchado de sangue".

Em um nível mais prosaico, se existisse alguma base histórica para esse relato em Mateus, capítulo 27, essa imagem de Judas "lançando o desafio" ao jogar as 30 moedas de prata no Templo tem sinais de uma representação ritual do drama messiânico de Zacarias. De acordo com a profecia, o preço vil pago pelos serviços de Deus é jogado "ao oleiro" no Templo. É um ato profético. Em Zacarias, ele precede o rompimento da irmandade entre Judá e Israel. É uma declaração de guerra divina.

Estaria Judas talvez dando continuidade ao ritual da criação divina do reino? Só podemos especular, por causa da natureza confusa da tradição que nos foi transmitida.

Também é importante mencionar que as cenas de sonho no Evangelho de Judas, que ocorrem no Templo e mostram um sacerdócio corrupto com sangue em suas mãos, talvez representem uma tradução *setiana* da cena descrita acima com Judas no Templo: uma cena poderosa, sem dúvida.

O remorso, nesse contexto, não deveria ser de Judas, o executor da vontade profética divina, mas dos sumos sacerdotes. Eles obtêm de volta seu dinheiro de sangue. Sabendo o que representa esse dinheiro, eles se condenam e tentam "enterrar a evidência" criando um novo cemitério em Jerusalém – talvez em preparação para o que está por vir.

As camadas dessa história são muitas e se misturam.

O que o Evangelho segundo Lucas acrescenta a nosso entendimento se Judas era bom, mau, ou simplesmente não entendido? Lucas intensifica a imagem do crime de Judas?

Lucas e Judas

O momento do beijo fatal no Jardim de Getsêmani é tratado de modo ainda diferente em Lucas. O Jesus de Lucas não chama Judas de "amigo" – nem de maneira sarcástica. Depois do beijo, Jesus diz (para qualquer leitor que não tenha compreendido, talvez): "Judas, com um beijo trais o Filho do homem?".

Isso deixa as coisas bem claras. Sentimos que, quando o autor de Lucas estava escrevendo, a imagem familiar de Judas foi talhada na pedra sem nenhuma ambiguidade. Em Lucas, Judas faz o que as pessoas esperam que ele faça. Se qualquer um questionar o motivo, essa dúvida é descartada pelo seguinte artifício. Em Lucas, o verdadeiro culpado – a quem Judas se rende – é revelado:

> Ora, Satanás entrou em Judas, chamado Iscariotes, que era um dos 12. Este foi se entender com os principais sacerdotes e capitães sobre como lhes entregaria Jesus (Lucas 22, 3-4).

Em Lucas, o plano é elaborado entre Judas e os sacerdotes principais em conferência – não há nenhuma sugestão de atividade simbólica ou ritual messiânico aqui; trata-se de uma clara conspiração. E *Satanás* está por trás disso. Se você tiver alguma dúvida quanto à culpa de Judas, vá conversar com *ele*.

> Então, eles se alegraram e combinaram lhe dar o dinheiro. Judas concordou e buscava uma boa ocasião de lho entregar sem tumulto (Lucas 22, 5-6).

Também não há nenhuma menção às 30 moedas de prata. Essa profecia mancharia a história? Possivelmente. Por quê? Porque, se considerarmos que o autor de Lucas foi a mesma pessoa que escreveu Atos dos Apóstolos, então não pode existir uma cena de Judas levando as moedas ao Templo e atirando-as ao chão. Judas não pode devolver o dinheiro de sangue em um esforço para redimir aquele pelo qual a quantia foi paga. Não há dúvida de que o dinheiro tem um poder profético simbólico; quando ele é atirado ao Templo temos um ato de condenação dos sacerdotes principais e de seu governo: uma declaração do julgamento iminente de Deus e da aniquilação da velha ordem.

Não pode nem mesmo existir a ideia de Mateus de apresentar um Judas arrependido, horrorizado com o fato de que Jesus foi realmente preso; chocado com o que ele fez; tomado do sentimento de que teria sido melhor não ter nascido; e por isso, logicamente, enforcado o mais rápido possível.

Não. O Evangelho de Lucas foi chamado o Evangelho romântico, e nenhuma das situações acima se encaixa em sua visão da história. A tradição diz que Lucas adquiriu uma grande parte de sua perspectiva de Paulo, e não queria deixar nenhuma dúvida quanto ao significado da crucificação. Judas aparece de novo no primeiro capítulo de *Atos dos Apóstolos*, em um curto discurso proferido por Pedro "em meio aos irmãos" que, segundo os registros, eram 120. Pedro está anunciando que eles devem escolher um sucessor de Judas. Embora a narrativa afirme que todos os presentes tinham acompanhado Jesus enquanto ele estava entre eles, Pedro conta-lhes o que acontecera a Judas. Ele afirma que tudo aconteceu para cumprir uma profecia; não de Zacarias desta vez, mas contida nos Salmos:

> Até o meu amigo íntimo, em quem eu confiava, que comia do meu pão, levantou contra mim o calcanhar. (Salmo 41, 9)

Judas é um traidor; ele traiu seu melhor amigo:

> Ora, este homem adquiriu um campo com o preço da iniquidade; e, precipitando-se, rompeu-se pelo meio e todas as suas entranhas se derramaram; e isso chegou ao conhecimento de todos os habitantes de Jerusalém, de maneira que em sua própria língua esse campo era chamado Aceldama, isto é, Campo de Sangue (Atos dos Apóstolos 1, 18-19).

Pedro, então, cita outra "profecia", também contida nos Salmos (69, 25): "Fique deserta a sua morada, e não haja quem habite as suas tendas". Vejamos também o Salmo 109, 8: "Os seus dias sejam poucos, e tome outro o seu encargo". Nenhum arrependimento; nenhum perdão. O Salmo 109 traz ainda algumas outras torturas que o salmista espera que recaiam sobre seus inimigos. Um dos versículos implora a Deus que transforme as entranhas dos inimigos em água e os ossos em óleo. Além do mais, "suscita contra ele um ímpio, e à sua direita esteja um acusador"* (v. 6). Talvez seja daí que Lucas tirou a ideia de Satanás entrando em Judas. É como se alguém tivesse dito ao compilador do Evangelho: "Você que saber sobre Judas? Leia o Salmo 109 – está tudo lá".

Há muito pouco de natureza histórica nesse relato. Supõe-se que tudo aconteceu logo depois da ascensão de Jesus, e, contudo, ouvimos falar desse campo, *Aceldama*, como se fosse uma história antiga – "E isso chegou ao conhecimento de todos os habitantes de Jerusalém".

Isso não é de surpreender. Esse Evangelho foi escrito depois de Jerusalém ter sido destruída pelos romanos no ano 70 d.C. O autor está falando de coisas que ouviu dizer sobre eventos passados. Não parece provável, então, que Lucas tenha lido Mateus – se é que o Evangelho de Mateus já tinha sido escrito na época. A história do campo do oleiro com todas as nuanças proféticas não está presente. Na verdade, Judas parecia estar desfrutando dos ganhos obtidos desonestamente quando por fim foi derrubado por um julgamento punitivo profético.

Isso não faz nenhum sentido histórico.

Se Judas sobreviveu ao julgamento de Jesus tempo suficiente para comprar um terreno, ele não teria, segundo o próprio relato de Lucas, conhecimento da ressurreição, das posteriores aparições de Jesus, e assim por diante. Devemos acreditar que ele, de repente, preferiu ser agricultor a assumir uma função messiânica? Somente se aceitarmos as coisas pela fé, talvez.

Fica claro à lógica dessa investigação que o destino de Judas não era de interesse real para aqueles que vieram depois de Jesus. Eles ouviram falar de uma traição. A história tornou-se mais refinada, mais definitiva. O papel de Judas é delineado segundo uma fórmula; seu julgamento é certo. Como ele morreu? Estava escrito nas profecias. Ele morreu. Quem se importa?

Bem, parece que alguém que escreveu no século II se importou. Eu espero que possamos ver como um autor com tipo de

---

*N. T.: No texto original em inglês, a palavra não é acusador, mas "Satanás" [Satan]. Na tradução de João Ferreira de Almeida, no entanto, foi empregada a palavra "acusador".

mente específico interpretou os registros já estabelecidos. Talvez não tenha sido tão difícil começar esse processo de reinterpretação e reformulação. Há tantas brechas nos relatos dos Evangelhos que só precisaríamos de uma consciência crítica bem afiada – e uma boa história alternativa que funcionasse. O autor do Evangelho de Judas tinha esses instrumentos.

O autor do Evangelho de Judas também parece ter tido acesso a um bem inestimável. Paradoxalmente, no que se refere a Judas, o professor Meyer considerou esse bem o mais condenatório de todos. Para Meyer e outros estudiosos, o Evangelho de João representa o "fim da história" na evolução da culpa de Judas, condenado para sempre.

O não tão Secreto Evangelho de João

O acadêmico alemão do século XX, Rudolf Bultmann, considerou o Evangelho de João um meio caminho para o Gnosticismo, pois a figura de Jesus se torna muito etérea e espiritual.

O Jesus de João profere grandes discursos sobre quem ele é; de onde vem; para onde vai; afirma que ninguém chega ao Pai senão por ele; que ele é a videira verdadeira; o pão verdadeiro; a luz; o amor de Deus; o caminho, a verdade e a vida. E para coroar tudo isso, Jesus é o *Logos* ("Palavra") que se fez carne.

Caso você não saiba, a "Palavra" não significa as *palavras* da Bíblia. Era uma palavra grega que significava a inteligência divina que criou o Universo. Ela é refletida na mente do que busca de verdade e é revelada no estudo inteligente da criação de Deus. O *Logos* é a mente criativa de Deus. Sem o *Logos*, o Universo e o mundo natural seriam ininteligíveis.

Na Primeira Carta de João, a Palavra é mostrada como parte de uma trindade: "Pois há três que dão testemunho no céu: o Pai, a Palavra e o Espírito Santo; e estes três são um" (I João, 5, 7). Por mais significativo que o misticismo de João tenha parecido àqueles que gostaram do Evangelho de Judas, havia um ponto saliente, pelo menos. A ideia da Palavra se tornando carne não era algo que eles podiam aceitar – pelo menos não literalmente. A Palavra era espiritual; carne era carne – apenas algo transitório que é e não é.

É possível que o primeiro capítulo de João – que começa com "No princípio era o Verbo [a Palavra]" – tenha sido escrito com os assim chamados "gnósticos" em mente (é claro que eles tinham seu próprio "livro secreto" de João – o Apócrifo de João). Também é possível que o tratamento dado a Judas pelo Evangelho de João tenha objetivado dissuadir qualquer pessoa de pensar que Iscariotes soubesse mais do que os outros discípulos. Não obstante, o autor do Evangelho de Judas – bem como autores de obras provavelmente lidas em associação a ele – estavam preparados para ver, no Evangelho de João, coisas que nem mesmo o autor teve a intenção de dizer!

O Filho da Perdição

> Quando eu estava com eles, guardava-os no teu nome, que me deste, e protegi-os, e nenhum deles se perdeu, exceto o filho da perdição, para que se cumprisse a Escritura (João 17, 12).

Judas, é claro, é o filho da perdição referido nessa oração do Jesus joanino para os apóstolos. Judas perdeu-se para que se cumprisse a Escritura; não havia uma escolha real envolvida: ele tinha de se perder. Ele seria pego mais tarde, depois do pesar? O autor do Evangelho de Judas parece ter percebido certa falta de caridade nessa oração. Ele não concorda com ela. Quando Jesus mostra a Judas a geração do Universo vinda das energias divinas de Deus, no Evangelho de Judas, é isto o que ele diz sobre a "perdição":

> A multidão desses imortais é chamada Cosmos – ou seja, perdição – pelo Pai e os 72 luminares que estão com Aquele que Gerou a Si Mesmo e suas 72 eras.

Sim, Judas é realmente o "filho da perdição"! Sua morada é com os imortais. "Por isso", parece dizer o autor, "O Verbo se fez carne e habitou entre nós", como lemos. *Mas quem pode ver isso*? Somente Judas! Ele tem a coragem de levantar e dizer a Jesus que este vem do reino imortal de Barbelo" – e Barbelo na linguagem da *gnose* setiana corresponde ao *Logos*, a *Sophia*, ou Sabedoria de Deus. A questão a respeito de Jesus não é o homem, mas o Deus oculto no homem.

Para o autor do Evangelho de Judas, a evidência estava na cena do "crime". É claro que há verdade nos Evangelhos, ele parece afirmar. Mas a verdade se tornara irremediavelmente distorcida: distorcida pelo senhor deste mundo.

Se os discípulos não puderam entender o que Judas estava tentando fazer, então como eles poderiam entender o suficiente para escrever um evangelho preciso? Se eles não tiveram a compreensão a respeito de Judas, não compreenderiam mais nada. Eles veriam Jesus conforme a imagem que criaram dele, segundo suas próprias percepções e expectativas. Ficariam confusos. Eles escreveriam o que viram; eles não viram o suficiente. Entretanto, ao escrever sobre aquele que veio de Barbelo, a verdade sem dúvida "apareceria" nos Evangelhos, pelo menos para aqueles que pudessem vê-la. Os Evangelhos estavam repletos de pistas.

É um paradoxo curioso o fato de que o próprio Evangelho que dá a impressão de fazer a pior retratação possível de Judas e sua culpa condenável – o de João – é aquele que mais parece ter inspirado o autor do Evangelho de Judas. Na passagem a seguir, temos uma imagem para a clássica dicotomia gnóstica:

> Sabendo, pois, Jesus, que estavam para vir com o intuito de arrebatá-lo para o proclamarem rei, retirou-se novamente, sozinho, para o monte. (João 6, 15)

Há aqueles que veem Jesus como um rei: um poder terreno. No Evangelho de Judas, essas pessoas seriam os discípulos. Mas Jesus quer se afastar delas; ele quer alcançar um lugar mais alto. Ele vai ao monte. Judas terá de ser separado daqueles que estão embaixo se ele quiser enxergar a verdade.

> "Contudo, há descrentes entre vós". Pois Jesus sabia, desde o princípio, quais eram os que não criam e quem o havia de trair. E prosseguiu: "Por causa disso é que vos tenho dito: ninguém poderá vir a mim, se, pelo Pai, não lhe for concedido". À vista disso, muitos dos seus discípulos o abandonaram e já não andavam com ele. (João 6, 64-66)

Se Jesus sabia quem ia traí-lo, por que não o impediu? Seus discípulos teriam prazer em apedrejar um traidor.

Por que não o impediu? Porque Jesus *tinha* de ser traído. Ou Judas teve a mesma ideia de forma independente, ou estava disposto a atender a uma necessidade. O autor do Evangelho de Judas simplesmente deduziu que, para Judas seguir o plano, ele tinha de ter visto o que os outros não conseguiam. Aqui estava a prova. Muitos dos discípulos de Jesus, segundo João, o abandonaram. Não mais andavam com ele.

Não há nada parecido com isso nos outros Evangelhos: pessoas afastando-se de Jesus, desistindo dele. Bem, houve o jovem rico que não conseguiu viver sem sua fortuna, mas ele não era um discípulo; ele nem chegou a ser. Mas em João lemos que um grande número de pessoas desistiu da luta antes mesmo que ela começasse. Será, talvez, por que não haveria luta alguma?

Jesus era muito "inalcançável" para alguns dos discípulos. Além do mais, o autor entregou o jogo: havia aqueles que *não acreditavam*, e havia Judas. Simples assim. A frase claramente separa Judas daqueles que não acreditavam. Estes foram discípulos que não mais andavam com Jesus. São os mesmos que fugiram do jardim, que o abandonaram. Judas tinha o que era necessário.

> Replicou-lhes Jesus: "Não vos escolhi em um número de
> 12? Contudo, um de vós é o Diabo" (João 6, 70).

Certo! Sim, Judas é o Diabo! Ele é o "13º *daimon*". O Evangelho de Judas transforma o que parece ser uma reprovação em uma insígnia de honra. Um *daimon* é o gênio de um homem; Judas é um gênio! A interpretação "na *gnose*" é então: eu escolhi 12, e aquele que se afastará de vocês é o *daimon* com quem eu posso trabalhar! Jesus pode lidar com um demônio quando assim o deseja; ele vem de cima; os demônios são de baixo. Os demônios o obedecem. Os *daimons* sabem o que eles estão fazendo. (Mesmo naquela época, os termos "demônio" e "daimon" eram confundidos.)

> Referia-se ele a Judas, filho de Simão; porque era quem
> estava para traí-lo, sendo um dos 12 (João 6, 71).

Sendo um dos 12... Judas é *aquele* dos 12. Fora dos 12 ele se torna o 13º e, portanto, enxerga a natureza verdadeira, oculta, divina.

> Vós sois cá de baixo, eu sou lá de cima; vós sois deste
> mundo, eu deste mundo não sou (João 8, 23).

O Evangelho de Judas interpreta essa afirmação ao pé da letra. Foi Judas quem viu isso. O Evangelho de Judas parece perguntar: "O que significa *a Palavra feita da carne?*". Vejamos, ele mesmo diz: *Jesus não é deste mundo.* Qualquer um que discorde dessa afirmação é "de baixo".

O Evangelho de João é o único que aponta Judas como aquele que reclama da unção de Jesus em Betânia. O autor deve ter observado nos outros três Evangelhos – se os leu –, que a visita de Judas às autoridades religiosas em Jerusalém acontece imediatamente após a unção. Isso talvez explique por que o evangelista vai "além" dos outros Evangelhos e mostra Judas já começando sua carreira do mal como traidor e vira-casaca, atacando verbalmente a mulher que unge Jesus com o óleo de nardo. (Também é possível, é claro, que João se baseie em relatos mais precisos de testemunhas oculares, pois ele dá nomes e cenários extras.) A cena frustrante ocorre na presença de Lázaro, que há pouco foi trazido de volta da morte; e lemos que foi Maria, uma discípula, quem esfrega o unguento na pele dos pés de Jesus, que logo sentiria a agonia da crucificação. Depois, a narrativa diz que Judas Iscariotes não mais consegue esconder sua indignação:

> Mas Judas Iscariotes, um dos seus discípulos, o que estava para traí-lo, disse: "Por que não se vendeu esse perfume por 300 denários e não se deu aos pobres?" (João 12, 4-5).

No caso de pensarmos que Judas está demonstrando um repentino impulso de caridade, o autor do Evangelho se apressa em explicar:

> Isso disse ele, não porque tivesse cuidado dos pobres; mas porque era um ladrão e, tendo a bolsa, tirava o que nela se lançava. Jesus, entretanto, disse: "Deixa-a!" (João 12, 6-7).

Temos aqui praticamente toda a acusação: Judas Iscariotes, traidor de Jesus, ladrão, mentiroso, destruidor de um ritual sagrado, convidado ignorante e vergonhoso, hipócrita e opressor das mulheres. E assim temos a conclusão: "Chegou o momento de ser julgado este mundo, e agora seu príncipe será expulso". (João 12, 31)

Mais uma vez, o autor do Evangelho de Judas concordaria alegremente com essa afirmação. A derrota do príncipe deste mundo está próxima. Mas, para que isso aconteça, João requer que seja Judas, que é o servo do senhor deste mundo. O senhor deste mundo pensa que pode derrotar o poder de Jesus matando-o: Judas é o meio. Isso não é verdade, diz o Evangelho de Judas. Jesus não deixará o príncipe deste mundo enganá-lo com Judas: ele vê através disso. O príncipe deste mundo é quem será enganado.

É difícil afirmar o que tudo isso tem a ver com o Judas histórico. Para onde quer que olhemos, Judas é explorado com propósitos teológicos: "Durante a ceia, tendo já o Diabo posto no coração de Judas Iscariotes, filho de Simão, que traísse a Jesus". (João 13, 2). Segundo essa passagem, Judas é o discípulo do Diabo. Só podemos nos perguntar se o autor do Evangelho de Judas passou por cima desse mal-entendido (pois no Evangelho de Judas o "Diabo" de Judas é o Deus oculto). Talvez ele tenha repentinamente compreendido a simbologia que aparece nas linhas seguintes: "[Jesus] levantou-se da ceia, tirou a vestimenta de cima..." Depois da ceia, *Jesus tirou a vestimenta de cima*. Ou seja, Jesus deixou de lado seu corpo, oferecendo uma falsa vitória ao senhor deste mundo. Talvez esse seja o versículo que inspirou estas surpreendentes palavras no Evangelho de Judas: "Mas você [Judas] superará todos eles. Pois você sacrificará o homem que me veste".

O Discípulo Amado

Nunca é demais enfatizar que os Evangelhos tradicionais são obras compostas. Análises textuais provaram que os Evangelhos são "colchas de retalhos" de materiais discrepantes. Eles foram "costurados", editados, "cortados e colados". Partes foram removidas de outras fontes. Quais eram essas fontes originariamente, nós não sabemos.

Às vezes o leitor sente que há coisas faltando. Uma corrente de pensamento é iniciada e, de repente, interrompida abruptamente bem onde esperávamos uma explicação. Talvez a explicação não fosse do agrado do compilador. Talvez ele tenha sentido que o material já tinha sido usado, ou era muito familiar para ser repetido.

Como resultado da identificação do material compartilhado por Mateus, Marcos e Lucas, os estudiosos acreditam que havia uma fonte original de relatos comum aos três. Eles não sabiam que fonte era essa, portanto a chamaram "Q", do alemão *quelle* (que significa "fonte"). Mas "fonte" pode significar várias obras, uma coletânea de fontes.

O que isso significa para nós é que nenhum dos Evangelhos foi escrito "de uma vez". Não imagine o compilador original sentando e ditando a obra a um escriba, linha após linha. Talvez isso tenha acontecido a princípio, mas, se foi assim, a obra sofreu enormes acréscimos, tanto que seria impossível reduzir o Evangelho a um suposto primeiro rascunho consistente.

Embora saibamos que há temas especiais a cada Evangelho individual – João parece ser o mais sistemático em relação a isso –, eles não representam a realização de um propósito ideológico *único*. Eles não são apocalipses, revelações ou visões, embora contenham elementos desses materiais. A imaginação foi usada para reconciliar ou misturar fontes diferentes. Há temas; há ênfases. Escolhas definitivas foram feitas a partir dessas fontes – sobre quais palavras enfatizar, ou mesmo mudar. Há uma mente, ou mentes, operando com esse material.

Por isso, chamá-los de colcha de retalhos, no sentido de uma seleção quase aleatória ou de um projeto estético, é um erro. Porém, um determinado material é às vezes incluído porque, por alguma razão, o compilador do Evangelho simplesmente sentiu que *tinha* de colocá-lo. Talvez porque eles soubessem que os leitores gostariam da história, ou porque não via nenhuma razão para *não* o incluir. Ou talvez ainda o material o interessasse – é possível que o material tivesse algum significado especial para o compilador; um significado que nós não compreendemos de imediato.

Os acadêmicos com frequência chamam a nossa atenção para pequenos detalhes estranhos e dizeres peculiares que parecem difíceis de "se encaixar" no resto da narrativa, por mais que ela seja "desconjuntada".

Uma coisa é certa. Não lemos os Evangelhos do mesmo modo que os primeiros leitores os "leram" ou os ouviram. Eles viveram em um cenário diferente do ponto de vista psicológico. Coisas que parecem casuais, ou mesmo sem sentido em nossa época, podem ter causado um forte impacto na mente das pessoas há muitos anos. Nunca poderemos ter certeza de termos entendido a mensagem com a precisão desejada por quem a transmitiu.

Uma das características mais curiosas do Evangelho de João, observada muitas vezes pelos estudiosos, e uma fonte perpétua de confusão, também para os leigos, são as referências ocasionais a um "discípulo" que Jesus amava. Um dos discípulos recebeu destaque em João; em geral ele é chamado "o discípulo amado", e é frequentemente associado ao apóstolo "João", a suposta fonte principal do Evangelho.

Embora essa conclusão seja baseada em boas pesquisas, ela não soluciona o mistério. Como vimos, mistérios são mistérios, mas podemos tentar iluminar um pouco o poço sem fundo.

Temos uma vantagem sobre o compilador do Evangelho de João. É perfeitamente possível que ele também não soubesse a identidade do discípulo que Jesus amava. É claro que ele pode ter *pensado* que sabia. Afinal de contas, supõe-se que Jesus amou todos os seus discípulos – exceto, talvez, Judas Iscariotes.

Quem teria afirmado em humildade ser o discípulo que Jesus amava? Você pode imaginar a cena? "Oh, sou *eu*! Eu sou o discípulo que ele amava!"

Eu não ficaria surpreso se alguns de vocês começassem agora a pensar sobre *O Código Da Vinci* ou outras obras com um tema semelhante. Poderia o discípulo que Jesus amava ser... *Maria Madalena*? Bem, nós não sabemos. O que sabemos é que os autores contemporâneos ao Evangelho de Judas, e que com ele compartilharam visões, apresentaram um caso fascinante sobre Jesus ter amado

Maria Madalena mais do que os outros discípulos, dizendo (no Evangelho de Felipe) que ele com frequência a beijava na boca.

A palavra "boca" não consta no papiro original – mas, ainda que estivesse lá, um estudo minucioso da Biblioteca de Nag Hammadi revela que Jesus beija uma pessoa na boca, isso significa que as palavras proferidas por aquela boca eram verdadeiras e sagradas. Também pode marcar a transmissão do Espírito Santo, como veremos. Não se trata de um sinal erótico! (O Jesus da *gnose* às vezes aparece como uma criança, mas os escritos dessa tradição desconhecem qualquer descendência física.)

De qualquer forma, o autor do Evangelho de Judas não mostra nenhum interesse por Maria Madalena, deixando bem claro seu entendimento da primazia de Judas. Se, de fato, Jesus amou um discípulo mais do que os outros, então foi Judas. Judas era aquele que superaria os outros.

> "Em verdade, em verdade vos digo que um dentre vós me trairá". Então, os discípulos olharam uns para os outros, sem saber a quem ele se referia. Ora, ali estava aconchegado a Jesus um dos seus discípulos, aquele a quem Jesus amava; a esse fez Simão Pedro sinal, dizendo-lhe: "Pergunta a quem ele se refere". Então, aquele discípulo, reclinando-se sobre o peito de Jesus, perguntou-lhe: "Senhor, quem é?". Respondeu Jesus: "É aquele a quem eu der o pedaço de pão molhado". Tomou, pois, um pedaço de pão e, tendo-o molhado, deu-o a Judas, filho de Simão Iscariotes. E após o bocado, imediatamente entrou nele Satanás. Então, disse Jesus: "O que pretendes fazer, faze-o depressa". Nenhum, porém, dos que estavam à mesa percebeu a que fim lhe dissera isso. Pois como Judas era quem trazia a bolsa, pensaram alguns que Jesus lhe dissera: "Compra o que precisamos para a festa", ou lhe ordenara que desse alguma cousa aos pobres. Ele, tendo recebido o bocado, saiu logo. E era noite. (João 13, 21-30)

Essa passagem confusa levou um estudioso[21] à conclusão de que o discípulo amado era Judas Iscariotes – uma voz solitária à frente de sua época, talvez. Noack levantou-se e argumentou que Judas foi o único discípulo que realmente entendeu a mente de Jesus. Ele argumenta que a assim chamada traição de Jesus não foi um ato de traição,

---

21. Ludwing Noack, *Die Geschichte Jesus,* Strassburg, 1876.

mas um jogo deliberado nas mãos de Jesus, para permitir a ele o cumprimento de seus propósitos. É surpreendente o fato de Noack nunca ter visto o Evangelho de Judas.

No entanto, a passagem joanina reproduzida acima foi citada em refutação ao que outros estudiosos consideraram uma ofensa na teoria de Noack. Nessa passagem, parece haver uma distinção entre o homem culpado e o discípulo reclinado no peito de Jesus. Porém, mesmo uma leitura superficial mostra que o texto não pode ser considerado nem lógico nem histórico. O discípulo amado pergunta a Jesus quem o trairá. Jesus diz que é aquele a quem ele der o pedaço de pão. Ele, então, o dá a Judas Iscariotes. Se os outros discípulos tivessem ouvido isso, eles teriam lidado com Judas naquele momento e lugar. Eles não teriam ficado se perguntando por que Jesus diz a Judas que faça o que tem de fazer logo.

Além do mais, se Judas tivesse ouvido as instruções de Jesus para fazer o que tinha de ser feito logo – e ele estaria sendo genuinamente traiçoeiro – ele teria pensado duas vezes, porque todo o plano dependia do segredo para dar certo, e agora, ele teria fracassado. Judas não teria nenhuma razão para acreditar que Jesus queria que ele tivesse sucesso.

Ainda que Jesus tivesse revelado a pista do pedaço de pão molhado apenas ao "discípulo amado" (e esse discípulo não era Judas), então o discípulo amado com certeza teria contado aos outros, a não ser que ele também quisesse ver Jesus traído. Se ele já soubesse o que Jesus queira alcançar permitindo a traição, não precisaria ter feito a pergunta.

Nada disso faz muito sentido. Mesmo a solução religiosa mais comum – de que, embora Judas esteja efetivamente cumprindo a vontade de Deus, ele ainda é culpado porque se rendeu a Satanás – não leva em consideração as contradições. Até o autor parece ter dificuldade ao tentar explicar a falta de lógica – como a questão dos discípulos se perguntando se Judas teria ido fazer compras tarde da noite. Não, isso não faz sentido.

O que temos aqui é uma descrição composta que serve a diferentes propósitos. A explicação sobre os discípulos se perguntando por que Jesus diz a Judas para fazer seu trabalho rapidamente parece, com toda franqueza, um disfarce para explicar por que eles não deram uma surra em Judas. É claro que deveria haver muito barulho na ocasião e talvez eles estivessem bêbados e confusos, e, portanto, não ouviram direito o que estava sendo dito. Mas, não importa como olhemos para ela, trata-se de uma narrativa confusa, manifestamente contraditória aos outros relatos contidos nos Evangelhos. Em nenhum dos outros três Evangelhos Jesus dá um pedaço de pão ao suposto culpado, tornando clara a identidade do traidor.

É preciso imaginar Jesus e os discípulos apoiados no cotovelo esquerdo, alimentando-se com a mão direita. Se o discípulo amado estava reclinado no peito de Jesus, então ele estava do lado direito de Jesus, o lugar escolhido. Pedro pede a esse discípulo que faça a pergunta a Jesus. Ao que parece, Pedro não ousa perguntar. Isso também mostra primazia, como se ele dissesse: "Você o conhece melhor; pergunte-lhe!".

Se os discípulos não devem saber que é Judas quem praticará o ato, então Jesus daria essa resposta ao discípulo amado, sussurrando em seu ouvido direito. O braço direito de Jesus estaria ao redor do discípulo amado, pela frente, pois ele estava reclinado no peito do Mestre, como lemos no texto. Isso não daria a Jesus muito espaço para se mover, molhar o pedaço de pão e colocá-lo na boca (ou na mão) de um discípulo. O traidor teria de estar muito perto – na verdade, ao lado do discípulo amado (pelo menos), se Jesus não iria se separar deste, levantar e levar o pão até o traidor. Isso teria alertado a todos. Será que Jesus teria saído do recinto inteiro?

Nesse cenário, um detetive pensaria que as circunstâncias exigiriam que Jesus passasse o braço ao redor do discípulo amado, pela frente, e lhe desse o pão. As palavras "Tomai, este é meu corpo" vêm à mente. A ideia de Jesus sendo "traído" por aquele que ele amava faz um grande sentido dramático. O supremo abandono moral: *traído por seu melhor amigo*!

O quanto de história real existe em tudo isso é um mistério. Todavia, o autor do Evangelho de Judas pode muito bem ter examinado esse cenário e chegado à mesma conclusão de Herr Noack, o estudioso bíblico alemão do século XIX.

De novo, é possível argumentar: "Mas isso é ridículo! O compilador do Evangelho de João jamais teria permitido tal implicação!". Bem, nós vimos que ele "manipulou" a fonte para encaixar, por exemplo, a explicação do motivo pelo qual os discípulos não entendem as fatídicas palavras de que Judas deveria fazer o que era necessário rapidamente.

Será que o autor do Evangelho de João não entendeu as alusões em seu material de pesquisa sobre o "discípulo amado"? Há uma pequena pista de alguma coisa estranha em relação a isso um pouco mais adiante em João 14, 22. Algo muito estranho acontece aqui. Na verdade, ouvimos "Judas", o discípulo, fazer uma pergunta a Jesus. Isso é algo inédito! Em todos os Evangelhos, ouvimos comentários de Pedro, João, Tiago, André, e alguns fragmentos de falas dos outros aqui e ali – mas *Judas*! Ele nem é mencionado no resto do Evangelho. Aqui está a passagem:

> Judas, não o Iscariotes, lhe perguntou: "Senhor, por que te manifestarás para nós, e não para o mundo?". Jesus respondeu: "Se um homem me ama, ele guardará minhas palavras; e meu Pai o amará; e entraremos nele; e faremos nossa morada nele." (João 14, 22).

A pergunta, que segundo a passagem foi feita por Judas (*não o Iscariotes*), poderia ser a abertura do Evangelho de Judas: *Senhor, por que te manifestarás para nós, e não para o mundo?* Parece também uma citação extraída daquela preciosidade da Biblioteca de Nag Hammadi, o Evangelho de Tomé. Neste exato momento, eu pego meu exemplar da Biblioteca de Nag Hammadi. Abro em uma página aleatoriamente. É uma página do Evangelho de Tomé. Meus olhos se detêm em uma linha:

> Jesus disse: "Aquele que beber da Minha boca se tornará como Eu. Eu me tornarei ele, e as coisas que estão ocultas se revelarão para ele".

Tudo muito interessante. *Aquele que beber da minha boca...* Então, vamos para a primeira linha do Evangelho de Tomé: "Estes são os dizeres secretos proferidos pelo Jesus vivo e que Judas Dídimo Tomé escreveu. Quem é esse Judas Tomé? Nos Evangelhos tradicionais lemos sobre um Tomé, e um Dídimo, mas não sobre um *Judas* Dídimo Tomé.

Para encontrá-lo, temos de recorrer ao livro apócrifo Atos de Tomé, um produto aparentemente da Igreja cristã siríaca no século II ou III. Essa comunidade, ao Norte da Galileia, tinha muita consideração por Judas Dídimo Tomé.

No Evangelho de Tomé, na Biblioteca de Nag Hammadi, Jesus pergunta aos discípulos com quem ele se parece. Simão Pedro e Mateus respondem timidamente. Então Tomé diz: "Mestre, minha boca é incapaz de dizer com quem o Senhor se parece". Essa resposta é quase idêntica àquela dada por Judas Iscariotes no Evangelho de Judas: "Eu não sou digno de proferir o nome daquele que te enviou".

Nesse momento, no Evangelho de Judas, este é separado dos outros para receber de Jesus uma instrução espiritual única. A mesma coisa acontece no Evangelho de Tomé. Jesus diz que não é o mestre de Tomé, o que significa que *ele*, Dídimo Judas Tomé, entendeu; ele se tornou como Jesus: "Porque você bebeu, ficou embriagado da fonte borbulhante que eu reparti".

Judas Dídimo Tomé bebeu da boca de Jesus. Seria uma interpretação apropriada do beijo – da entrega do pedaço de pão? –, do ato de beber do cálice comum, o cálice dos pesares? Segundo o Evangelho de Tomé, quando ele retornou após a instrução, os discípulos queriam saber o que Jesus lhe havia dito. Eles ficaram com ciúme. A cena é efetivamente idêntica à contida no Evangelho de Judas. Nela, Tomé diz aos outros, que foram deixados de fora: "Se eu lhes contar uma das coisas que Ele me disse, vocês pegarão pedras e as atirarão em mim; um fogo virá das pedras e lhes consumirá". Eu não preciso lembrar aos leitores do sonho de Judas nesse Evangelho, no qual ele é apedrejado pelos discípulos depois de receber uma instrução especial.

O autor do Evangelho de Judas entendeu que Dídimo Judas Tomé era a mesma pessoa que Judas Iscariotes?

Será que o autor do Evangelho de João estava usando as mesmas fontes nas quais a figura de Judas era importante por outras razões que não a traição de Jesus? Será que isso poderia explicar por que João inclui uma pergunta repentina feita por Judas que, ele tem de enfatizar no texto, *não* é o Iscariotes? Ele não podia ser o Iscariotes – porque, na linha de narrativa de João, Judas Iscariotes já saiu de cena. Quem é esse Judas que pergunta por que Jesus só se manifesta a poucos?

Talvez seja uma surpresa, para aqueles que pensam que os autores dos Evangelhos estavam muito próximos dos acontecimentos e das personalidades que descreveram, perceber que mesmo os nomes dos 12 discípulos não são uniformes nos Evangelhos. Pelo menos nesse aspecto, a informação contida neles é de segunda mão e totalmente imprecisa, pois eles não podem estar certos.

Enquanto Lucas se refere a um Judas, irmão de Tiago, como um dos 12 (além de Judas Iscariotes), esse personagem não aparece em Marcos. Marcos apresenta um discípulo chamado Tadeu; e Lucas apresenta Judas, irmão de Tiago. Mateus cita Labéu, "cujo sobrenome era Tadeu", mas nenhum Judas além de Judas Iscariotes. Lucas mostra Tiago como filho de Alfeu, ao passo que em Marcos Levi é o filho de Alfeu. Todos os Evangelhos têm um Tomé.

Depois, temos a família de Jesus. Em Marcos (6,3), os irmãos de Jesus são Tiago, José, Simão e Judá (Judas); Mateus apresenta os mesmos irmãos, mas "Judá" é grafado com o familiar "s", *Judas*. É possível que o autor de Marcos não gostasse de mencionar um Judas que era irmão de Jesus, ou tal pensamento ocorreu a um escriba subsequente.

Jesus tinha um irmão chamado Judas. O Judas referido em João (indicado como "não o Iscariotes") poderia ser irmão de Jesus, ou um dos 12 – ou ambos? Poderia Dídimo Judas Tomé da Igreja siríaca ser identificado com Judas, o irmão de Jesus; ou Judas, um dos 12; ou Judas Iscariotes? Ou poderia ele ser Tomé? Seria esse personagem, Dídimo Judas Tomé, o "discípulo que Jesus amava"?

Há uma indubitável confusão aqui. O quanto os autores do Evangelho realmente sabiam a respeito das sutilezas do grupo de acompanhantes de Jesus que, para todos os efeitos, incluía não apenas "os 12", mas entre 70 e 120 "discípulos", um grande número de mulheres (incluindo uma, Joana, associada à corte de Herodes) e vários membros da família de Jesus?

Parece que também existia um grupo de pessoas envolvidas com a operação de Jesus em Jerusalém, que eram desconhecidas dos discípulos. Essas pessoas executaram tarefas especiais que parecem ter sido parte de uma rede. Considerada como um todo, tratava-se de uma grande organização – ela ameaçava as autoridades religiosas e, portanto, também as civis da época. Cada um dos envolvidos sabia o que os outros estavam fazendo? Aparentemente não.

A imagem que temos de Jesus, apresentada pela escola dominical ou pelo cinema, em que Ele aparece andando em um cenário que parece o Arizona, como um *hippie* seguido por uma dúzia de pessoas usando mantos, esperando ouvir cada uma de suas palavras ensaiadas, é totalmente inadequada. Se você quer conhecer os fatos, não assista aos filmes! Mesmo as brilhantes imagens do grande *Evangelho segundo São Mateus,* de Pasolini, não nos dá mais do que uma imagem romântica – ainda que corajosa – do Grande Estranho.

Alguns desses sujeitos que andavam com Jesus carregavam espadas (Jesus, em Lucas, considera se seria suficiente levar duas espadas ao Jardim de Getsêmani). No século I d.C., uma espada era equivalente a um Kalashnikov.* Ambos são armas mortais. Independentemente das

---

*N.T.: Fuzil automático de fabricação russa.

convicções pessoais de Jesus, ele se tornou um alvo para as pessoas que queriam fazer dele um rei e era cercado por pessoas que esperavam uma ação política real.

Onde "Dídimo Judas Tomé" se encaixa em tudo isso? É difícil dizer, mas se você achou que a trama estava se complicando, pense nisto: "Tomé" vem do aramaico "gêmeo". *Dídimo*? Também significa "gêmeo" em grego. *Gêmeo Judas, o Gêmeo?* O que é isso? Ele é o irmão gêmeo de Jesus? É ele o discípulo que Jesus amava? Não é de admirar que os autores dos Evangelhos ficassem confusos!

Os autores gnósticos não ficaram. A obra siríaca *O Livro de Tomé, o Contendor*, supostamente originária de Edessa na primeira metade do século III, contém um conversa com "palavras secretas" entre Jesus e o "Irmão Tomé" – Judas Tomé – escrita por um Matias (Mateus). Nesse livro fascinante (parte da Biblioteca de Nag Hammadi), parece que a intenção é que o leitor alcance uma identificação espiritual com Jesus – não que o considere um "mestre", mas que chegue onde ele chegou; que receba as palavras sagradas de Jesus diretamente de sua boca:

> Agora, como foi dito que você é meu gêmeo e verdadeiro companheiro, examine a si mesmo e entenderá quem é, de que modo existe, e o que virá a ser. Como você é chamado meu irmão, não é certo que permaneça ignorante de si mesmo. E eu sei que você entendeu, porque você já tinha entendido que eu sou o conhecimento da verdade. Por isso, enquanto você me acompanhar, embora não entenda, você (de fato) já sabe, e será chamado "aquele que conhece a si mesmo". Pois aquele que não conheceu a si mesmo não conheceu nada, mas aquele que conheceu a si mesmo ao mesmo tempo já alcançou conhecimento sobre a Profundeza do Todo. Por isso, você, meu irmão Tomé, viu o que é obscuro para os homens, aquilo em que eles ignorantemente tropeçam.

Trata-se de um relato maravilhosamente erudito sobre a importância que o autor dá ao profundo autoconhecimento como pré-requisito para o caminho que leva à vida eterna. A última linha, a propósito, sobre perceber o que é obscuro para os homens, é uma referência intrigante a uma fala pouco conhecida de Jesus contida nos Evangelhos:

> Mas Jesus, fitando-os, disse: "Que quer dizer, pois, o que está escrito: A pedra que os construtores rejeitaram, esta

veio a ser a principal pedra angular. Tudo o que cair sobre essa pedra ficará em pedaços; e aquele sobre quem ela cair ficará reduzido a pó" (Lucas 20, 17-18).

Essa é uma das melhores falas de Jesus. Não é a pedra que cai do céu que esmagará os ignorantes, mas aquela que você não vê em seu caminho. Como Jesus diz a Judas Tomé, você viu aquilo "em que eles [os homens não iluminados] ignorantemente tropeçam". A pedra de cima "separa" aquele sobre o qual ela cai: ela separa o trigo (bondade) do joio (trevas) – uma imagem alquímica, talvez. Aquele que conhece a si mesmo foi "atingido pela pedra". Sua cabeça foi escolhida.

Há pouca dúvida de que por volta da metade do século II existia uma percepção de Judas, ou Tomé, ou Judas Tomé, como "o gêmeo" – possivelmente o irmão real ou simbólico de Jesus.

É importante dizer que a irmandade simbólica espiritual (setiana) era mais útil à filosofia da rendenção espiritual subjacente à literatura de Judas Tomé – mas isso não significa que não foi originalmente baseada em um parentesco familial genuíno. No entanto, associar essa figura do amado ao traidor de Jesus parece ser uma visão especial daqueles que valorizaram o Evangelho de Judas. Eles estavam certos? Há mais alguma coisa no Evangelho de João que possa ter encorajado essa espetacular associação?

Outro Discípulo

Tendo, pois, Judas recebido a escolta e, dos principais sacerdotes e dos fariseus, alguns guardas, chegou a este lugar com lanternas, tochas e armas. Sabendo, pois, Jesus, todas as coisas que sobre ele haviam de vir, adiantou-se e perguntou-lhes: "A quem buscais?". Responderam-lhe: "A Jesus, o Nazareno". Então, Jesus disse-lhes: "Sou eu". Ora, Judas, o traidor, estava também com eles. Quando, pois, Jesus lhes disse: "Sou eu", recuaram e caíram por terra. Jesus de novo lhes perguntou: "A quem buscais?". Responderam-lhe: "A Jesus, o Nazareno". Então, disse-lhes Jesus: "Já vos declarei que sou eu; se é a mim, pois, que buscais, deixai ir estes"; para se cumprir a palavra que dissera: "Não perdi nenhum dos que me deste" (João 18, 3-9).

Em contrário ao que foi dito antes nessa passagem, ele *perdeu* um. Judas está junto do inimigo. Mas isso é tudo o que ele está fazendo. Talvez Jesus não o tenha perdido, afinal.

Nos relatos contidos nos outros Evangelhos, a tarefa de Judas é identificar o líder. Ele o faz beijando Jesus. *Não há nenhum beijo* no Evangelho de João. Jesus está tão à frente no jogo, que ele se adianta para encontrar o grupo armado e se oferece. O ato de traição em João está no fato de que Judas disse aos sacerdotes principais e aos fariseus onde Jesus costumava ir – a um jardim "para além da torrente de Cedron". Jesus não é entregue de modo algum.

Outro motivo para Jesus se oferecer é apresentado aqui – cumprir as Escrituras e ao mesmo tempo preservar a vida de seus discípulos. "Sou *eu* quem vocês desejam", ele parece dizer, o que, em um significado duplo: que é de Jesus que eles *precisam*, mas não conseguem enxergar isso.

Ainda parece estranho que o beijo extremamente dramático de Judas esteja faltando; a traição de um amigo. *A traição de um amigo... Ah!* Será por que João não quer mostrar que Judas tem um relacionamento íntimo com Jesus? João sabe de outra tradição segundo a qual Judas é um amigo especialmente íntimo de Jesus? Será que ele tem consciência de uma tradição segundo a qual Judas bebeu as palavras de vida da boca de Jesus? Com um desprezo quase arrogante pelo que deve ter sido uma tradição estabelecida com respeito ao beijo da traição de Judas, João relata a história do jeito que *ele* quer. Provavelmente, nunca saberemos por quê.

Há outro detalhe fascinante que pode muito bem ter influenciado a estrutura do Evangelho de Judas. Quando Jesus diz ao grupo armado "Sou eu", lemos que eles "recuaram e caíram por terra". Eles não podem aguentar sua presença: Judas está com eles.

"Com certeza", o Evangelho de Judas parece exclamar "você perdeu algo!". Talvez o autor do Evangelho setiano tenha reconhecido a ausência de Judas se aproximando de Jesus e beijando-o. Talvez ele tenha sentido o desconforto do autor do Evangelho de João quanto à perspectiva de Judas ter o controle da situação; quanto à sua força. É por isso que João omite a cena do beijo?

No Evangelho de Judas, essa cena entre Jesus e os homens que chegam para levá-lo parece ser transposta em uma confrontação entre Jesus e seus discípulos sem conhecimento. Em uma cena possivelmente paralela em *Judas*, Jesus insulta os discípulos:

> "Qualquer um de vocês que seja [forte o suficiente] entre os seres humanos, apresente o homem perfeito e fique diante de mim".

Eles todos disseram: "Nós temos a força". Mas o espírito deles não ousou ficar diante [dele], exceto Judas Iscariotes. Ele foi capaz de ficar diante dele [Jesus], mas não conseguiu o fitar nos olhos e desviou o rosto.

O autor do Evangelho de Judas olhou para o Judas que fica diante de Jesus de fora do círculo dos discípulos e viu uma figura de força rara. Por outro lado, ele também percebeu uma fraqueza que deve ser reparada. Pensamos, aqui, na pergunta de Jesus a Judas em Mateus: "De onde vens?". Qual é seu nível espiritual? Você fica diante de mim, mas você e eu ainda não nos olhamos nos olhos. *Contudo...*

O autor do Evangelho de Judas parece considerar os Evangelhos tradicionais visões, sonhos, repletos de significados não explorados. O "Evangelho Secreto" consiste naquilo que pode ser extraído deles. Nem todos podem vê-lo.

Há outros detalhes curiosos em João, após a cena da prisão. Neles, retornamos à questão do discípulo amado e Judas Iscariotes. Depois que Jesus é preso, o relato no Evangelho de João diz que, em primeiro lugar, Jesus foi levado ao palácio do sumo sacerdote Anás e depois a seu genro, Caifás:

> Simão Pedro e o outro discípulo seguiam a Jesus. Sendo esse discípulo conhecido do sumo sacerdote, entrou para o pátio deste com Jesus. Pedro, porém, ficou de fora, junto à porta. Saindo, pois, o outro discípulo, que era conhecido do sumo sacerdote, falou com a encarregada da porta e levou Pedro para dentro. Então, a criada, encarregada da porta, perguntou a Pedro: "Não és tu, também um dos discípulos deste homem?". "Não sou", respondeu ele (João 18, 15-17).

Quem é o "outro discípulo" que era conhecido do sumo sacerdote e que entra no palácio dele? Ao que parece, a encarregada da porta também o conhece. Em razão do pouco que sabemos, parece provável que o outro discípulo – que (como o discípulo amado) não pode ter o nome revelado por algum motivo – seja Judas Iscariotes.

Só podemos especular por que esses personagens não podem ter seus nomes revelados, a menos que isso seja uma pista para possíveis soluções. É desnecessário dizer que vários estudiosos identificaram esse intrigante outro discípulo como aquele que Jesus amava. Seja ele quem for, é respeitado pelas autoridades. Ele (ou ela?) pode entrar e sair do palácio do sacerdote, enquanto o pobre Simão Pedro tem de esperar do lado de fora. O outro discípulo leva Pedro ao pátio.

Mas, se o personagem é Judas Iscariotes, e Pedro viu Judas com o inimigo, por que Pedro aceitaria favores dele? A menos, é claro, que Pedro não tivesse percebido que Judas Iscariotes estava com os soldados, pois, em João, Judas não vem à frente deles. Judas está "com eles", não à frente deles.

Especulou-se que o outro discípulo era um membro da família do sumo sacerdote; e isso explicaria os diversos detalhes narrados em João. Detalhes como o nome do servo do sumo sacerdote cuja orelha foi cortada, a história de Nicodemo, a reunião do Sinédrio, e outras questões, também podem ter vindo dessa fonte privilegiada.

O outro discípulo usa sua influência com a encarregada da porta para levar Pedro para dentro. Por que esse "outro discípulo" leva Pedro para dentro? Além do mais, o que Pedro está fazendo lá, afinal de contas? Ele se esconde a uma distância pouco segura dos homens que acabaram de prender Jesus – e ele é o homem que desembainhou a espada e cortou a orelha de Malco, o servo do sumo sacerdote. Será que eles o deixariam em paz? Lemos que perguntam a Pedro se ele é um dos discípulos. Ele nega. Essa é a mesma pergunta feita pela encarregada da porta. Também é a pergunta feita a Judas Iscariotes bem no fim do Evangelho de Judas: "O que está fazendo aqui? Você é discípulo de Jesus".

Curiosamente, o papel tradicional de Simão Pedro é transposto no Evangelho de Judas para Judas Iscariotes. Judas é o "outro discípulo"?

No Evangelho de Judas, a prisão de Jesus parece não ocorrer no "jardim", mas no aposento onde Jesus era espionado pelos "escribas". São eles que se aproximam de Judas e perguntam o que ele está fazendo lá. "Você é discípulo de Jesus." Não é uma pergunta. É uma afirmação. Judas é discípulo de Jesus. É aquele que seguiu Jesus.

Em João, Pedro também seguiu Jesus até o palácio do sumo sacerdote. Mas ele fica *do lado de fora*. Ele não tem o poder para entrar sozinho. Quando o "outro discípulo" pede à encarregada que o deixe entrar, tudo o que Pedro pode fazer – quando ela pergunta se ele é um dos discípulos de Jesus – é negar. Quando as coisas estão ruins, os "outros discípulos" não estão dispostos a enfrentar a situação. Quando o autor do Evangelho de Judas faz essas extraordinárias referências cruzadas, ele sabe que a linhagem teológica que ganhou autoridade na Igreja foi a de Pedro, aquele que negou Jesus.

O clímax do Evangelho de Judas é extraordinariamente enigmático. Acompanhando a pergunta "O que você está fazendo aqui?", feita não por Jesus no Jardim, como relata Mateus com a pergunta similar "Para que vieste?", mas pelos escribas, Judas responde-lhes "como eles queriam".

A curiosa ressonância dessa cena com a das famosas negações de Cristo por parte de Pedro nos leva a especular se pode ter surgido uma tradição segundo a qual Judas é quem teria negado Cristo. Tudo é muito misterioso. Muito profundo.

O autor do Evangelho de Judas pode apontar para o Evangelho de João e trazer à tona sua verdade obscura, que Pedro era o estranho: "Pedro, porém, ficou de fora" (João 18, 16). No Evangelho de Judas, o "outro discípulo" "entrou para o pátio [do sumo sacerdote] com Jesus" – mas Pedro, aquele que deve guardar as chaves do reino... o que ele estava fazendo? Ele se aquecia perto do fogo aceso por aqueles que prenderam Jesus.

Dídimo não Estava Lá

Talvez você pense que, após os terríveis acontecimentos da crucificação e a surpreendente aparição do salvador a Maria Madalena, em João, capítulo 20, não mais ouviríamos falar em traição. Não é o caso.

Depois da chocante notícia de Maria Madalena, Jesus de repente aparece em meio aos discípulos. Ele sopra sobre eles, e os discípulos recebem o Espírito Santo (um relato diferente do contido em Atos dos Apóstolos, quando, em Pentecostes, aparecem as línguas de fogo e milhares de pessoas).

Uma palavra sobre essa cena. A palavra "sopro" em hebraico é *ruach*, que também é traduzida como espírito, o sopro da vida. O sopro de Jesus é o sopro sagrado. Entre o povo yezidi do norte do Iraque e a região autônoma kurda, nos dias de hoje, a palavra para espírito ou sopro da vida é *ruh*. Eles acreditam que, quando amantes verdadeiros se beijam, o *ruh* de um passa para o outro. Quando Jesus "soprou" sobre os discípulos, isso significa que ele soprou *dentro* deles, boca a boca. Essa é a bebida que dá vida, recebida da boca de Jesus no Evangelho de Tomé.

Não obstante, segundo João, Tomé, um dos 12, chamado Dídimo, não estava com eles quando Jesus apareceu. De acordo com João, Tomé perdeu o Espírito Santo. Isso parece estranho.

Onde ele estava? Não sabemos, mas você provavelmente conhece o resto da história. Tomé diz que não acreditará enquanto não tocar as feridas de Jesus. Isso significa que, embora os discípulos tenham visto Jesus, Tomé não acredita que tenha sido uma presença física em carne e osso. Essa é a origem do "cético Tomé".

Mas existiu um cético Tomé? Será que ele não era um Tomé *que sabia,* para começo de conversa? A maioria daqueles que valorizava a tradição *da gnose* acreditava que o Jesus ressuscitado era um ser totalmente espiritual; libertado por fim da carne e da morte. Para eles, a ressurreição era a prova de que Jesus *era* um ser espiritual. Que os homens pudessem segui-lo a seu glorioso estado era a esperança e o Evangelho deles. Judas, nesse Evangelho, não deseja a eternidade na Terra, ele quer se unir à grande e sagrada geração em sua "morada" mais bela.

Especulou-se que essa apresentação de Tomé e a estranha cena em que ele toca as feridas de Jesus foi uma polêmica surgida nos primórdios da Igreja contra aqueles que não reconheciam santidade na ideia de uma ressurreição física. Segundo João, Jesus diz a eles: "Bem-aventurados os que não viram e creram". Os "filhos da ressurreição", como alguns gnósticos se autodenominaram, não aceitaram essa posição. Para ele, a bem-aventurança nasce de ver por si mesmo. Você não precisa acreditar; você pode *saber*.

A Ideia

> Então, Pedro, voltando-se, viu que também o ia seguindo o discípulo a quem Jesus amava, o qual na ceia se reclinara sobre o peito de Jesus e perguntara: "Senhor, quem é o traidor?". Vendo-o, pois, Pedro perguntou a Jesus: "E quanto a este?". Respondeu-lhe Jesus: "Se eu quero que ele permaneça até que eu venha, que te importa? Quanto a ti, segue-me" (João 21, 20-22).

Segundo o Evangelho de Judas, Judas teria de esperar até o fim dos tempos por sua ascensão. Talvez, de certa forma, ele ainda esteja entre nós.

> Jesus disse: "O reino é como um pastor que tinha 100 ovelhas. Uma delas, a maior, se desgarrou. Ele deixou as 99 e foi procurar a que se desgarrou até encontrá-la. Depois de encontrá-la, disse à ovelha: "Eu gosto de você mais do que das 99".

> Jesus disse: "Aquele que beber da Minha boca se tornará como Eu. Eu me tornarei ele, e as coisas que estão ocultas se revelarão para ele".

> Essas são as palavras secretas que o Jesus vivo disse e que Dídimo Judas Tomé escreveu. E ele disse: "Quem descobrir a interpretação dessas palavras, não experimentará a morte". (O Evangelho de Tomé)

Capítulo 5

O Veredicto do Tempo

Livro da genealogia de Jesus Cristo, filho de Davi, filho de Abraão.

Ora, tinha Jesus cerca de 30 anos ao começar o seu ministério. Era, como se cuidava, filho de José, filho de Heli...

Abraão gerou a Isaque, Isaque a Jacó, Jacó a Judá e a seus irmãos.

...filho de Set, e este filho de Adão, filho de Deus.

(Genealogia de Jesus, Mateus 1, 1-2)

(Genealogia de Jesus, Lucas 3, 23; 38)

Parte I

Um Julgamento

Vimos as evidências. Eu espero que elas sejam suficientes para os leitores formarem seu próprio julgamento quanto a Judas Iscariotes ter sido inocente ou culpado da traição de Jesus.

Sugeriram-me que eu devia dar minha opinião sobre a culpa ou a inocência dele. Eu não faço isso para tentar influenciar a opinião do leitor, que é o júri, mas para satisfazer a curiosidade dele quanto ao que o autor deste livro pensa. Não estou em posição de pronunciar um julgamento final a respeito de Judas Iscariotes e espero que minha opinião – e é apenas uma opinião – não seja considerada de modo algum definitiva.

Trata-se de um caso excessivamente escorregadio. Todos os envolvidos têm importantes interesses no resultado. Batalhas foram travadas acerca das diferentes interpretações dos eventos que cercaram a crucificação de Jesus. Devemos observar que essas batalhas foram travadas principalmente dentro dos círculos da Igreja.

Não é suficiente dizer que "todas essas questões foram resolvidas anos atrás"; *por que desenterrá-las de novo*? O fato é que apenas nos últimos cinquenta anos é que o estudo profissional de teologia no nível mais alto se tornou disponível fora das Igrejas. As vagas universitárias para o estudo de teologia e História Bíblica eram consideradas exclusivas das Igrejas. Quem mais estudaria religião além daqueles que desejassem ser, ou que já fossem, ministros ou sacerdotes? A ideia de que o conhecimento de alto nível em questões religiosas pudesse interessar àqueles sem interesse específico no ministério religioso – ou mesmo na convicção religiosa – seria estranha antes da Segunda Guerra Mundial.*

As Igrejas tinham uma grande vantagem se qualquer um de seus membros "não profissionais" ousasse desafiar as crenças aceitas. Os teólogos podiam olhar com desprezo para eles e condenar sua ignorância ímpia, desinformada. A recompensa por desafiar ideias aceitas era com frequência o ostracismo social e, antes do século XIX, a prisão ou a morte. Além das fronteiras ocidentais, esse tipo de coerção ainda é aplicado em muitos países.

Ocasionalmente, uma pessoa inteligente e bem instruída desafia a Igreja, mas por todo o período da Idade Média e da Reforma, fazer isso também significava desafiar o Estado. Os hereges eram em geral pessoas treinadas dentro da Igreja: Giordano Bruno e Pico della Mirandola, por exemplo, eram membros de ordens monásticas.

Por isso, o privilégio da investigação religiosa a partir da posição mais objetiva possível é, de fato, uma oportunidade recente. Para entender o caso de Judas Iscariotes, tal posição é vital. Teólogos responsáveis das maiores Igrejas tentam com afinco se conformar aos padrões científicos de investigação, mas há algumas questões de muito peso para se esperar um julgamento objetivo. É mais seguro olhar para trás, para o que já foi dito no passado, e esperar que a pergunta irritante seja esquecida. Quem desejaria demolir uma construção grande e útil por causa de alguns tijolos com defeito?

Bem, isso depende de onde os tijolos estão colocados: no muro de sustentação? Nas fundações? Em uma janela? Será necessário consultar os construtores.

Então, o que eu penso a respeito desse caso extraordinário?

---

*N.E.: Sugerimos a leitura de *Enigmas e Mistérios da Segunda Guerra Mundial*, de Jesús Hernández, Madras Editora.

Onde existe um crime, quase sempre há um motivo, a menos que o criminoso seja louco. Não há nenhuma indicação de que Judas era louco, a menos que consideremos o relato de que Satanás entrou nele um sinal de possessão ou loucura. Se Judas era louco, então ele não era responsável por seus atos.

No entanto, o relato da influência diabólica não pertence ao nosso informe mais antigo. O diabolismo parece ser parte do movimento gradual para obscurecer Judas com o passar do tempo. Eu não acredito que seja um fator para julgamento. Acusar os inimigos de atividade demoníaca parece ter sido uma prática comum na época. Os oponentes de Jesus também o acusaram de manter relacionamentos com demônios. Se Judas era louco, então ele é inocente. Além do mais, se ele era louco, Jesus deveria tê-lo curado, pois, conforme lemos, ele tinha uma grande habilidade em curar a loucura expulsando demônios. Se Jesus sabia que Judas era louco e não fez nada, o que isso nos diz a respeito de Jesus?

É difícil estabelecer um motivo convincente para a traição de Judas com base na evidência extremamente parcial que examinamos. Parcial? Sim, a culpa de Judas é aceita como uma parte estabelecida da tradição oral preexistente à compilação dos Evangelhos. Antes de examinarmos o *status* dessa tradição, continuemos com a questão do motivo.

Os motivos atribuídos a Judas são os seguintes: segundo Marcos, Judas foi aquele que traiu Jesus; nenhum motivo é apresentado além da implicação que ele era um tipo de homem que fazia esse tipo de coisa.

Por que, então, Jesus teria escolhido Judas? Supostamente, Jesus era capaz de enxergar dentro do coração das pessoas e conhecer a mente delas. Se ele deliberadamente escolheu um traidor, como poderia ter controlado o momento-chave da traição? O momento da "traição" era absolutamente crucial; todos os Evangelhos dizem isso. As Escrituras tinham de ser cumpridas.

Além disso, se Jesus escolheu um traidor de propósito, então a "culpabilidade" deve estar naquele que sabidamente acolheu um traidor. Isso é semelhante àquilo que a polícia às vezes chama de "armadilha" – criar deliberadamente uma situação em total conhecimento de que um crime será cometido. De novo, o que isso nos diz a respeito de Jesus?

Mateus introduz a ideia do dinheiro. Lucro pessoal é um motivo comum para o crime, mesmo para trair um amigo. Acontece. Contudo, como demonstramos, os relatos ligados ao dinheiro têm outras implicações. A quantia de 30 peças de prata não era um preço convencional ou troca, mas um número profético, simbólico – foi o preço pago por um povo ingrato pelos serviços de Deus. Na profecia, a quantia é uma ninharia, não uma fortuna.

Uma simples barganha de informação em troca de dinheiro dificilmente envolveria esses símbolos. Se Judas pensou que estava traindo "Deus", era quase certo que ele estava louco, e, portanto, merecia compaixão, ou pelo menos uma cura.

É opinião geral dos estudiosos que o relato da troca pela prata foi simplesmente extraído dos escritos proféticos e usado como uma história de "cumprimento", para preencher uma falta de conhecimento do que aconteceu. Se esse for o caso, essa troca não pode ter um peso significativo na alegada culpa de Judas.

Por outro lado, conforme expliquei no capítulo anterior, o drama profético da troca poderia facilmente ter sido parte de um arranjo feito entre Jesus e Judas, como algo que tinha de ser feito como parte de um plano maior. Detalhes do relato de João – se é que eles têm algum valor histórico – sugerem que Judas Iscariotes talvez tenha acreditado que podia controlar os acontecimentos no palácio do sumo sacerdote. É possível que ele tenha sido enganado. Isso explicaria uma partida repentina (se ele era o "outro discípulo") e o fato de ele ter deixado Pedro à porta do palácio. Também é possível que o "outro discípulo" fosse outro membro da equipe especial de apoio que Jesus tinha em Jerusalém, da qual os discípulos parecem não ter conhecimento nenhum. (Joana, casada com um homem da corte de Herodes, é uma possibilidade especulativa.)

Talvez tenha havido um acordo entre o sumo sacerdote que teria levado Jesus diante dele para demonstrar suas intenções verdadeiras ou praticar um ato milagroso. Todavia, é possível que um encontro com os sacerdotes principais tenha sido planejado sem que Jesus tivesse de ser levado à força. A "prisão à força", talvez, tenha sido uma ilusão para convencer os *discípulos* de alguma coisa. Mas do quê? Deveria haver uma luta? Os discípulos recuaram? Se continuarmos nesse caminho, a especulação ultrapassará a evidência dos relatos.

Além disso, a opinião de Jesus sobre o sacerdócio de Jerusalém é bem clara: Jesus não se importava com eles. Uma leitura cuidadosa das profecias de Zacarias sugere que Jesus considerava o sacerdócio como os representantes do mau pastor enviado a Israel como punição. Sabemos que essa era uma visão compartilhada por alguns judeus instruídos cujos escritos foram guardados em segredo nas cavernas em Qumran, formando parte da famosa coletânea de Pergaminhos do Mar Morto.

Jesus não se entendia com o sacerdócio. Eles sabiam disso. Judas sabia disso. Judas mudou de opinião? Teria ele sido um membro do sacerdócio que decidiu seguir Jesus – mesmo como espião – e depois "voltou atrás", como um agente buscando um programa de proteção depois de uma importante operação de inteligência? Judas agindo como espião é certamente uma possibilidade.

Entretanto, isso não explica com propriedade a convicção representada por todos os Evangelhos de que a prisão e a crucificação de Jesus era absolutamente vital para o entendimento de Jesus do que era necessário na ação salvadora de Deus.

Se Judas fosse um espião, então podemos lançar a noção de que Jesus tinha a intenção de ser morto. Se a crença na salvação por meio da morte de Jesus é considerada uma explicação posterior dos eventos, teríamos de duvidar de uma grande parte dos dizeres atribuídos a Jesus em todos os Evangelhos. A necessidade da crucificação é um tema que liga todos eles.

Uma hipótese altamente discutível não deve ser usada para destruir a quantidade muito maior de evidências; evidências que apoiam a visão de que Jesus sabia o que estava fazendo quando seguia para Jerusalém – o exato lugar onde, segundo os relatos, os profetas podem esperar a morte.

Nenhum outro motivo para a traição, além da ganância ou do serviço prestado ao sacerdócio de Jerusalém, está presente na superfície dos Evangelhos. Há, de fato, apenas um motivo que contrasta com atos de traição genuína que também está presente nos Evangelhos – o motivo clássico para aqueles que pensam que Judas pode ter sido apontado como o responsável pelos eventos. A razão é que Judas estava simplesmente motivado por um profundo senso de serviço a seu Mestre, seu Senhor. Ele agiu como ordenado, embora isso o tenha deixado muito triste.

A ideia do remorso e do arrependimento é encontrada em Mateus. Os Atos dos Apóstolos não diz nada a respeito disso. Em *Atos*, Judas compra seu campo e sofre o que parece ser uma miraculosa e punitiva morte repentina, "indo para o seu próprio lugar" (Atos 1, 25), como diz a frase enigmática. A implicação parece ser que Judas Iscariotes teve o que mereceu, mas onde fica "seu próprio lugar" é algo do qual não podemos ter certeza. Inferno? O autor de *Atos* deixa ao julgamento de Deus, ou seja, ele não sabe.

Seria útil estabelecer um motivo se soubéssemos o que aconteceu com Judas depois da alegada traição. Mas os dois relatos de sua morte – enforcamento e queda – não podem ser reconciliados. Ele se enforcou por remorso, diz Mateus. Ele comprou um campo e depois caiu de cabeça e suas entranhas estouraram, lemos em *Atos*. Temos a liberdade de suspeitar que os autores dos Evangelhos realmente não sabiam o que aconteceu.

O relato mais antigo, o de Marcos, não tem nada a dizer sobre o que aconteceu a Judas Iscariotes. Se ele tivesse esse conhecimento, e isso tivesse servido ao propósito do Evangelho, então supomos que ele teria nos contado. João parece perder por completo a visão de Judas em uma série de eventos muito peculiares que mais parecem fazer parte da psicologia da visão do que da história.

Esse assunto traz à tona a questão do *status* da evidência diante de nós. Ficou claro, no curso da investigação, que os Evangelhos estão longe de ser relatos ou ideias dos acontecimentos da vida de Jesus e daqueles que o cercavam. Os Evangelhos foram utilizados para pregar, efetivamente, uma nova religião. Esse é seu propósito. Jesus é a estrela e o os outros são atores coadjuvantes.

Jesus não autorizou os Evangelhos. Eles não foram escritos por especialistas em análise política e social. Se fosse assim, provavelmente eles já teriam sido esquecidos há muito tempo. Não, eles contam a história de uma superação triunfante do mundo pela providência de Deus na figura de Jesus. O objetivo é que cheguemos a uma conclusão ao lermos os Evangelhos: *Jesus é o Senhor.* Os fatos falam por si mesmos. Essa é, de fato, a resposta de milhões de pessoas às palavras de Jesus e à história contada sobre ele. Os Evangelhos foram muito bem-sucedidos em seu propósito.

Não queremos questionar aqui a importância religiosa dos Evangelhos, mas sim tentar averiguar se a história narrada no Evangelho de Judas pode ter alguma base. O Evangelho de Judas também tem um propósito; nós o exploramos no Capítulo Dois.

Se, e eu acredito que conseguimos provar com um grau razoável de certeza, o autor do Evangelho de Judas usou os quatro Evangelhos conhecidos para a posteridade como fontes para a sua visão espiritual muito diferente de Judas, então deve existir *algo* neles que permita tal interpretação.

O autor do Evangelho de Judas não parece ter ficado impressionado com as credenciais históricas dos Evangelhos. Ele vê seus relatos envoltos em contradições: contradições que podem ser resolvidas apenas quando enxergamos que Judas não era o traidor que acreditamos ser.

Para mim, parece haver pouca dúvida de que uma grande parte dos relatos dos Evangelhos não é apenas um informe altamente seletivo – suficiente para seu propósito –, mas também está a um passo de seu assunto principal. Enquanto muitas pessoas acreditavam que os Evangelhos fossem "contos de fadas" escritos "centenas de anos" depois dos eventos, agora se entende que as pessoas que conheceram Jesus e seus discípulos ainda poderiam estar vivas na época em que os Evangelhos foram escritos.

Eu não duvido de que as pessoas que estão acostumadas ao ensinamento oral e não estão sujeitas à mídia de massa têm memórias mais bem desenvolvidas do que a maioria de nós hoje em dia. Falando por mim, eu teria muita dificuldade em me lembrar das palavras exatas de uma conversa que ouvi 35 anos atrás, ou mesmo detalhes topográficos; a frase estranha e inspiradora vem à mente de vez em quando. Histórias são mais fáceis de lembrar, é claro. Elas habitam em seu próprio espaço imaginativo. Mas, como diz a frase, os tempos mudam. O mundo em 65 d.C. (a data mais antiga registrada para o Evangelho de Marcos) havia mudado muito desde o período de 30-33 d.C. (a crucificação); as pessoas tinham mudado – uma nova geração surgira, com novas expectativas e visões de seus pais; novos desafios políticos e sociais, e também novas crises, emergiram.

Se considerarmos que a operação de Jesus na Galileia e na Judeia foi mais extensa do que a mitologia popular sugere, então devemos fazer a pergunta: de quem é a visão dos acontecimentos representada nos Evangelhos?

Acredita-se que os Evangelhos trazendo os nomes de Marcos e Lucas derivam de material oriundo de palavras ouvidas ou transmitidas em diversas épocas por Pedro e Paulo. Este se juntou mais tarde à causa de Jesus, e sabemos que muitos cristãos judeus consideravam erradas suas ideias. Sabemos que Pedro foi um homem nascido para pregar e inspirar, mas ele não tinha, de modo algum, certeza de todas as coisas. Ele tinha discussões com Paulo e, segundo a tradição, Paulo convenceu-o de que estava errado em evitar fazer as refeições junto aos gentios que seguiam Jesus.

Quanto ao Evangelho de João, os estudiosos têm opiniões variadas em relação à sua autoridade apostólica (em termos de autoria). Não há dúvida de que ele transmite uma profunda religião mística e espiritual, mas poucos estudiosos acreditam que foi escrito pelo mesmo discípulo chamado João que, supostamente, foi convidado para ver a transfiguração de Jesus em uma montanha.

Os registros mais antigos (como os de Pápias) também envolvem problemas – pelo menos para nós. João foi aceito no cânone porque não havia uma tradição convincente *contra* sua atribuição ao apóstolo, porque ele era muito usado pelas principais correntes cristãs e porque seu conteúdo religioso era considerado importante para a Igreja.

Não obstante, embora existam muitos detalhes fascinantes sobre a vida judaica, particularmente em Jerusalém, antes do ano 70 d.C., fica claro que o texto é um "Evangelho Espiritual". Sua mensagem é para o espírito, não para os historiadores.

Uma Leitura Alternativa

Eu acredito que Jesus escolheu 12 homens com a perfeita consciência de que Salomão tinha escolhido 12 intendentes para administrar seu reino. Estou disposto a acreditar que Jesus foi inteligente e psicologicamente astuto em sua escolha dos homens. Penso que ele escolheu cada um para um propósito específico, de acordo com seus talentos individuais. Os Evangelhos não nos dizem que talento específico era esse; temos apenas algumas indicações, como dar a Simão um novo nome místico, *Pedra* – o que também pode ter sido uma piada. Esses pequenos detalhes nos dão uma noção de como Jesus tratava esses homens. Às vezes, acho que se fala muito deles, e interpretações posteriores descoloriram e distorceram seu significado.

Acredito ser provável que as atividades de Jesus eram, na verdade, muito mais complexas do que os Evangelhos sugerem. Temos todos os tipos de detalhes que sugerem isso, e aqui não é o lugar para nos lembrarmos de todos. Para dar apenas um exemplo, uma das mulheres que deu dinheiro para ajudar Jesus fazia parte da corte de Herodes. Tal corte era um local de intrigas políticas e familiares incessantes, mas também de superstição religiosa e crueldade.

Eu duvido muito de que todos os discípulos soubessem por que cada um foi escolhido. Suspeito de que Jesus operasse em uma base "é preciso saber". Eu penso nas palavras atribuídas ao duque de Wellington na Batalha de Waterloo: "Se eu pensasse que minha mão direita sabia o que a esquerda estava fazendo, eu a cortaria fora".

Os discípulos eram reticentes em fazer perguntas a Jesus. Eles discutiam entre si, com vergonha de confrontar o líder com seus pensamentos. Estavam intrigados com Jesus, compelidos a segui-lo. Provavelmente tinham medo a maior parte do tempo – não que lhes faltasse coragem física, mas com certeza eles tinham consciência de como seu mundo era separado da sociedade que os cercava. Além disso, temos de nos lembrar de que havia dúzias de pessoas ao redor de Jesus quase todo o tempo. Não temos os nomes delas. Ocasionalmente, aparece um nome na narrativa do Evangelho sem nenhuma explicação. José de Arimateia, por exemplo, parece surgir do nada oferecendo o túmulo recém-cavado para colocar o corpo crucificado de Jesus.

Suspeito de que Judas Iscariotes fosse um dos personagens principais da organização de Jesus. Lemos que ele tomava conta da bolsa. Não temos razão para pensar que a organização era pobre. Não acredito que faltasse algo a Judas e penso que, se ele tivesse desejado ser rico, teria escolhido um caminho diferente na vida – quer dizer, se ele já não fosse rico em primeiro lugar. A ideia de vender seu amado Mestre por dinheiro me surpreende como uma terrível injustiça, vindo de alguém que não sabia o que realmente estava acontecendo ou que simplesmente a ouviu de outra pessoa que estava mal informada e confusa quanto às identidades.

O papa é um estudioso bíblico muito pobre por aceitar sem nenhuma crítica a ideia de que Judas era ganancioso – no entanto, os pronunciamentos do papa são considerados a voz da tradição canônica e as crenças da Igreja como um todo.

Fica claro, a partir dos Evangelhos, que os compiladores estavam confusos quanto a quem exatamente era importante na organização de Jesus – mesmo a variação nos nomes dos 12 nos mostra como os Evangelhos estão distantes dos autênticos planos de Jesus. Acredito que a maioria das pessoas conseguiria lembrar os nomes dos 12 apóstolos por um longo período de tempo se a lista fosse precisa no início.

Se Judas pudesse ser substituído tirando a sorte (como lemos no início de Atos dos Apóstolos), então poderia ter havido outras substituições. Porém, considero essa história das 120 pessoas se reunindo ao redor de Pedro para votar o nome do novo apóstolo extremamente suspeita. A questão sobre os 12 é que *eles foram escolhidos pelo próprio Jesus*. Acreditamos que Jesus sabia o que estava fazendo – e apenas *Jesus* sabia o que estava fazendo.

É muita presunção escolher um novo discípulo. Além do mais, por que eles não pediram ao suposto Jesus ressuscitado em corpo que escolhesse o 13º? Essa história não faz sentido. Ela foi "costurada" muito depois dos acontecimentos – se de fato ocorreu tal evento. Se Jesus não tinha planejado uma substituição, então a "traição" deve ter sido uma surpresa.

Estou inclinado a aceitar a visão de que Judas estava de alguma forma ligado à antiga tribo de Issacar (em grego *Issakar*) ou que ele representava um papel consistente com a tradição bíblica segundo a qual o rei Davi percebia certos dons de fazer as coisas no momento certo e de tomada de decisões dos membros mais velhos da tribo. Os outros membros dos 12 também podem ter sido escolhidos de acordo com a origem tribal. Penso que Judas tinha consciência do potencial messiânico das imagens de Davi (de cuja casa viria o Messias) e Salomão (o sábio senhor de uma Era dourada). É provável que ele tenha identificado Jesus com essas imagens.

As profecias de Zacarias forneceram o eixo à ideologia do movimento messiânico. A impiedade por parte dos líderes dos filhos de Yahweh levara (segundo os registros judaicos) ao "rompimento da irmandade" entre Judá (no Sul) e Israel (no Norte). Essa divisão interna levou inexoravelmente a ataques de fora. O reino do norte de Israel foi perdido para a conquista assíria em 722 a.C. Há fortes razões para suspeitar que a mensagem de Jesus às ovelhas perdidas da Casa de Israel fosse parte de um plano para despertar de novo o espírito do antigo reino unificado, de acordo com as mais gloriosas visões dos profetas.

Se o reino previsto por Jesus era terreno ou puramente espiritual, eu não tenho certeza. De acordo com a psicologia geral da profecia na época, uma compensação celestial seria por sua vez refletida na Terra abaixo. O padrão celestial desceria à Terra. Ou seja, a restituição do reino sagrado não podia ser efetivada apenas por métodos terrenos. O trabalho espiritual tinha de ser realizado em primeiro lugar. Quando essa grande obra estivesse completa, o padrão divino seria restaurado. João Batista parece ter reconhecido por completo esse trabalho de arrependimento e "conversão" (por meio do batismo) àquilo que ainda não era visível no mundo. Bem-aventurados aqueles que não viram, mas acreditaram.

Fica claro para mim que os dois tipos de reino – celestial e terreno – estavam fundidos na mente dele – o último dependente do primeiro. Era o espírito que dava a vida, e não a letra terrena. Essa concepção era, podemos dizer, algo alquímico: a unidade por meio da restituição divina e da transformação dos elementos inferiores da vida.

No princípio *como acima, também abaixo,* é possível que Jesus tenha reconhecido um reino terreno subsistindo apenas do pão espiritual de um reino superior acima. O que impedia essa fusão fabulosa?

Jesus lera em Zacarias a respeito do mau pastor que não faz nada para o seu povo. Estou convencido de que esse pastor foi entendido como uma imagem do sacerdócio de Jerusalém, que, de tanto se acomodar aos poderes deste mundo, separara o povo do verdadeiro espírito da vontade de Deus. Por trás desse obstáculo, Jesus viu a atividade do "príncipe deste mundo": aquele que distribui ouro e prata, mas cujo tesouro espiritual está vazio.

Em minha opinião, é provável que Jesus e Judas Iscariotes compartilhassem essa visão, mas mediaram suas implicações aos outros discípulos segundo a capacidade de entendimento deles. A parábola dos talentos pode ter sido contada para mencionar esse ponto acerca da diferença das capacidades dos discípulos. "Você pode ter pouco, mas pode fazer mais com isso do que imagina."

Foi uma operação que poderia ser facilmente mal-entendida. Havia muitas histórias trágicas de bravos guerreiros na Galileia, zelosos de seu Deus, enfrentando com toda a força o inimigo e sendo derrotados com rapidez e sem cerimônias. Essa operação teria sucesso onde as outras falharam; o segredo era essencial. O planejamento e a coordenação cuidadosos foram vitais para o sucesso. Nem mesmo os discípulos mais próximos sabiam o que ia acontecer – talvez mesmo Judas só soubesse o que precisava saber.

Há outra possibilidade. Jesus faz saber que alguém terá de entregá-lo. Ninguém queria fazer isso. Portanto, a pergunta "*Sou eu?*" na última ceia poderia significar "Por favor, não me peça! Eu não o farei! Prefiro morrer a fazer isso!".

Judas, o homem com quem ele pode contar, é escolhido. E o resto, podemos dizer, é história. Mas não é. A história ficou muito confusa.

Não pretendo discorrer sobre a interpretação dos eventos subsequentes à prisão de Jesus. Se as coisas saíram "como planejado", seria assunto de outra investigação. Só faço uma pequena sugestão. Se Judas foi transformado em bode expiatório – como talvez tenha acontecido –, então surgem certas perguntas. Ninguém procura por um bode expiatório a menos que as coisas tenham saído errado. Será que o plano deu errado?

Ou deu miraculosamente certo? De qualquer modo, os riscos eram enormes.

Judas Foi Traído?

Começo esta seção comparando citações das contrastantes genealogias de Jesus contidas em Lucas e Mateus. Veremos que a genealogia de Mateus remonta a Abraão, ao passo que a de Lucas remonta – *via Set,* por favor observe – a Adão, o "filho de Deus".

Os comentaristas dos Evangelhos costumam atribuir essa diferença principal (existem outras) nas genealogias ao fato de que o texto de Lucas foi escrito para um público pagão, e o de Mateus para um público judeu. Assim, Adão, sendo o primeiro exemplo de humanidade, inclui toda a humanidade, ao passo que Abraão era principalmente patriarca dos judeus.

Se Lucas estendeu sua genealogia até Adão por esse motivo, é um tanto triste. Abraão em Gênesis não é apenas o pai do povo judeu. Abraão foi chamado pai das nações. É um princípio do Gênesis que Abraão tinha uma importância universal. Segundo o historiador judeu Josephus, Abraão foi até os sacerdotes e a corte egípcios com a crença em um princípio divino único que governava acima de todas as outras divindades. Ele tinha uma mensagem para a humanidade.

Ao que parece, no fim do século I, "Abraão" era muito judeu para que os gentios o aceitassem como progenitor de Jesus. Este se tornara uma figura universal, sem pátria. Ele levara a revelação para além de sua "servidão" aos judeus, lançando-a para toda a humanidade. O casulo judeu se tornara um tipo de peso histórico.

A Igreja sentiu que tinha de manter as Escrituras judaicas, mas porque elas profetizavam Jesus. A visão de uma Nova Era dourada judaica – uma Jerusalém purificada para a qual todas as nações se voltariam, de acordo com as profecias de Zacarias e Jeremias – foi quebrada. Curiosamente, as profecias que Jesus desejava cumprir parecem ter sido aplicadas a Jesus pessoalmente, sem referência a seu significado original.

Se Jesus baseou seus planos naquilo que o mundo cristão chama de Antigo Testamento, então podemos pensar que o papel de um "traidor" também pode ser encontrado no Antigo Testamento: um tipo de modelo para Judas seguir. Embora existam vária referências nos Salmos a traições cometidas por alguém da própria casa do salmista, o real violador ou traidor da aliança no Antigo Testamento é o povo apóstata de Israel, ou, especificamente, como em Zacarias, os falsos professores, o "mau pastor".

Faz mais sentido que Jesus considerasse o sacerdócio de Jerusalém, e não um dos seus, a víbora no seio da nação, em particular o grupo saduceu. Se Judas teve contatos com esse grupo, isso explicaria como ele veio a receber a marca negra. Aqueles que traíram Jesus eram os líderes religiosos de seu próprio país. Eles fizeram isso porque Jesus era inimigo deles; Jesus planejava o fim deles. Os sacerdotes e seu Templo cairiam. Essa foi uma das primeiras profecias a se tornar conhecida depois da crucificação. Segundo a história contada em Atos dos Apóstolos, a divulgação dela deu à Igreja seu primeiro mártir, Estevão.

Foi dito que o sacerdócio de Israel jamais entregaria um dos seus aos horríveis e blasfemos ritos de morte dos ocupantes romanos. É provável que essa fosse a norma. E esse deve ter sido o pensamento de Judas: parte do cálculo. Entregar Jesus aos romanos era a "opção impensável". Fazer ato tão terrível assim; colaborar com o ocupante em um nível tão hediondo poderia, literalmente, "colocar a casa abaixo". (Ainda persistiam as memórias vivas dos levantes sangrentos em Jerusalém quando o rei Herodes tinha "apenas" permitido que se colocassem os estandartes romanos do lado de fora dos muros do Templo). Jesus era popular.

Falando politicamente, Judas talvez tenha pensado que Jesus estava "seguro" – que estava de fato na "casa de seus amigos" – se eles fossem seus amigos. Aqueles que apoiavam Jesus jamais deixariam que as autoridades o destruíssem; haveria um levante. Talvez esta fosse a ideia: fazer com que o povo de Jerusalém exigisse a libertação dele. Isso poderia ter causado uma crise política na liderança religiosa do país – até, quem sabe, um golpe de estado da hierarquia do Templo. Tal crise era desejada por muitos – e o fora por muito tempo: uma limpeza, talvez sangrenta, o partido sacerdotal governante e então... a glória messiânica.

Os sacerdotes principais conheciam os perigos. A pergunta era: "O que fazer com Jesus agora que o temos?". Eles estavam de mãos amarradas. Em que sentido eles o tinham? Será que, em uma situação contrária, *era ele quem os tinha*?

Eles podiam apoiá-lo? Fora de questão. Poderiam matá-lo? Dificilmente.

Talvez Jesus devesse ter sido morto no Jardim; talvez esta tenha sido a história que Judas contara a eles: ele seria morto ao resistir à prisão. As autoridades poderiam dizer às pessoas que Jesus morrera durante um ataque à noite, traído por um dos seus. Os sacerdotes eram inocentes. Judas disse ao grupo armado que deveriam levá-lo ao palácio do sacerdote em segurança. Judas causou aos sacerdotes com um grande problema. O que eles iriam fazer com Jesus?

É possível que, no terrível auge da crise, o partido governante tenha feito algo extraordinário – algo impensável. Eles o entregariam aos romanos, seus opressores. Talvez eles pensassem que essa solução era um toque de mestre político. Talvez fosse o último recurso. Eles tinham apenas uma carta nas mãos para evitar a ira do povo. Jesus blasfemara contra Deus todo-poderoso. Afirmara ser divino.

Essa era a pior acusação que podiam fazer contra ele.

No horror e na confusão que se seguiram, Judas foi separado dos outros discípulos. Talvez ele tenha se sentido enganado. As coisas tinham saído de controle? É fácil imaginar vários cenários surgindo de uma situação tensa como essa.

Judas foi traído? É uma pergunta inesperada. Por quem? Por seus contatos políticos? Por seus amigos? Quem pode dizer se Judas gostava dos outros discípulos? Jesus disse a eles que amassem uns aos outros. Quantas vezes? Eles estavam sempre brigando? Eles confiavam uns nos outros? Eles seguiam Jesus. Quando ele se foi, ficaram com medo. Acreditariam em qualquer coisa.

Judas foi traído?

É irônico que a divisão entre o Norte e o Sul do santo Israel jamais seria curada em uma grande libertação messiânica. Um resultado disso, infelizmente, foi a posterior separação entre os judeus cristãos e não cristãos – e depois entre os judeus e cristãos de modo geral.

Se a esperança de Judas era a de um reio unido com um messias que fosse ao mesmo tempo sacerdote e rei, então suas esperanças foram com certeza traídas. Talvez ele não tenha desejado viver para ver tudo cair por terra. E isso de fato aconteceu. O caldeirão que era a Judeia romana explodiria 30 anos depois, culminando na destruição de Jerusalém – mas onde estava o messias para liderar o reino purificado?

Paulo levara Cristo a um novo público. Ele levara um pacote de misticismo, Deus, Jesus e salvação universal, e o entregou aos gentios, desafiando os outros seguidores de Jesus. Ele escreveu sobre como os gentios tinham sido enxertados na árvore de Jessé (pai do rei Davi) – a geração sagrada (na terra) de Jesus. Logo, a Igreja pagã não mais seria um ramo dessa árvore, mas praticamente todo o tronco, com sacerdotes gentios administrando o novo corpo de Cristo.

Toda a história dos judeus se tornaria "a.C." – suas Escrituras sagradas, o "Antigo" Testamento, suas profecias, se tornariam notas de rodapé do Novo Testamento. "Amai-vos uns aos outros" – um conselho perfeitamente sensato para se oferecer aos discípulos em desentendimento – se tornou a marca (se não a prática) da nova religião mundial. Os judeus que se recusaram a aceitar a nova ordem ficaram alienados; até aspectos de sua própria cultura foram tirados deles. No século IV, os judeus cristãos eram considerados hereges no Ocidente.

Com certeza, há alguma coisa na visão do professor Hyam Maccoby e de outros acadêmicos judeus, que viram na figura de Judas Iscariotes um "traidor judeu necessário", criado a partir de fontes escassas para epitomar o "fracasso" judeu em reconhecer o messias dos gentios. Com frequência é o opressor que culpa o oprimido.

Talvez seja hora de uma reconciliação histórica. Será que o Evangelho de Judas ainda pode ajudar a promover essa reconciliação?

A Igreja tem de encontrar a si mesma; encarar a si mesma naquelas horas da misteriosa traição entre o sono dos discípulos – quando apenas Judas estava acordado – e os primeiros pregos sendo enterrados na carne e nos ossos daquele que foi chamado Rei dos Judeus.

Parte II

A Persistência de Judas

O que aconteceu com Judas Iscariotes? Há muita confusão e ignorância no que concerne aos 20 ou 30 anos após a crucificação. Ouvimos do padre Clemente de Alexandria, citado inúmeras vezes em *Ecclesiastical History,* do historiador cristão Eusébio, que o primeiro "bispo" (presidente da mesa, que era o significado original de "bispo") de Jerusalém foi Tiago, o Justo. Tiago (apropriadamente chamado "Jacó") era irmão de Jesus. Só podemos especular se existe alguma ligação entre a liderança de Jacó e a tradição de que as 12 tribos de Israel derivavam dos 12 filhos de Jacó (Israel). A presença do irmão do Senhor também sugere um componente dinástico na organização de Jesus, que foi completamente obscurecido como resultado de fissuras e fraturas posteriores dentro dessa organização.

Clemente de Alexandria diz que Tiago, o irmão de Jesus, (junto com João e Pedro) recebeu a tradição da *gnose* (conhecimento) depois da ressurreição. Eusébio (260-340) obteve essa informação no agora perdido *Hypotypes* (fim do século II), de Clemente de Alexandria, e de *Five Treatises of the Acts of the Church*, de Hegesipo (da metade para o fim do século II). O relato de Clemente sobre o apedrejamento até a morte de Tiago, o irmão do Senhor, também é referido nas memórias de Hegesipo. É interessante observar que o horrível martírio público de Tiago (Jacó), que ocorreu em Jerusalém, também é relatado no Segundo Apocalipse de Tiago, possivelmente escrito no começo do século III, cuja primeira parte foi encontrada com o Evangelho de Judas no Egito.

Nos apocalipses judaico-cristãos de Tiago, o irmão do Senhor, ele é apresentado como um redentor gnóstico e um guia. É importante observar que, no Evangelho de Dídimo Judas Tomé (ou Evangelho de Tomé), Tiago, o Justo, recebeu uma proeminência especial. Nessa coletânea de "dizeres secretos", os discípulos dizem a Jesus que sabem que ele logo partirá. "Quem será nosso líder?", eles perguntam. Jesus responde-lhes: "Onde quer que vocês estejam, procurem Tiago, o Justo, para quem o céu e a terra se formaram".

É significativo que a tradição ocidental de Pedro como a pedra fundamental da Igreja não é refletida nessas tradições mais antigas. Os Atos dos Apóstolos não nos dizem quem era o líder da "Igreja" primitiva – se é a que a palavra "Igreja" tinha algum significado na época –, mas tanta atenção é dada às atividades de Pedro que é possível pensar que ele assumiu a liderança – isso seria um erro. Depois de Pedro, Paulo domina por completo os Atos dos Apóstolos – até o ponto em que o livro deveria na verdade ser chamado *As aventuras milagrosas de Paulo e alguns de seus associados e antigos inimigos*.

O fato é que não sabemos praticamente nada sobre uma natureza não miraculosa do período crítico entre a crucificação e as cartas de Paulo aos cristãos gentios (por volta do ano 50 d.C.). É estranho que essa grande lacuna seja raramente mencionada. Se for possível dizer que houve um "período de formação" da Igreja cristã, então deve ter sido esse. Muita coisa acontece em 20 anos. O que aconteceu com todos os outros discípulos? Há histórias posteriores de Tomé e Tadeu indo para a Síria, Armênia, Pérsia e Índia; Felipe estabelece uma ligação com a Etiópia; mas o resto é vago ou cada vez mais lendário. A organização estabelecida por Jesus parece estar muito bem centrada em Jerusalém pelo menos até a Revolta Judaica que começou no ano 66 d.C. É muito difícil discernir qual foi seu preciso propósito original; logicamente isso é para ser feito.

O que parece certo é que Tiago, o Justo, continuou um padrão estabelecido de hostilidade tradicional para com os sacerdotes, os escribas e os fariseus de Jerusalém. Foram eles, segundo Hegesipo, que planejaram o assassinato de Tiago, como tinham feito com o irmão dele. Eusébio data o assassinato de Tiago como tendo ocorrido até o ano 62 d.C. Ele vai além disso. Cita Hegesipo, para relatar que muitos judeus em Jerusalém acreditavam que o ataque desferido contra a cidade por Tito, filho do imperador Vespasiano, foi um consequência direta do julgamento de Deus pela morte de Jacó, o "Justo" (membro do sacerdócio zadokita), irmão de Jesus. A profecia de Jesus sobre o fim do sacerdócio do Templo se tornara realidade.

Em todo esse tempo, não ouvimos nada acerca de Judas Iscariotes. Mas, na verdade, temos muito poucas informações a respeito de qualquer um dos 12 discípulos, e apenas fragmentos referentes a um pequeno número dos "12".

De modo geral, os estudiosos do Novo Testamento aceitam que houve uma tentativa em Atos dos Apóstolos de diminuir a importância da cisão nas antigas assembleias cristãs a respeito da aceitação dos gentios no movimento judaico. O autor de Atos dos Apóstolos é completamente parcial, a favor das comunidades cristãs. Ele fica do lado de Paulo e retrata como encrenqueiros inaceitáveis – inimigos da vontade de Deus, na verdade – aqueles que tentaram frustrar as tentativas de Paulo de estabelecer um universalismo. Quando eu estava na escola, esses zelosos judeus cristãos eram chamados "Judaizers". Qual foi o pecado deles? Eles estavam tentando tornar "judaica" a proclamação da nova mensagem espiritual. *Como eles ousaram*? Mas a mensagem *era* judaica!

Os vitoriosos escrevem a história. A causa de Paulo acabaria por triunfar – e a um preço muito alto. Se Judas sobreviveu aos eventos que envolveram a crucificação, fica claro que, se ele foi uma pessoa envolvida em uma autêntica causa judaica espiritual, política e messiânica, então ele não teria lugar nas Igrejas dominadas pelos gentios posteriores ao ano 70 a.C. Judas simplesmente desapareceria da história junto com aqueles que pensavam como ele. Se Judas desapareceu do cenário histórico entre os anos 30/33 e 66 d.C. é uma questão em aberto.

A história contida nos Atos de sua queda, suas entranhas se espalhando, soa muito como uma imagem fabricada com base em mensagens proféticas misturadas: uma delas sendo o Salmo em que se deseja que as entranhas dos inimigos do salmista se transformem em água, citado anteriormente. Igualmente significativa é a existência de profecias que falam em fontes de água-viva nascendo das entranhas dos justos. Veja João 7, 38, por exemplo: "Quem crer em mim, como diz a Escritura, do seu interior fluirão rios de água-viva".

A questão do campo comprado com dinheiro ganho desonestamente é quase com certeza uma junção do relato do "campo do oleiro" em Mateus com as profecias de Zacarias e Jeremias referentes às 30 peças de prata, ao oleiro e ao campo.

Talvez na época existisse um cemitério em Jerusalém chamado *Aceldama* – um lugar para enterrar os "forasteiros" – e Judas tenha sido enterrado lá. Seria apropriado para Judas, pois com certeza ele se tornou um estranho, um "forasteiro", para nós. De acordo com o Evangelho de Judas, sua glória foi que, como Jesus, ele era um estranho ao mundo.

Ele se enforcou? Se o fez, deve ter sido menos por remorso de um pecado do que por um sentimento de que estragara sua missão. É possível. Também existe a possibilidade de que ele tenha praticado esse ato graças a uma profunda solidariedade a Jesus – "Se Jesus será enforcado, então serei enforcado com ele." "Se ele se erguerá novamente, então talvez eu me erga com ele." A morte de Judas seria desse modo um tipo de martírio – um martírio que talvez ninguém além dele conseguiu entender.

Se os outros discípulos não tinham ideia do real papel de Judas no drama, eles jamais poderiam o entender. Se ele morreu, então nunca poderia explicar a situação aos outros – ou, talvez, a mais ninguém. Mas não podemos ter certeza de que o homem que desempenhou tal papel principal na noite da prisão de Jesus não sobreviveu.

Havia alguma tradição concernente a Judas entre os membros da família de Jesus? As informações sobre a família de Jesus são surpreendentemente esparsas. Seus venerados parentes parecem ter se tornado inconvenientes à Igreja dos gentios durante o século II, pelo menos é o que inferimos segundo *Evangelical Preparation,* de Eusébio de Cesareia, quando as reivindicações deles ao patriarca de Antioquia foram traídas pelos ortodoxos.

No Livro 3, capítulo 22, de *Ecclesiastical History,* Eusébio menciona netos de Judas, o irmão de Jesus, sobrevivendo ao reinado de Trajano, período em que o parente de Jesus, Simão, filho de Cléofas, foi o segundo bispo da Igreja de Jerusalém – mais uma vez, e de maneira importante, um parente de Jesus.

Simão foi, segundo Hegesipo, martirizado como seu antecessor no ano 106 ou 107 d.C. Por que ouvimos tão pouco acerca da família de Jesus? Foi dito que a Igreja de Jerusalém deixou de ser importante depois da destruição no ano 70 d.C., mas vemos aqui que esses judeus eram mestres da mesa do Senhor durante o reinado do imperador Trajano.

Infelizmente, não podemos afirmar se Judas Iscariotes chegou a ser confundido com o irmão de Jesus, Judas. Também não temos acesso aos anais da família de Jesus. Não sabemos o que aconteceu a essa família com o passar do tempo. Há algumas falas desagradáveis atribuídas a Jesus nos Evangelhos tradicionais que parecem colocá-lo a uma grande distância de sua família. Isso pode ser em parte o resultado da gradual despersonalização de Jesus que ocorreu depois do fim do século I, e possivelmente antes. Trata-se de uma questão muito complexa.

A presença dos membros da família comprometia as crescentes posições doutrinárias concernentes à natureza de Jesus. Não temos nenhum registro de nenhum membro da família de Jesus afirmando que a mãe dele só foi engravidada pelo Espírito Santo e permaneceu virgem mesmo depois. Os parentes de Jesus não devem ter negado que o Espírito Santo esteve de algum modo envolvido no chamado de Jesus, e mesmo em seu nascimento. Mas com certeza eles ficariam surpresos ao descobrir que sua amada parenta, Maria, de algum modo adquiriu os atributos da deusa Ísis e de outras figuras femininas mitológicas.

O processo de tornar a natureza de Jesus um dogma da Igreja só poderia ser realizado quando não mais existisse nenhuma ameaça de uma realidade familiar. O fim de qualquer influência vinda dos judeus cristãos de Jerusalém, liderados pelos membros da família de Jesus, deve ser datado por volta da derrota final da resistência judaica (a revolta de Bar Kokhba), no ano 135 d.C., depois do que os judeus não foram mais bem-vindos em Jerusalém.

Se os judeus tivessem simplesmente desaparecidos depois disso, a maioria dos cristãos gentios não teria se surpreendido, ou, talvez, se importado. Mas, como Judas, o povo judeu persistiu apesar das ferozes tentativas de maculá-lo e aniquilá-lo.

Mais ou menos 45 anos depois da rebelião, o bispo de Lião, Irineu, menciona um grupo de cristãos que tinham em sua posse um Evangelho de Judas. Não sabemos por quanto tempo eles o possuíam. Era uma comunidade de judeus? Não temos como afirmar. Irineu deixa de lado a questão do Cristianismo judaico. Isso deu aos comentaristas posteriores a ideia de que o gnosticismo representou "a aguda helenização do Cristianismo" (Harnack). Não encontramos muitos partidários dessa visão hoje em dia.

Estima-se que no século I havia por volta de 2 milhões de judeus vivendo em todo o império. Os judeus foram expulsos de Roma por ordem de Cláudio, imperador de 41 a 54 d.C. Herodes Antipas, que era apenas parte judeu, foi exilado em Lugdunum (Lião, França) em 39 a.C. por Caio Calígula, por isso é possível que existisse uma comunidade judaica lá. Não podemos ter certeza de que os cristãos que possuíam um evangelho de Judas eram habitantes de Lião.

No entanto, é possível perguntar com legitimidade por que o Judas Iscariotes do Evangelho de Judas, que agora temos em *nossas* mãos, deseja se juntar à grande e sagrada geração de Set. Pelo Evangelho, fica claro que essa grande e sagrada geração de Set, essa raça imóvel, é uma geração espiritual. É uma geração de caráter angelical, nascida da vontade e do ser de Deus. Contudo, não devemos descartar as tradições da linhagem ancestral de Jesus que colocam sua família em descendência direta de Set, "filho de Adão, filho de Deus".

Estariam os assim chamados gnósticos setianos ligados à tradição sagrada da família de Jesus, que tinha poder e autoridade para fazer novos filhos de Set?

Nenhum estudioso apresentou um relato racional das origens da *gnose* setiana. Sabemos que era uma tradição central a um grande número de livros da Biblioteca de Nag Hammadi. Sabemos que ela foi ligada de algum modo (mas quando?) a um culto de cura e sabedoria que venerava uma serpente sagrada (posteriormente chamado de "ofitas" ou "naassenos"), do qual algumas ramificações parecem ter desenvolvido ideias libidinosas a um ponto que escandalizou os membros da Igreja ortodoxa.

Todavia, nas páginas do Evangelho de Judas não há nenhum excesso corado de mito luxurioso ou exótico – nem nada que se pareça com libertinagem sexual ou magia demoníaca, tantas vezes associada às crenças gnósticas pelos inimigos do movimento, no passado e no presente.

O interesse de uma comunidade cristã por Judas não foi explicado. Ele desaparece (aparentemente) em 30/33 d.C.; reaparece em oposição desafiadora às histórias dos discípulos de "João" (professores de Irineu) e Pedro por volta do ano 180 d.C.

Judas é colocado na órbita de interesse da geração setiana, na qual os outros 11 discípulos têm pouca ou nenhuma autoridade espiritual – com a notável exceção do "gêmeo" Judas Tomé, que foi um herói da Igreja cristã judaica do norte da Síria; na Igreja ocidental, como sabemos, ele era "Tomé, o Cético". Mas no Oriente ele se tornaria o santo patrono dos pedreiros, arquitetos e construtores: não um homem de dúvida, mas de conhecimento.

Porém, no século IV d.C., o testemunho daqueles que descobriram algo de valor espiritual na vida de Judas desapareceu. Isso só pode ser o resultado do triunfo da ortodoxia no Império Romano.

No ano 380 d.C., o imperador Teodósio I (379-395) decretou a seguinte adição (*Cunctus populos*) a seu código legal:

> É nosso desejo que todas as várias nações que estão sujeitas à nossa Clemência e Moderação devem continuar na profissão da religião que foi pregada aos romanos pelo divino Apóstolo Pedro, como foi preservada pela tradição fiel; e que é agora professada pelo Pontífice Damásio e por Pedro, bispo de Alexandria, um homem de santidade apostólica. De acordo com o ensinamento apostólico e a doutrina do Evangelho, acreditemos na divindade única do Pai, do Filho e do Espírito Santo, em igual majestade e em uma Trindade santa. Nós autorizados os seguidores dessa lei a assumir o título de cristãos católicos; mas, quanto aos outros, como, em nosso julgamento, são tolos enlouquecidos, decretamos que eles sejam marcados com o nome infame de hereges, e que suas reuniões secretas não recebam o nome de igrejas. Eles sofrerão em primeiro lugar os castigos da condenação divina, e em segundo lugar a punição que nossa autoridade, de acordo com a vontade do Céu, decidir infligir.

Um ano depois, o *Nullus haereticus* (381 d.C.) deu às autoridades locais o poder de suprimir, por quaisquer meios que considerassem necessários, aqueles que estivessem fora da fé estabelecida pelo Concílio de Niceia (325 d.C.). Fora em Niceia que o imperador Constantino ordenara aos bispos da Igreja que acabassem com suas diferenças e definissem os limites da fé cristã ortodoxa.

O *Nullus haereticus* estabelece as penas para o não conformismo:

> ... que eles [os hereges] sejam inteiramente expulsos até das portas das igrejas, pois não permitimos que os hereges realizem suas assembleias ilegais nas cidades. Se tentarem causar qualquer tumulto, nós decretamos que eles sejam furiosamente suprimidos e expulsos para fora das

muralhas das cidades, de modo que as igrejas católicas em todo o mundo possam ser restauradas aos bispos ortodoxos que mantêm a fé de Niceia.

O que isso significou na prática foi que, se um católico colocasse objeções a um grupo de pessoas consideradas hereges, ele poderia reunir algumas pessoas e atacar esse grupo. Se os hereges resistissem, ou seja, "tentassem causar qualquer tumulto", poderiam ser surrados com toda a violência necessária para evitar uma posterior resistência ativa. Expulsar as pessoas para fora dos muros da cidade era condená-las à pobreza, ao desabrigo e a ataques de bandidos. Elas não mais teriam a proteção do Estado agora indiferente à sua sobrevivência.

Por definição, um herege não era um cristão, por isso ninguém tinha de amá-lo – porque Deus também não o amava. Como as pessoas sabiam disso? *Por que as Escrituras eram claras.* Que Escrituras? *As Escrituras aprovadas.* Quem as aprovou? *Os próprios representantes de Deus.* Como saber que são eles? *São aqueles que o imperador aprovou.* Se você não concordar, é um inimigo do Estado. A Igreja já o condenou.

Judas no Inferno

Apesar do fato de que não há nenhuma doutrina católica oficial insistindo que Judas Iscariotes é um herege ou condenado para sempre ao fogo do Inferno, é para lá que ele parece ter sido mandado. É claro que, se ele estiver no Inferno, então, em certo sentido, ainda está vivo, senão como poderia estar sofrendo as punições do Inferno? Se acreditarmos na lendária viagem de São Brandão, Judas não só viu o fim da Idade das Trevas em um lugar iluminado pelo fogo, mas também recebeu a permissão de, ocasionalmente, ter momentos de alívio em uma rocha solitária no Atlântico Norte.

Diferentemente de São Brandão, São Tomás de Aquino, o grande teólogo católico (1225-74), jamais viajou para a Ilha do Abençoados e, por isso, acreditava que Judas estava confinado ao Inferno sem períodos de intervalo. Aquino não era um homem vingativo e não tinha prazer no pensamento de Judas em um estado de tortura eterna. Entretanto, na *Suma Teológica*, ele foi veemente em mostrar que a justiça de Deus era filosoficamente consistente com sua natureza essencial, revelada.

Aquino analisou o problema do livre-arbítrio e da predestinação. Deus, por definição, sabe tudo. Ele vê todas as possíveis consequências e conhece todas com uma certeza que abraça todas as extravagâncias da liberdade humana. O livre-arbítrio é uma dádiva, mas traz consigo a responsabilidade de agir segundo Deus quer que o façamos. Não haverá livre-arbítrio se Deus pudesse nos forçar a fazer aquilo que, de outro modo, não seríamos livres para fazer.

O caso de Judas ilustrou esse ponto. Embora seja justo dizer que Deus sabia o que Judas ia fazer e, mais ainda, que a vontade de Deus incluía o conhecimento do que ele ia fazer, Judas ainda é responsável por seus atos. Ele escolheu praticá-los por livre vontade. Mas a ação de Judas não foi predeterminada? Judas poderia alegar que não teve escolha na questão? Não, não poderia, porque ele não quis fazer a vontade de Deus, mas sua própria vontade. Em sua mente, ele agiu em contrário ao que pensava que Jesus queria. Em sua mente, ele era ignorante do drama predeterminado que Deus estava desenrolando. Judas estava cego para isso; Satanás tinha entrado nele.

Um comentarista pode argumentar que Aquino estava condenando Judas por salvar a humanidade. Como ele poderia salvar a humanidade (permitindo que Jesus morresse por nossos pecados) e se condenar ao mesmo tempo? Por que Judas tinha de sofrer por seu papel no plano?

Aquino pensava estar preservando algo importante para os seres humanos. A onipotência de Deus não significa que temos de nos comportar como soldados programados ou robôs. Podemos cumprir nossa mais profunda propriedade do livre-arbítrio abrindo nossas vidas para a vontade de Deus. Foi isso que Jesus fez quando aceitou o cálice da rendição a seu destino na agonia de Getsêmani.

Judas, por outro lado, se fechara em interesse próprio. Como Aquino sabia que Judas tinha agido sem conhecimento das consequências vitais de seus atos para a salvação? Aquino acreditava nisso porque considerava a Bíblia a palavra revelada de Deus, na qual não pode haver nenhuma contradição essencial.

Se Aquino tivesse visto o Evangelho de Judas, ele provavelmente teria consultado *Adversus Haereses*, de Irineu, e defendido a queima do Evangelho, declarando-o uma armadilha de Satanás lançada (com o conhecimento predestinado de Deus) como uma tentação – e um teste para o livre-arbítrio do fiel.

Dante Alighieri (1265) teve pouca, ou nenhuma, escolha a não ser aceitar a lógica de Aquino sobre a questão. O grande poeta era um grande amante – do amor. O amor de Dante por Beatrice é muito conhecido; como também sua admiração pela poesia occitana. Mas, no que se refere a Judas Iscariotes, o *Inferno* de Dante (capítulo 34, vv

28-67) nega qualquer compaixão natural e apresenta a mais aterradora imagem do destino de Judas, na mais vívida linguagem:

> Vi aquele gigante submerso no gelo, despontando seu corpo do peito para cima. Só seu braço tinha o tamanho de um daqueles gigantes que encontramos na entrada do lago. Fiquei mais assombrado ainda quando vi que três caras ele tinha na sua cabeça. Toda vermelha era a da frente. A da direita era amarela e a da esquerda, negra. Acompanhava cada uma um par de asas como as de morcego (eu nunca vi um navio com velas tão grandes). E ele as abanava, produzindo três ventos delas resultantes. Era esse vento que congelava as águas do Cócito. Ele chorava por seis olhos e dos três queixos caía uma sangrenta baba que pingava junto com as lágrimas. Em cada boca ele moia um pecador. O da frente ele mordia mais rapidamente que os outros. Cada ceifada lhe arrancava a pele inteira. "Esse da frente é Judas Iscariotes" - disse-me o mestre [Virgílio] – "que sofre pena dobrada, com a cabeça para dentro e as pernas para fora. O que é mordido pela boca preta é Brutus e o outro é Cássio..."

Não é todo dia que um grande artista tem a oportunidade de comentar em detalhes a obra de outro. O artista visionário inglês William Blake (1757-1827) passou certo tempo antes de sua morte aprendendo italiano para poder ler *A Divina Comédia* de Dante na língua original. Já com a idade avançada, ele começou a ilustrar as descrições na obra de Dante. Infelizmente, o projeto jamais foi completado, mas existem esboços para todos os desenhos projetados, e os poucos que ele terminou são de fato muito bons.

Blake tinha a tendência de colocar suas próprias ideias em todas as obras que ilustrava, provocando distorções sutis a suas representações de temas bem conhecidos. Confrontar o poema de Dante era um grande desafio para ele. Blake considerava a representação do Inferno feita por Dante moralmente detestável e profundamente repugnante.

Blake, que compartilhava muitas das visões contidas no Evangelho de Judas – sem nunca tê-lo visto –, acreditava que o Inferno previsto por Dante "foi originalmente Formado pelo Próprio Diabo & Assim eu entendo que o fora". O inferno não foi feito por Deus para a tortura dos condenados.

Esse não era o modo como o verdadeiro Deus que é revelado no Homem se comportava com respeito aos pecadores. Em seu poema visionário *Jerusalem,* Blake ataca aqueles que não conseguem ver a diferença entre as obras egoístas de Satanás e as obras de Deus:

> Onde estão aqueles que veneram Satanás sob o nome de Deus? Onde estão eles? Ouçam! Toda religião que Prega a Vingança para o Pecado é a Religião do Inimigo & Vingador; e não a Daquele que Perdoa o Pecado; e o Deus deles é Satanás. Chamado pelo Nome Divino (*Jerusalem,* v52).

Ele teria considerado a condenação de deus dos discípulos espiritualmente cegos, contida no Evangelho de Judas, um exemplo do "evangelho perpétuo". Em *A Vision of the Last Judgement,* escrito por volta de 1810, Blake escreveu:

> No Inferno tudo é Retidão; não existe o Perdão do Pecado; aquele que Perdoa o Pecado é Crucificado como um Instigador de Criminosos, & aquele que faz Obras de misericórdia de Qualquer forma é punido; se possível, destruído, não por inveja ou Ódio ou Malícia, mas pela Retidão que pensa que faz a obra do Senhor; que o Senhor é Satanás (*A Vision of the Last Judgement,* p. 93).

Para Blake, Satanás é o "Egoísmo". O verdadeiro perdão mostra que a pessoa superou o ego aprisionador. Se Blake ouvisse que o Satanás do Eu não tinha *entrado* em Judas, mas, pelo contrário, tinha *saído de dentro dele,* ele teria aplaudido com alegria. Para Blake, assim como para as pessoas que amaram o Evangelho de Judas, o mundo era uma distorção: o espelho quebrado da verdade. Se a tradição dos egoístas afirmava que Judas era o criminoso, considere que ele estava entre os justos. Se Judas fosse prisioneiro de Satanás, considere que ele seria redimido em glória. Essa era a lógica daqueles condenados por Irineu e todos os seus seguidores espirituais.

Na visão de Blake, Satanás tinha seu lugar. Ele era o "Limite da Opacidade". Satanás representava o limite do materialismo, abaixo do qual não se podia afundar em caos completo. Ele é o poder de ligação do Universo material – grande a seu modo; brilhante como luz roubada; mas não o verdadeiro Deus. Essa visão de Satanás está muito próxima da imagem de "Saklas", ou Ialdabaoth, apresentada no Evangelho de Judas – a divindade cega a qualquer coisa acima de si mesma.

Se, como a Igreja católica acreditava, Satanás tinha Judas em seu poder, então era um tipo de ciúme. O poder seria extinto quando o reino do falso deus e seu mundo opaco chegasse ao fim.

O Evangelho de Barnabé

O Evangelho de Barnabé é um escrito bastante problemático. Muito usado por autores islâmicos que aprovam sua visão da falsidade da Santíssima Trindade e outras doutrinas cristãs, essa longa obra nos mostra a interessante imagem de Judas Iscariotes sendo crucificado no lugar de Jesus.

Segundo a história, a aparência de Judas foi transformada na de Jesus no momento da prisão deste. Todos pensam que Jesus foi crucificado. O Evangelho então narra que, três dias depois de enterrado, o corpo de Judas foi roubado, originando a visão de que Jesus ressurgira dos mortos. Enquanto isso, Jesus, no Terceiro Céu, obtém permissão para voltar à Terra e contar a verdade à sua família e aos discípulos. Ele então reascende depois de prometer que voltará como um rei justo.

Se essa obra não fosse – por evidência interna – claramente uma fraude, poderíamos especular se o autor estava familiarizado com a imagem gnóstica de Simão Cirineu sendo crucificado no lugar de Jesus. Também seria possível especular se a semelhança entre Jesus e Judas foi ocasionada pelas histórias de Judas, o gêmeo, o mesmo Judas irmão gêmeo de Jesus.

Os manuscritos mais antigos da obra estão em italiano e espanhol e datam do século XVII. O Evangelho de Barnabé é considerado de modo geral uma fraude piedosa a favor de uma polêmica islâmica que remonta ao século XIV e não passa do século XVI. Não obstante, ainda existe alguma coisa assombrosa na imagem de um Judas crucificado, ainda que sua origem seja fictícia.

A Igreja ortodoxa oriental continuou a tradição antiga de Judas traidor de Cristo. Nos hinos dessa Igreja entoados na quarta-feira santa (a quarta feira anterior à Páscoa), a figura de Judas é contrastada vividamente com a da suposta prostituta que ungiu a cabeça de Jesus em Betânia. A história de Judas condenando o "desperdício" do dinheiro envolvido na unção é tirada do Evangelho de João. Os fiéis são encorajados a não seguir o exemplo do discípulo desobediente, mas a se inspirar no arrependimento exibido pela mulher com o jarro de alabastro.

A traição de Judas também é lembrada na Igreja ortodoxa com um jejum de carne, derivados do leite e óleo de oliva, na quarta-feira. Antes de receber comunhão nesse dia, os rezadores afirmam: "Eu não revelarei seus mistérios a seus inimigos, nem como Judas o trairei com um beijo, mas como o ladrão na cruz eu o confessarei".

Temos de seguir um longo caminho para sentirmos alguma solidariedade por Judas. O poder da Igreja de amedrontar seus seguidores diminuiu desde o século XVIII. No despertar dessa agonia da alma ocidental, surgiu um desejo por parte de alguns autores de olhar para a figura de Judas sem ver um homem mau automaticamente.

Judas — O Espelho dos Tempos

É um fato curioso, e também uma espécie de tributo ao próprio homem, que Judas Iscariotes apareça nas artes, em especial na literatura, como um tipo de magneto das inquietudes dos tempos. Quando um autor deseja fazer comentários oblíquos sobre coisas que são perturbadoras, ou que fervilham sob a superfície da cultura, a figura do grande traidor parece saltar à consciência.

Judas é o tipo de Anistia Internacional de um homem só. Ele parece nos tornar conscientes de alguma coisa escondida, presa, ou reprimida em nossa cultura. Seu *status* de transgressor ajuda, é claro. Ele traiu Deus? Ou nós entendemos errado? Judas é escravo de Satanás, ou nós é que somos?

No oratório *The Apostles*, do compositor inglês Edward Elgar, o motivo de Judas é forçar Jesus a declarar sua divindade. Judas quer ver Jesus estabelecer o reino na Terra. Nesse sentido, Judas parece representar um romantismo distorcido. Elgar foi associado ao movimento simbolista nas artes: um tipo de romantismo espírita que tentou descrever as subcorrentes espirituais – e os espíritos (malévolos e não malévolos) – de um tempo deformado espiritualmente e explosivo em potencial. O resultado final é uma forte sensação de pressentimento. Os fantasmas começavam a se mover para as câmaras supostamente "iluminadas" da cultura ocidental.

Talvez os sonhos terrenos de Judas também reflitam as preocupações do início do século XX com a possibilidade do conflito global. A Alemanha exauriu o mundo com seus desejos de um império mundial. Mussolini também tinha ambições imperiais. Judas, na obra de Elgar, representa o lado escuro do romantismo imperialista – a tendência a ir longe demais. Ao tentar concretizar o Paraíso na Terra, apenas tomamos consciência de nossa grande necessidade de integridade espiritual. Não precisamos conquistar o mundo; o mundo já nos conquistou.

Mikhail Bulgakov (1891-1940) escreveu sua obra satírica *O Mestre e Margarida*, sobre a Rússia stalinista, em um mundo onde, podemos dizer, o Judas de Elgar conseguiu fazer as coisas a seu modo – a União Soviética na década de 1930. O Paraíso terreno e o império comunista se tornam um inferno de engano, cinismo e subjugante crueldade. Stálin é o antimessias cujo Deus é o poder puro.

Em vez de Stalin como líder, Bulgakov apresenta Pôncio Pilatos falando com o chefe do serviço secreto. Judas Iscariotes foi considerado inaceitável para o Estado; seus dias estão contados – mas nada será registrado. As coisas secretas que acontecem não aconteceram. A conversa entre Pilatos e o chefe do serviço secreto é repleta de humor negro. Judas foi marcado para morrer antes do tempo. "Eu espero que você dê o melhor de si para ajudá-lo", sugere Pilatos.

Mais tarde, Judas é declarado morto: "Uma pena. Sei que você fez o melhor que pôde...". Talvez a fala "é possível que ele tenha se matado?" soe como um acobertamento viável para limpar a "boa reputação" do estado sem consciência. Assim começa o rumor que conhecemos a partir do relato bíblico do suicídio de Judas. Aqui, Judas é a vítima, preso em meio a eventos que transcendem seu poder de alterá-los. Ele é um indivíduo; e como tal, não é nada.

O autor percebeu algo peculiar nos relatos dos Evangelhos acerca da negociação de Judas com seus superiores. Refletindo os acontecimentos na Rússia durante o terror stalinista, Judas se torna um dos muitos que foram enganados pela cobiça insaciável do poder absoluto que corrompe absolutamente. Judas estava morto antes de nascer. Não haverá nenhum túmulo para marcar sua existência incidental. Leve o "desejo de poder" para além do nível individual e o indivíduo é esmagado. A ação "coletiva" é um eufemismo para tirania.

O desejo de poder de Jesus é, em parte, o tema do intrincado romance de Robert Graves, *Rei Jesus* (1946).[22] Talvez os temas sacrificais da obra tenham sido influenciados pelas grandes quantidades de sacrifícios realizados durante os sete anos anteriores. A Segunda Guerra Mundial exigiu de milhões de indivíduos atos de coragem sacrifical. Ao ver Jesus como o único herdeiro legítimo do trono messiânico de Davi, Graves estava à frente de seu tempo. Essa ideia surgiria

---

22. Robert Graves, *King Jesus* (primeira edição em 1946), Hutchinson, London, 1983.

novamente no best-seller *The Holy Blood and the Holy Grail* (1982),[23] de Baigent, Leigh e Lincoln. E se Jesus fosse parte de uma dinastia?

Graves não tem interesse por uma linhagem de Jesus. Ele se interessa pelos efeitos que tal afirmação produzirá em sua própria época. O Jesus de Graves é o filho secreto de Herodes Antípater e conhecia muito bem suas responsabilidades messiânicas para com seu país. Ele percebe, no entanto, que não existe uma possibilidade real de derrotar os romanos pela força. Embora os zelotes acreditem que um milagre o salvará se eles tentarem – pela força – salvar a si mesmos, o Rei Jesus procura uma solução espiritual. Ele precisa cumprir as promessas de Zacarias para concretizar o início de um novo reino de Deus.

Jesus transmite sua mensagem aos discípulos de um modo indireto: um deles terá de matá-lo com uma espada. Os discípulos não entendem o que ele está falando. Judas, porém, é a exceção. Ele entende o que precisa ser feito. Judas sabe que a humanidade não pode ser salva a menos que ele desempenhe o papel ingrato de planejar a morte de Jesus.

Graves, um homem familiarizado com a tradição gnóstica, apresenta uma interpretação realista dos eventos que cercaram a vida e a morte de Jesus, em sintonia com o realismo maior do mundo pós-guerra. Sonhos românticos não fluem bem no mundo moderno (com exceção dos anúncios publicitários e dos filmes), mas a necessidade de escolhas espirituais fortes e ações definitivas continuarão. Por que as afirmações messiânicas de Jesus não podem ser aceitas em seu sentido completo, literal? O messias era considerado um papel político importante; isso fica claro no Evangelho de Mateus, no qual o rei Herodes, o Grande, está determinado a aniquilar seus rivais, ainda que eles sejam tão pequenos quanto bebês envoltos em faixas.

Sobre o Jesus crucificado foram colocadas as palavras *Rei dos Judeus*. O insulto de Pilatos foi uma lição política para o povo judeu. Roma é o poder. A Igreja Católica talvez tenha aprendido a lição que os zelotes não conseguiram entender; eles esperaram um milagre sobrenatural; a Igreja tinha o tempo do lado dela. Israel moderno aprendeu a lição: os milagres são para os santos – e jamais haverá uma quantia suficiente deles.

Robert Graves extinguiu o mito da carreira terrena de Jesus sem roubá-la de seu significado espiritual. As Igrejas não foram tão bem-

---

23. Baigent, Leigh e Lincoln, *The Holy Blood and the Holy Grail,* Jonathan Cape, London, 1982.

-sucedidas. *Rei Jesus* merece uma grande apreciação. Sem dúvida, a obra exerceu influência sobre muitos autores do pós-guerra.

Parece ter também influenciado o texto revisionista de Hugh J. Schonfield, *The Passover Plot*, escrito na década de 1960,[24] um livro, à frente de sua época, abordando uma conspiração. Schonfield foi um dos primeiros a receber inspiração de um romance imaginativo e a testar suas implicações diretamente sobre a tradição registrada. O resultado foi uma leitura perturbadora para muitos cristãos na década de 1960. *The Passover Plot* apresentou-se como uma hipótese racional que poderia ser considerada um fato, se pudesse ser provada.

Schonfield observou os acontecimentos que envolveram a crucificação e percebeu que há sinais de uma "operação" pré-planejada. Em vez de acontecimentos cumprindo inconscientemente antigas profecias, houve uma tentativa consciente, mecânica e deliberada de dar forma aos eventos proféticos.

Muitos teólogos aceitam que a percepção segundo a qual a vida e a morte de Jesus "cumpriu as profecias" foi a que se tornou clara para os seguidores dele depois dos acontecimentos. Assim, a contínua afirmação de este ou aquele evento, ou dizer: foi "para que se cumprissem as Escrituras", foi um recurso literário. Os teólogos estavam certos de que esse processo pós-datou os próprios acontecimentos, os quais eles acreditavam – e muitos ainda acreditam – que, embora os autores dos Evangelhos não tivessem nenhuma tradição dos atos de Jesus, tudo o que precisavam fazer era encontrar uma sequência útil nas Escrituras hebraicas. Por exemplo, a história das 30 peças de prata foi acrescentada depois à sequência dos acontecimentos, quando se tomou a decisão de que ela deveria se referir à traição de Judas Iscariotes.

É possível tomar um versículo de um dos Salmos e acrescentar Jesus ou um dos seus discípulos a ele. Como o Antigo Testamento dava testemunho de Jesus, então a história deve ter sido "escrita antes". Levando essa última ideia a seu limite lógico, Schonfield defendeu a tese de que Jesus deliberadamente *fabricou* cenas de cumprimento profético. Os acontecimentos da Páscoa foram um enredo, um tipo de encenação. Portanto, Judas estava desempenhando um papel, conscientemente. Era necessário dar a impressão de que ele estava traindo o bom pastor.

Segundo Schonfield, os discípulos em geral não faziam a menor ideia do que estava acontecendo. Como os homens no Evangelho de

---

24. Hugh J. Schonfield, *The Passover Plot*, Disinformation Company (USA), edição de 40º aniversário, abril de 2005.

Judas, eles estavam tão cegos por suas próprias noções que não conseguiram ver o que se desenrolava diante dos próprios olhos. As ideias básicas de Schonfield ainda causam impacto.

Schonfield foi criticado por não ver que, embora reconhecesse as ações de Judas como cumprimentos de uma profecia, ele não percebeu que, desse modo, as profecias foram realmente cumpridas na história. Desde que elas tenham sido cumpridas, fez alguma diferença a maneira como o foram? Uma pergunta fascinante: quando uma profecia não é uma profecia? O cumprimento consciente das profecias é um cumprimento verdadeiro?

Examinemos este exemplo: se eu apertar o botão do Armagedon e der início a uma guerra apocalíptica (sabendo que estou de maneira deliberada tentando cumprir o que está escrito no Livro do Apocalipse), eu terei *cumprido* a profecia ou abusado dela?

Existe um medo constante de que os cristãos evangélicos entusiastas do apocalipse estejam lotando tanto a mídia com profecias que, na verdade – conscientemente ou não –, eles estejam influenciando alguém ou algo a "cumprir" tais profecias. Acredita-se de modo geral que essa obsessão com o cenário apocalíptico tenha influenciado a diplomacia ocidental no que diz respeito ao Oriente Médio. Acredito que precisamos ter certo realismo político aqui.

The Passover Plot, surgindo alguns anos após o assassinato do presidente Kennedy, parece ter provocado um estranho tremor no subconsciente global que persiste até hoje. Os últimos dias de Jesus foram uma conspiração, *certo*? Judas conhecia a *história interna*. Existe uma linha clara da ideia imaginativa que une *The Passover Plot* ao *O Código Da Vinci*, via *The Holy Blood and the Holy Grail*.

O Mito em Ação

As pessoas querem mitos. Um dos maiores mitos é a fama. Esse foi um tema poderoso na ópera pop de Tim Rice e Andrew Lloyd Webber *Jesus Cristo Superstar*. É irônico o fato de que, quando Rice e Webber começaram a trabalhar nas primeiras apresentações em West End, foi anunciado na imprensa londrina que eles tinham convidado John Lennon para fazer o papel de Jesus! Isso foi em 1969.

Em uma tira de quadrinhos em um jornal, refletindo a notícia da iminente indicação de Lennon como Jesus (ele já era um *superstar*), um passante *hippie* olha para o cartaz anunciando LENNON SERÁ JESUS – e se pergunta: *"Quem é Jesus?"*.

Jesus Cristo Superstar é um tipo de ensaio sobre os perigos da fama, em especial da fama nascida da fome incessante da cultura popular, e é centralizado na ação de Judas Iscariotes e no "Mito de Jesus" que cresce ao seu redor.

Foi um comentário astuto sobre a orientação das épocas, feito por Rice e Webber. A fama, é claro, pode vir como o "beijo da morte". O musical colocou uma questão interessante: o que acontece se transpusermos a ideia da histeria pop para o tempo de Jesus? O que acontece, então, ao mito?

O fenômeno da adulação distorce tudo. Será, sugerem os autores, que a mente de Jesus foi desviada por todo esse êxtase? Maria Madalena chora e lamenta como uma garota pega por um segurança na beirada do palco onde um cantor se apresenta, "mostrando seu coração". "Eu não sei como o amar", ela chora como uma fã cujo ídolo saiu logo cedo sem deixar ao menos um bilhete de despedida. As pessoas consideraram a canção romântica – uma linda melodia! Mas o sentimento foi verdadeiramente patético. Ela compara seu novo ídolo ao ex-amantes – este é *na verdade diferente*! Como ela poderá o comover? "Devo seduzi-lo?" "O que significa tudo isso?" O quê, de fato?

Mas Judas está observando. Ele é nosso narrador; o realista político, ansioso, frio, que tem a sabedoria das ruas, do *jazz*: Judas Iscariotes, interpretado como um "cara maneiro" do Harlem. "Qual é o problema?", ele pergunta. O que está acontecendo? Ele testemunha o nascimento de um mito e sabe disso. Ele ama Jesus – ou pensa que ama. Mas as coisas estão saindo fora de controle. Se essa *Jesus mania* continuar, os romanos atingirão Israel com uma tonelada de tijolos. Pessoas vão morrer. Já aconteceu antes; vai acontecer de novo. Haverá desespero por toda parte.

Jesus não pode fazer o que as pessoas pensam que pode. OK, ele pode fazer o milagre estranho – mas há um limite. Ele não pode mudar o mundo. E Judas sabe disso. De algum modo ele tem de colocar um fim nessa festa louca.

Há apenas uma indicação de que Judas talvez saiba que Jesus na verdade quer que ele o traia. Não podemos ter certeza absoluta que se trata de uma traição. Judas convence a si mesmo que ele tem de envolver os sacerdotes principais "pelo bem de Jesus". Tudo saiu fora de controle. A fama de Jesus tornou-se a mensagem. A mensagem gerara o mito. Mas ao redor deles havia pobreza e sordidez; ratos e soldados; morte e sujeira. Por que as pessoas não conseguiam ver os terríveis e brutais fatos? *O que é toda essa confusão*? Por que todos estão tão cegos que não conseguem enxergar a realidade?

O contraste enfático de imagem e realidade foi uma poderosa reconstrução do relato contido no Evangelho de João acerca da unção em Betânia. Sim, Judas reclamou do desperdício de dinheiro para dar conforto a Jesus, enquanto crianças morriam de fome. A resposta de Jesus que "sempre haverá os pobres" parece insensível ao politicamente radical Judas. Parece um tanto insensível para nós também, mas queremos que Jesus seja sábio. Queremos o mito.

Atravessando o portal para a década de 1970, nas costas do musical da Era de Aquário, *Hair Jesus Cristo Superstar* deu-nos um Judas vindo do gueto radical da cidade de Nova York e das favelas de Chicago. Imagens derivadas de fantasias, essas fontes sociais dominariam o confronto na moda da década de 1970, entre românticos sem casa, sentados sobre chiffon às margens de lagos provençais, e radicais chiques ao estilo "Patti-Hurst", que sofrerem lavagem cerebral.

Então o *punk* viria para esmagar o Mito. Tudo isso deixou um gosto amargo na boca. Talvez seja esse o gosto da realidade terrena. Você não precisa de uma marreta para quebrar uma noz. Jorge Luis Borges (1899-1986) apresenta-nos "Três versões de Judas", um conto em sua coletânea *Labirinto*.[25] Borges cria um personagem, um teólogo chamado Nils Runeberg, que decide que muito do que foi atribuído a Judas é falso. Veja o "beijo" de Judas, por exemplo, sugerido como um tipo de identificação. Absurdo. Se Jesus tinha toda aquela multidão o seguindo, qualquer pessoa conheceria sua aparência. Judas estava representando toda a humanidade ao fazer um sacrifício de si mesmo, em paralelo ao sacrifício de Jesus por toda a humanidade.

Os teólogos atacam as ideias de Runeberg. Ele volta à carga ainda com mais força. A ideia de Deus passando apenas uma tarde na cruz como sacrifício é "blasfema", afirma o teólogo fictício. Se Judas foi escolhido para ser um discípulo, ele não podia ser tão mau. Ele provavelmente tinha grandes qualidades morais para chamar a atenção de Jesus. Judas deixa sua felicidade para trás para servir a seu Senhor: "Judas procurou o Inferno, porque a felicidade do Senhor era suficiente para ele. Ele acreditou que a felicidade, como a moralidade, era um atributo divino e não devia ser usurpada pelos humanos".

Runeberg também afirma que seria impossível para Deus ser totalmente humano sem ser capaz de pecar – e isso significa que pensa-

---

25. Jorge Luis Borges, "Three Versions of Judas", de *Labyrinths,* Penguin Modern Classics, apresentado e prefaciado por J. E. Irby, Donald A. Yates, André Maurois, New Edition, 2000.

mentos pecaminosos são inevitáveis. A conclusão final de Runeberg é interessante: Deus não se tornou Jesus; ele se tornou Judas.

A curiosa ligação entre Judas Iscariotes e a cultura popular continua. A cultura popular é uma arena de ideias mal suprimidas, proibidas, transgressoras. Nas palavras da Maria Madalena de Rice e Webber, "Devo gritar? Falar de amor – revelar meus sentimentos? Eu nunca pensei que chegaria a isso!". Não, nem nós pensamos. A cultura popular requer novidade constante, mudanças chocantes.

Em 1965, Bob Dylan torturou a Grã-Bretanha. Certa noite, ele trocou seu violão acústico por um instrumento elétrico, e o cantor folk tornou-se o líder de uma banda pop. Do meio do geralmente respeitoso público – não uma adulação cega à apresentação de Dylan, com certeza? –, veio o grito: "Judas!".

Bob Dylan tinha *traído* a música folk? Ele deveria ser condenado por toda a vida por se preocupar com sua imagem, posição, fama, popularidade e conta bancária? A "mensagem séria" seria distorcida pela cultura popular?

Tantas traições ocorreram no mundo da música pop! Metade dos grandes astros supostamente traiu alguém em um dado momento. Eles "se venderam". Não foi isso que o hediondo assassinato de John Lennon nos disse? A traição? Com certeza, o fã louco assumiu a tarefa de executar o messias transformado em Judas! Como podem cantores que falam sobre o Paraíso para os que defendem a paz e o amor sequer pensar em algo tão *baixo* quanto querer apenas *dinheiro*? Os políticos traem seus eleitores. Os eleitores mudam de ideia e "traem" seus políticos. É "Hosana nas alturas!" um dia e "Vá para o Inferno!" no outro.

Todo mundo é traído, por isso todo mundo é um Judas para alguém. Você pode confiar em mim? Você é real?

O diretor Martin Scorsese fez um filme da obra de Nikos Kazantzakis, *A última tentação de Cristo,* e despejou nele todo o seu conhecimento adquirido da cultura popular. A cultura popular ainda exigia que Jesus fosse um tanto *hippie*. O público não estava preparado para um Jesus *punk* – afinal de contas, o messianismo *punk* passara para Johnny Rotten que, com propriedade, rejeitara a ideia.

Jesus deve ser retratado como um tipo de *hippie*. É a coisa da barba e dos cabelos longos. Willem Dafoe convenceu bem. Será que essa imagem de Jesus tentou sugerir um cruzamento entre Kris Kristofferson e um Charlie Manson anestesiado? A música ficou a cargo do mestre pop Peter Gabriel. A edição foi fantástica. Há uma cena de sexo, filmada com bom gosto, entre Maria Madalena e Jesus que perturbou muitas pessoas (ela significava no filme uma fantasia tentadora), mas a representação de Judas, contrária à dos Evangelhos, mal chegou a gerar protestos.

Judas faz aquilo que os discípulos não conseguem fazer; ele ajudará Jesus a cumprir seu destino de morrer na cruz. Judas deveria compartilhar a glória de efetivar a salvação para a humanidade. A ideia básica está contida no Evangelho de Judas.

O voo da serpente emplumada (2003),[26] de Armando Cosani, é uma novela em três partes, que é concluída com um retrato da verdadeira identidade de Judas como um mestre espiritual. Aqueles que amaram o Evangelho de Judas teriam apreciado muito a novela de Cosani. É assim que ele descreve Judas:

> Eu nunca pude entender esse homem de palavras moderadas, que parecia gostar de me confundir com suas observações cáusticas e paradoxais sobre todas as coisas. Ele dava a impressão de ser taciturno. No entanto, logo depois de conhecê-lo um pouco melhor, foi impossível não perceber o fato extraordinário com o qual me deparei em minha vida agitada: ele era um sorriso. Era sorriso dos pés à cabeça. Ele não sorria; não precisava sorrir; ele todo era um sorriso.

O Jesus sorridente encontra o Judas sorridente: entramos na Nova Era. Um dos aspectos fascinantes dessa obra é o modo como Judas é mostrado como uma identidade que transcende o tempo; ele pode se manifestar em um amigo. Sua identidade fundamental é precisamente essa: a de um amigo. Eu imagino se Frieda Tchacos Nussberger leu esta novela. Ela se sentia tão próxima de Judas enquanto tentava resgatar seu Evangelho dos vários fragmentos. Imagino se ela sentiu que o Judas de Cosani e o dela são de alguma forma a mesma pessoa.

E então chegamos à Nova Era – e para ela temos agora uma versão muito antiga de um Judas muito novo. Sabemos que entramos na cultura popular da Nova Era porque em *O Código Da Vinci*, de Dan Brown, a Santa Ceia não contém nenhum elemento sórdido de *traição*. O ponto focal é Maria Madalena; Judas não representa papel nenhum. É Maria – e a espiritualidade de todas as mulheres – que é "traída" na *Santa Ceia* de Da Vinci. Esse fato está lá, mas pre-

---

26. Armando Cosani, *The Flight of the Feathered Serpent,* Absolute Publishing (USA), 2003.

cisa ser decodificado. A crucificação não é importante porque Jesus teve filhos e, portanto, a Palavra torna-se carne em cada nova geração; ela renasce.

E agora, fechamos o círculo – quase. Como uma fênix que renasce das cinzas do tempo, ergue-se o único e singular, o original Evangelho de Judas. Sua chegada parece ter sido profetizada durante um século dos mais escuros tormentos. O século XX viu o trio de *Judas, Judeia, judeus* do Evangelho de João (6, 71; 7, 1) ligado pelo partido nazista em uma condenação em massa e uma caricatura de todos os judeus – venenosos, feios, traiçoeiros, condenáveis e condenados a morrer.

> Referia-se ele a Judas, filho de Simão Iscariotes; porque era quem estava para traí-lo, sendo um dos 12.
>
> Passadas estas cousas, Jesus andava pela Galileia, porque não desejava percorrer a Judeia, visto que os judeus procuravam matá-lo. (João 6, 71; 7, 1)

Talvez exista um equilíbrio oculto no mundo, de modo que, enquanto o século passado viu o antissemitismo alcançar as profundidades de uma terrível depravação, também aconteceu uma lenta revolução na percepção de Judas, o terrível judeu.

De um personagem que outrora incorporou a própria essência da traição, vimos Judas ser tratado com humanidade nas artes: um personagem sobre o qual podemos projetar nossas próprias dúvidas e arrependimentos culturais.

De um personagem condenado instantaneamente pela Igreja, chegamos ao Judas de um antigo evangelho que está – se estivermos de fato perto do fim do "tempo" como o conhecemos – prestes a uma gloriosa assunção celestial.

Se o Cristianismo convencional pode impedir tal catástrofe teológica, isso é algo que ainda teremos de ver. Essa tarefa pode não ser tão simples. Pois, como vimos neste livro, há muito mais sobre Judas do que podemos ver.

Índice Remissivo

A

ABC News 165
Abel 69, 96
Abraão 168, 195, 231, 242
Aceldama 209, 210, 248
Adão 8, 96, 100, 106, 107, 109, 160, 231, 242, 250
A Divina Comédia 254
Adversus Haereses 253
Airian, Hana A. 15, 19, 24, 25
Al-Ahram 137, 145
Alfeu 222
Aliança 203, 204, 242
al-Samman, Muhammad Ali 50, 51, 52
Amato, arcebispo Angelo 137, 138
America 148
Apocalipse 8, 20, 32, 36, 42, 45, 77, 81, 95, 111, 112, 148, 246, 261
Apocalipse de Paulo 77
Apocalipse de Pedro 81
Apocalipse de Tiago 20, 32, 36, 42, 45, 111, 112, 148, 246
arcebispo Arguer 147
arcontes 81, 103, 104, 105, 110, 111, 112, 113, 114
Arin Gencer 166
Arrogância 113
ascensão interior 104
Aselli 195
Asherah 167
assírios 192, 203
Atanásio 66

Atos dos Apóstolos 89, 102, 114, 131, 157, 179, 182, 207, 209, 229, 235, 239, 243, 246, 247
A última tentação de Cristo 264
Aurobindo, Sri 164

B

Bagnall, Roger 30, 52, 65
Baigent, Michael 146
Barbelo 7, 84, 85, 86, 87, 88, 113, 185, 212, 213
batismo 240
Beatles 71
Beck, Astrid 15
Beelzebub's Tales to his Grandson 164
Bento XVI, papa 121, 130, 132, 136, 164
Betânia 196, 201, 204, 214, 256, 263
Bethge, Hans-Gebhard 32, 42, 55
Biblioteca de Nag Hammadi 16, 18, 20, 31, 32, 36, 42, 49, 50, 51, 53, 54, 66, 77, 79, 80, 82, 84, 111, 167, 186, 218, 221, 224, 250
Big Bang 104
Bill Gates 37
Bill Veres 37, 39
bispo Basanti 145
Blake, William 77, 254
Bob Dylan 264
Borges, Jorge Luis 263
Brown, Dan 122, 123, 134, 135, 139, 265
Bruno, Giordano 232
Budismo 114
Bulgakov, Mikhail 258
Buñuel Luis 79
Bythos 86

C

Caifás 227
Caim 69, 70, 96, 184
Cainitas 97
Caio Calígula 250
Calcedônia 176
Câncer 195

Carta aos Efésios 152
Carta de Pedro a Felipe 20, 36, 42, 111, 113, 115, 148
Celso 177
Chifre 8, 108
Christianity Today 145
Christopher Hitchens 150
Cleave, Maureen 70
Codex Alexandrinus 188
Codex Sinaiticus 182
Codex Vaticanus 182
Código Da Vinci, O 122, 123, 129, 133, 134, 136, 137, 139, 140, 141, 146, 160, 167, 217, 261, 265
comunhão 78, 163, 257
comunhão dos santos 163
Congregação para a Doutrina da Fé 132, 133, 136, 137, 138, 139, 140, 161
Constantino, imperador 251
Cosmos 8, 90, 92, 95, 103, 104, 106, 212
Criação 8, 106
Crowley, Edward Alexander 99
Crucificação 181

D

Dafoe, Willem 264
Daimon 8, 101
Daniel 96, 100, 108, 109
Dante Alighieri 253
Darbre, Florence 54, 62, 63
Davi, rei 194, 240, 244
Destruição 8, 107
Deus inferior 167, 169
Deus superior 97, 106, 167, 169
Deus Superior 69
diabolismo 233
Diana dos efésios 85
Dídimo Judas Tomé 20, 111, 222, 223, 224, 230, 246
Doresse, Jean 49, 51
Dorothy Shinn 38

E

Ecclesia Gnostica 166
Ecclesiastical History 245, 248, 286
Eduard Iricinschi 151
Ehrman, Bart D. 127, 286
El 85, 106, 149, 167
El-Aref, Nevine 149
Elohim 106
Emmel, Stephen 16, 17, 19, 21, 29, 31, 32, 49, 54, 59, 110
Eras 146
escribas 110, 200, 228, 246
Espírito Santo 102, 157, 158, 196, 211, 218, 229, 249, 251
Estevão 243
Eusébio 245, 247, 248
Eva 68, 85, 96, 106, 107, 160
Evangelho de Barnabé 9, 256
Evangelho de Felipe 218
Evangelho de Lucas 76, 152, 209
Evangelho de Marcos 8, 182, 187, 188, 196, 197, 200, 237
Evangelho de Mateus 9, 201, 203, 205, 210, 259
Evangelho setiano 226
Êxodo 20
Ezequias 193

F

Felipe 20, 32, 36, 42, 45, 111, 113, 115, 148, 218, 246
Fenícia 102
Ferrel, James 37, 59
Ferrini, Bruce 37, 38, 53
Five Treatises of the Acts of the Church 245
Franco Zeffirelli 174
Frank, Wolf-Peter 42
Freedman, professor David Noel 15
Frieda Tchacos Nussberger 7, 26, 29, 33, 35, 39, 47, 48, 53, 62, 118, 265

G

Gabriel 30, 107, 264
Gabriel, Peter 264

Gálatas 145
Galila 106
Galileia 173, 184, 192, 193, 194, 221, 237, 241, 266
Garcia, Terry 122
Gênesis 96, 97, 106, 107, 195, 242
gnose setiana 212, 250
Gnósticos 8, 16, 18, 41, 49, 135, 149, 165
Gopnik, Adam 150
Graves, Robert 258, 259
Gregor Wurst 54, 58, 63
Guardian 132

H

Haaretz 123
Harmathoth 106
Harold Attridge 18, 35, 55, 57
Hedrick, Charles 42, 44, 62, 63
Hegesipo 245, 246, 247, 248
Herbert Krosney 33, 47, 123
Hermes Três Vezes Grande 97
Herodes Antípater 259
Hicksville 31, 32, 35
Howard, Ron 133
Hugh J. Schonfield 70, 260

I

Ideia do Homem 105
Igreja Ortodoxa Copta 30, 144
imperador Teodósio I 251
imperador Trajano 249
Inferno 9, 171, 172, 235, 252, 253, 254, 255, 263, 264

J

Jacó 111, 131, 192, 193, 194, 231, 245, 246, 247
Jardim de Getsêmani 84, 91, 199, 208, 223
Jean Doresse 49, 51
Jenott, Lance 151
Jeremias 206, 207, 242, 248

Jerusalem 255, 285
Jesus Cristo Superstar 261, 262, 263
Jesus de Nazaré 96, 174
Joanna 23, 24
João Batista 240
John D. Turner 42, 57
John Lennon 70, 94, 261, 264
José de Arimateia 239
Josephus 131, 193, 194, 242, 286
Judas Iscariot and the Myth of Jewish Evil 186, 286
Judas no Inferno 9, 252
Judeus 8, 131, 173, 245, 259
Juízo Final 94
Jung, Carl 52

K

Kasser, Rodolphe 51, 52, 54, 58, 63, 164, 165
Kaufmann, Eric 40
Kazantzakis, Nikos 264
King, Karen 147
Koenen, Ludwig 15, 16, 24, 29, 54
Koutoulakis Manolis 29
Krause, Martin 54
Kraus, Hans 32

L

Landis Joanna 23, 24
La Stampa 130
Layton, Bentley 35, 54
Lázaro 173, 215
Leigh 259, 285
Levi 195, 222
Lincoln 134, 259, 285
Livro de Daniel 96, 108
Livro de Enoch 96, 100, 102, 103, 109
Lloyd Webber, Andrew 261
Logos 40, 41, 77, 169, 177, 211, 212
Los Angeles Times 166

Índice Remissivo

M

Maccoby, professor Hyam 245
Mãe 85, 86, 88, 113
Maecenas Foundation for Ancient Art 43
Magia 101
Magos 196
Mail on Sunday 141
Malco 228
Manfredi, Peter 24
Maria Madalena 123, 133, 149, 167, 217, 218, 229, 262, 264, 265
Mario Roberty 40, 47, 59, 118, 135
Martin Scorsese 264
Mary Poppins 80
Massada 190
Matias 89, 224
Mawer, Simon 128
Mesopotâmia 100
Messori, Vittorio 130
Meyer, Marvin W. 48
Mia 26, 27, 28, 29, 34
Miguel 107
Mirandola, Pico della 232
Montefinise, Angela 149, 150
Morris, padre Allen 131

N

National Geographic 33, 47, 58, 59, 60, 61, 118, 122, 123, 126, 127, 128, 145, 146, 148, 151, 166, 286
National Geographic Channel 122, 145
Neal, Robert 150
Nebro 106, 146, 152, 207
Nero, imperador 182
New Dawn 166, 167
New York Post 149, 286
New York Review of Books 151, 286
Nicodemo 228
Nicolas Koutoulakis 25, 26, 29
Noack 218, 219, 220, 286

Norelli-Bachlet, Patrizia 164
Nullus haereticus 251
Nussberger, Werner 26

O

O Evangelho de Barnabé 9, 256
Ogden, Jack 28
Oldham, Andrew 67
Opus Dei 137
O Segundo Tratado do Grande Set 80
O voo da serpente emplumada 265
Owen, Richard 130

P

padre Gabriel Abdel Sayed 30
Pagels, professora Elaine 149
Pagus 44, 45, 65
Palavra 41, 77, 144, 156, 169, 173, 174, 211, 214, 266
papa João Paulo II 132
Parábola do Bom Samaritano 192
Parábola do Semeador 101
Pasolini 223
Perdios, Yannis 15, 29, 32
Pergaminhos do Mar Morto 31, 100, 147, 235
Platão 99, 101, 168, 169
Pleroma 104
Pontifícia Comissão Bíblica 137
Pontifício Comitê das Ciências Históricas 130
Primeira Carta de João 183, 211
Primeiro Pensamento 86
professor Geza Vermes 148
professor James M. Robinson 19, 28
Projeto Logos 40

R

Rahman, Abdul 143
Rei Jesus 258, 259, 260
Reis 192

reitor de Lichfield 159
Religion in Ancient History 189, 285
Ressurreição 94
reverendo Jean-Pierre Ruiz 149
Rice, Tim 261
Richard Smoley 167
R. McLachlan Wilson 56
Rolling Stones 67
ruh 229

S

Saklas 106, 107, 108, 152, 169, 255
Salmos 209, 242, 260
Salomão 40, 109, 192, 193, 194, 238, 240
Salvação 8, 107
Santa Ceia 78, 110, 204, 265
Satanás 122, 152, 154, 160, 190, 208, 210, 218, 219, 233, 253, 255, 256, 257
Séforis 193
Segundo Apocalipse de Tiago 246
Segundo Tratado do Grande Set 80
Septuaginto 195
Set 8, 80, 81, 96, 97, 100, 101, 105, 106, 110, 117, 173, 180, 187, 231, 242, 250
Silêncio 104
Simão 80, 102, 189, 194, 196, 214, 215, 218, 221, 223, 227, 228, 238, 248, 256, 266
Simão Cirineu 256
Simão Pedro 218, 221, 227, 228
Sinédrio 136, 228
Society for Biblical Literature 59
Swissinfo 164

T

Tadeu 222, 246
Targum 194
Templo 8, 76, 98, 109, 131, 167, 191, 203, 207, 208, 209, 243, 247
Tentação de Eva 85
Tertuliano 124

Testamento de Issacar 194
Testamento de Judá 195
Testamento de Levi 195
Testamentos dos 12 Patriarcas 194, 195
The Apostles 257
The Holy Blood and the Holy Grail 259, 261, 285
The Lost Gospel 33, 47, 55, 61, 123, 127, 286
The New Yorker 150, 286
The New York Times 138
The Passover Plot 70, 260, 261, 287
The Secrets of Judas 42, 46, 60, 186, 287
The Times 129, 130, 147
Tito 247
Tomás 252
Trindade 251, 256
True Logos 177

U

União Teológica Católica 137
Universidade de Yale 20, 34, 35, 36, 54
Urartu 100

V

Valentino 77, 86, 166
Vaticano 121, 129, 130, 132, 135, 136, 137, 138, 139, 151

W

Williams, dr. Rowan, 140

Y

Yahweh 167, 240
Yaldabaoth 106
Yeshua 196
Yobel 106

Z

Zacarias 202, 203, 204, 205, 206, 207, 209, 234, 240, 241, 242, 248, 259

Bibliografia

Baigent, Leigh e Lincoln, *The Holy Blood and the Holy Grail* (Jonathan Cape, 1982).
Bettenson, Henry (ed), *Documents of the Christian Church* (Oxford, 1977).
Bibliotheca Philosophica Hermetica Publications *In de Pelikaan* (eds Joost Ritman, Frans Janssen), *Hermes Trismesgistus, Pater Philosophorum* (Amesterdam, 1991).
Blair, H. A., *The Kaleidoscope of Truth, Types & Archetypes in Clement of Alexandria* (Churchman Publishing, 1986).
Blake, William, *Jerusalem* (Blake Trust/Tate Gallery, 1991).
Borges, Jorge Luis, "Three Versions of Judas", de *Labyrinths* (Introdução e prefácio J. E. Irby, Donald A. Yates, André Maurois; Penguin Modern Classics, 2000).
Brandon, S.G.F., *Religion in Ancient History, Studies in Ideas, Men and Events* (George Allen & Unwin Ldt, 1973).
Burkitt, F. C., *Church & Gnosis* (Cambridge University Press, 1931).
Chadwick, Henry, *The Early Church* (Pelican, 1978).
Charles, R.H. (tradutor), *The Book of Enoch* (SPCK, 1984).
Churton, Tobias, *The Gnostics* (Barnes & Noble, 1997).
_____ *Gnostic Philosophy – from Ancient Persia to Modern Times* (Inner Traditions, 2006).
Cosani, Armando, *The Flight of the Feathered Serpent* (Absolute Publishing, 2003).
Dart, John, *The Laughin Saviour* (Harper & Row, 1976).
Doresse, Jean, *The Secret Books of the Egyptian Gnostics* (Hollis & Carter, 1960).
Eisenman, Robert e Wise, Michael (ed; tradutor), *The Dead Sea Scrolls Uncovered* (Penguin, 1992).

Eusebius, *Ecclesiastical History* (traduzido para o inglês por Kirsopp, Lake; Loeb Classical Library, 1975).
Fowden, Garth, *The Egyptian Hermes* (Cambridge University Press, 1986).
Gopnik, Adam, "Jesus Laughed", *The New Yorker*, 10 de abril de 2006.
Grant, R. M., *Gnosticism: An Anthology* (Collins, 1961).
Graves, Robert, *King Jesus* (primeira publicação em 1946; Hutchinson, 1983).
Hitchens, Christopher, "Why the Gospel of Judas makes sense", *Slate*, 13 de abril de 2006.
Inge, William Ralph, *The Philosophy of Plotinus* (2 vols.; Longmans, s. d.).
Iricinshi, Eduard; Jenott, Lance; e Townsend, Phillipa, "The Betrayer's Gospel", *New York Review of Books*, 8 de junho de 2006.
Jonas, Hans, *The Gnostic Religion* (Beacon Press, 1958).
_____ *Philosophical Essays* (University of Chicago, 1974).
Josephus, Flavius, *The Works of Flavius Josephus* (traduzido para o inglês por William Whiston; Nimmo, 1865).
Kasser, Rodolphe; Meyer, Marvin; e Wurst, Gregor, *The Gospel of Judas, from Codex Tchacos* (comentário adicional Bart D. Ehrman; National Geographic, 2006).
Kee, Howard Clark, *Medicine, Miracle & Magic in New Testament Times* (Cambridge University Press, 1988).
Kelly, J. N. D., *Early Christian Douctrines* (A&C Black, 1977).
Krosney, Herbert, *The Lost Gospel, The Quest for the Gospel of Judas Iscariot* (National Geographic, 2006).
Logan, A. H. B.; e Wedderburn, A.J.M. (eds.), *New Testament & Gnosis* (T & T Clark Ltd., 1983).
Maccoby, Hyam, *Judas Iscariot and the Myth of Jewish Evil* (Free Press, 1992).
Mahé, Jean Pierre, *Hermès en Haute Egypte* (2 vols.; University of Quebec Press, 1978, 1982).
Mawer, Simon, *The Gospel of Judas* (Back Bay Books, 2002).
Montefinise, Angela, "Canon Fodder: Judging Judas' Gospel", *New York Post*, 9 de abril de 2006.
Noack, Ludwig, *Die Geschichte Jesus* (Strassburg, 1876).
Novum Testamentum (vol. XXVII, Fasc. 3, julho de 1985).
Perkins, Pheme, *Gnosticism and the New Testament* (Augsburg Fortress Publishers, 1993).

Quispel, Gilles, *Gnostic Studies* (2 vols., E. J. Brill, 1974, 1975).

_____ Review of *Neues Testament und Gnosis* (Walter Schmithals, 1984), in *Vigilae Christianae* 39 (E.J. Brill, 1985).

Roberts and Donaldson (tradutores), *The Ante-Nicene Fathers* (Erdmans Publishing Co., 1981).

Robinson, James M., *The Jung Codex: The Rise and Fall of a Monopoly* (*Religious Studies Review* 3, 1977).

_____ *The Secrets of Judas, The Story of the Misunderstood Disciple and his Lost Gospel* (Harper-Collins, 2006).

Robinson, James M. (ed), *The Nag Hammadi Library in English* (traduzido para o inglês pelo projeto Members of the Coptic Library do Institute for Antiquity and Christianity, James M. Robinson, Diretor, 2ª ed.; E.J. Brill, 1984).

Rowlandson, Jane, *Landowners and Tenants in Ancient Egypt: The Social Relations of Agriculture in Oxyrhynchite Nome* (Oxford Classical Monographs, Oxford University Press, 1996).

Rudolph, Kurt, *Gnosis* (traduzido para o inglês por R. McL. Wilson; Harper & Row, 1985).

Schonfield, Hugh J., *The Passover Plot* (Disinformation Company, edição de 40º aniversário, abril de 2005).

Stoyanov, Yuri, *The Other God – Dualist Religions from Antiquity to the Cathar Heresy* (Yale University Press, 2000).

Van den Broek; Roelof e van Heertum, Cis (eds), *From Poimanders to Jabob Böhme: Gnosis, Hermetism and the Christian Tradition* (Amsterdam, 2000).

Van Lamoen, Frank (ed), *The Hermetic Gnosis* (Amsterdam, 1988).

Vermes, Geza (ed), *The Complete Dead Sea Scrolls in English* (Penguin Classics, edição revisada, 2004).

Von Eschenbach, Wolfram, *Parzifal* (ed. A. T. Hatto; Penguim Classics, 1980).

Wilson, R. McL., *The Gnostic Problem* (Mowbray, 1958).

Gnosis and the New Testament (Blackwell, 1968).

Zaehner, R. C., *Our Savage God* (Collins, 1974).

Este livro foi composto em Times New Roman, corpo 11,8/13.
Impressão e Acabamento
Prol Editora Gráfica - Unidade Tamboré
Av. Juruá, 820 – Tamboré-Barueri/SP
CEP 06455-010 – Tel.: (011) 3927-8184